"五个必由之路"研究丛书

《坚持党的全面领导——坚持和发展中国特色社会主义的必由之路》，吴传毅主编

《中国特色社会主义——实现中华民族伟大复兴的必由之路》，梁波主编

《团结奋斗——中国人民创造历史伟业的必由之路》，何虎生主编

《贯彻新发展理念——新时代我国发展壮大的必由之路》，洪向华主编

《全面从严治党——党永葆生机活力、走好新的赶考之路的必由之路》，杨德山主编

"五个必由之路"研究丛书

内蒙古自治区党委宣传部 策划 洪向华 主编

团结奋斗

——中国人民创造历史伟业的必由之路

何虎生◎主编

人民出版社

总　序

洪向华　解　超

2022 年 3 月 5 日，习近平总书记在参加第十三届全国人大五次会议内蒙古代表团审议时，首次以"五个必由之路"的重大论断，科学回答了"中国为什么能"的世界之问。党的二十大报告指出："全党必须牢记，坚持党的全面领导是坚持和发展中国特色社会主义的必由之路，中国特色社会主义是实现中华民族伟大复兴的必由之路，团结奋斗是中国人民创造历史伟业的必由之路，贯彻新发展理念是新时代我国发展壮大的必由之路，全面从严治党是党永葆生机活力、走好新的赶考之路的必由之路。"这是我们在长期实践中得出的至关紧要的规律性认识，必须倍加珍惜、始终坚持，系统阐明"五个必由之路"在推动中国取得经济快速发展和社会长期稳定奇迹中的重要作用，更有助于我们在奋进新征程、建功新时代的历史进程中，把握主动，看清楚"过去我们为什么能够成功"，弄明白"未来我们怎样才能继续走向成功"，从而创造新的中国奇迹。

一、"五个必由之路"生动诠释了新时代中国
为什么能够成功

　　"五个必由之路"是在对中国道路的探索中形成的系统完整、相互贯通的统一体，它深刻揭示了党的"三大规律"、揭示了党始终立于不败之地的力量之源、揭示了党始终走在时代前列的根本途径，回答了党的重大时代课题。

　　"五个必由之路"深化了对共产党执政规律、社会主义建设规律、人类社会发展规律的认识。"五个必由之路"以加强党的领导作为深化对共产党执政规律认识的逻辑起点，以全面从严治党作为保障，深刻阐释了理解和把握中国道路和中国奇迹成功密码的关键在于坚持党的全面领导，深刻揭示了全面从严治党不仅是保护党的肌体筋骨的有力屏障，更是实现中华民族伟大复兴的坚强政治引领和政治保障。对社会主义建设规律的认识，就是对中国特色社会主义的认识。从本质上讲，中国特色社会主义是在深刻认识社会主义建设规律根本问题的历史过程中逐步走向成熟定型的。中国共产党运用马克思主义矛盾运动原理，科学判断新时代我国社会主要矛盾的变化，从战略方向、战略目标、重点领域对新时代党和国家建设进行顶层设计，全面规划了到本世纪中叶建成富强民主文明和谐美丽的社会主义现代化强国的路线图和时间表，对中国社会的发展理路与发展进向进行了梳理，彰显了在新时代坚持和发展中国特色社会主义、走好中国道路的重要价值。在对人类社会发展规律的把控上，中国共产党辩证理解生产力与生产关系、经济基础与上层建筑矛盾运动，在坚持大历史观、大局观念、大发展观的前提下，提出了新发展理念，指出贯彻新发展理念是新时代我国发展壮大的必由之路。

　　"五个必由之路"科学回答了"新时代坚持和发展什么样的中国特色社会主义、怎样坚持和发展中国特色社会主义""建设什么样的社会主义现代化强国、怎样建设社会主义现代化强国""建设什么样的长期执政的马克思主义政党、怎样建设长期执政的马克思主义政党"等时代课题。道路之问，廓清前进方向。中国特色社会主义作为实现中华民族伟大复兴的唯一正确道路，其最本质的特征是中国共产党的领导。从"十四个坚持""十个明确"到"五个必由之路"，都将"党的全面领导"和"中国特色社会主义"纳入其中，进一步深化了对社会主义发展阶段、发展道路、发展目的、根本任务等一系列重大问题的认识，形成了党对中国特色社会主义建设规律认识深化和理论创新的重大成果，体现了党深刻把握历史发展规律、始终掌握党和国家事业发展的历史主动和使命担当。强国之问，锚定宏伟目标。从全面建成小康社会到基本实现现代化，再到全面建成社会主义现代化强国，是新时代中国特色社会主义发展的全局性、前瞻性、指导性战略安排。面对当前社会发展的不平衡不充分的系统性矛盾，把握新发展阶段、贯彻新发展理念、构建新发展格局成为时代强国重任，充分体现了党立足当下、着眼未来、注重总结和运用历史经验的高瞻远瞩和深谋远虑。强党之问，锻造坚强肌体。治国必先治党，治党务必从严。全面从严治党提出了以党的政治建设为统领的新时代党的建设总要求，提出了以伟大自我革命引领伟大社会革命，有效解决了世界政党包括马克思主义政党一直存在的自我监督的世界性难题，破解了国家治理的"哥德巴赫猜想"，充分体现党牢记初心使命、永葆生机活力的坚强意志和坚定决心。

　　坚持"五个必由之路"，中国取得了经济快速发展和社会长期稳定的奇迹。从纵向历史比较来看，党的十八大以来，我们在

"五位一体"总体布局和"四个全面"战略布局下，聚焦全面建成小康社会目标，固根基、补短板、强弱项，脱贫攻坚战取得全面胜利，污染防治攻坚战效果显著，防范化解重大风险攻坚战取得成效，三大攻坚战在不断闯关夺隘中取得了决定性成就，经济总量稳居世界第二位，国家经济实力、科技实力、综合国力跃上新台阶，全面从严治党取得新成效，反腐败斗争取得压倒性胜利并全面巩固，社会实现了长期稳定。从横向的国际比较看，部分西方国家出现经济增长乏力、贫富差距拉大、政治极化严重、民粹主义高涨、人权虚伪、社会撕裂加剧等资本主义自身不可克服的矛盾，而中国仍然"任凭风浪起，稳坐钓鱼台"，国家治理体系和治理能力现代化水平不断提高，社会主义民主制度化、规范化发展更加纵深，全党在思想上更加统一、在政治上更加团结、在行动上更加一致，与"西方之乱"产生了极为鲜明的对比。这彰示着在中国共产党高瞻远瞩的领导下，在中国特色社会主义"行得通、有生命力、有效率"的指引下，在人民团结奋斗力量的凝聚下，在新发展理念的前瞻性、科学性指引下，在全面从严治党的监督下，中国一定能够以更加昂扬的姿态迈进新征程、建功新时代，以更加高度的自信，从成功走向更加成功。

二、坚定不移走好"五个必由之路"，中国一定 能够继续取得新的成功

"必由之路"，就是胜利之路。"五个必由之路"浑然一体，交相融汇，共同为中国道路的持续稳定发展保驾护航。

奋进新征程，必须毫不动摇坚持党的领导。中国共产党的领导是党和国家的根本所在、命脉所在，是团结带领人民攻坚克难、开

拓前进最可靠的领导力量。我们能够在新冠疫情反复延宕，国际环境变幻莫测中实现"十四五"良好开局，取得"风景这边独好"的发展局面，归根结底是在中国共产党这个"主心骨"的领导下实现的。要走好新时代中国特色社会主义发展之道，唯有牢固坚持党的全面领导，保持高度的思想自觉、政治自觉、行动自觉，充分发挥党总揽全局、协调各方、多元整合的领导核心作用，才能够在复杂多变的国际国内形势下，保持"乱云飞渡仍从容"的战略定力，砥砺"不到长城非好汉"的奋斗精神，坚定不移开辟新天地、创造新成就，确保新时代中国特色社会主义的航船行稳致远。

奋进新征程，必须毫不动摇坚持和发展中国特色社会主义。中国特色社会主义既是我们必须不断推进的伟大事业，又是我们开辟未来的根本保证。在新的起点上，中国特色社会主义要求我们要提高战略思维、创新思维、辩证思维、底线思维、法治思维能力，增强原则性、创新性、系统性、预见性，更好贯彻党的理论和路线方针政策，坚定中国道路自信，弘扬中国精神、凝聚中国力量，一以贯之地将中国特色社会主义发展下去，为实现中华民族伟大复兴奠定坚实的基础。

奋进新征程，必须坚持团结奋斗，汇聚起再创历史伟业的磅礴伟力。"积力之所举，则无不胜也；众智之所为，则无不成也。"团结奋斗，不仅是中国共产党人领导中国人民在长期奋斗中形成的实践结晶和精神标识，更是中华文明赓续不绝的重要法宝。随着第一个百年奋斗目标的完成，我们开启了全面建设社会主义现代化国家新征程，我们党肩负着更加重大的时代使命、面临着更加艰巨的风险挑战。要使党像"铁一样地巩固起来"，就必须在党的领导下，"像石榴籽一样紧紧抱在一起"，既讲奋斗的决心与意志，又讲奋斗的策略与本领；既要同心同向、众志成城，敢于斗争、善于斗争，又要在初心不改、矢志不渝中，淬炼团结奋斗的品格，形成开创新时代勇往直前、无坚不摧的强大力量，推动中国实现从站起来、富起来到强起来的历史性飞跃。

奋进新征程，必须立足新发展阶段、贯彻新发展理念、构建新发展格局，推动高质量发展。立于两个"大局"，我们既要看到当前我国发展总体态势是好的，我们完全有基础、有条件、有能力取得新的伟大胜利，也要看到当前诸多矛盾叠加、风险挑战显著增多，我国发展面临着前所未有的复杂环境。在新形势下，必须进一步把握历史发展规律和发展大势，加强前瞻性思考，统筹国内国际两个大局，立足于根本宗旨、坚持问题导向、增强忧患意识，切实解决影响构建新发展格局、实现高质量发展的突出问题，增强发展动力、补齐发展短板、突破发展悖论，努力促进我国迈上更高质量、更有效率、更加公平、更可持续、更为安全的发展之路。

奋进新征程，必须坚持全面从严治党永远在路上，以赶考的清醒将反腐败斗争进行到底。当前，腐败和反腐败较量还在激烈进行，并呈现出一些新的阶段性特征，防范形形色色的利益集团成伙作势、"围猎"腐蚀还任重道远，有效应对腐败手段隐形变异、翻新升级还任重道远，彻底铲除腐败滋生土壤、实现海晏河清还任重道远，清理系统性腐败、化解风险隐患还任重道远。我们必须以永远在路上的政治自觉打好全面从严治党的攻坚战、持久战；以实际行动践行"两个维护"，强化党的先进性、纯洁性，实现管党治党的深化发展；以如履薄冰的谨慎和见叶知秋的敏锐，察大势、应变局、观未来，为平稳健康的经济环境、风清气正的政治环境、国泰民安的社会环境提供坚强保障。

目　录

前　言

团结就是力量，奋斗开创未来；能团结奋斗的民族才有前途，能团结奋斗的政党才能立于不败之地。2022 年 3 月 5 日，习近平总书记在参加第十三届全国人大五次会议内蒙古代表团审议时，首次概括并提出"五个必由之路"，强调"团结奋斗是中国人民创造历史伟业的必由之路"。在党的二十大报告中，习近平总书记指出："团结就是力量，团结才能胜利。"不同于以往党代会，党的二十大首次将"团结奋斗"上升到了大会主题的高度。2022 年 10 月 17 日，习近平总书记在参加党的二十大广西代表团讨论时又强调，全党全国各族人民要在党的旗帜下团结成"一块坚硬的钢铁"，心往一处想、劲往一处使，推动中华民族伟大复兴号巨轮乘风破浪、扬帆远航。这些重大论断，生动形象地指明团结奋斗之于民族复兴的重要意义，彰显了一个马克思主义政党带领中华民族不断走向伟大复兴的坚定自信和决心。

团结奋斗铸造百余年辉煌，成为我们党发展壮大的宝贵经验。《中共中央关于党的百年奋斗重大成就和历史经验的决议》指出："团结就是力量。建立最广泛的统一战线，是党克敌制胜的重要法宝，也是党执政兴国的重要法宝。"回顾中国共产党走过的历程，从建党之初的 50 多名党员，到如今拥有 9900 多万名党员的世界第一大马克思主义执政党，中国共产党之所以能够不断从胜利走向新的胜利，根本原因就在于始终坚持团结奋斗。从建党之初的风雨如磐，到抗日战争的艰苦卓绝，再到解放战争的浴血奋战；从社会主义革命和建设时期的激情燃烧，到改革开放和社会主义现代化建设新时期的开拓进取，再到中国特色社会主义新时代的砥砺奋进，无不凝结着全党上下团结奋斗的心血和汗水。党始终坚持大团结大联合，团结一切可以团结的力量，调动一切可以调动的积极因素，最大限度凝聚起共同奋斗的力量。历史和实践证明，能团结奋斗的民族才有前途，能团结奋斗的政党才能立于不败之地。只要我们党始终坚持团结奋斗，形成海内外全体中华儿女心往一处想、劲往一处使的生动局面，就一定能够汇聚起实现中华民族伟大复兴的磅礴伟力。

团结奋斗是中国共产党和中国人民最显著的精神标识。团结奋斗，是 100 多年来中国共产党人、中国人民、中华民族锤炼铸就的宝贵精神品质。习近平总书记在 2022 年春节团拜会上的讲话中指出："一百年来，党和人民取得的一切成就都是团结奋斗的结果，团结奋斗是中国共产党和中国人民最显著的精神标识。"① 中国人民是具有伟大团结精神和伟大奋斗精神的人民，团结一心、同舟共济是中华民族一以贯之的文化基因，在民族团结凝聚、共同奋斗的历史中熔铸为伟大民族精神。中国共产党是最讲团结、最能奋斗的最先进政治力量，党的远大理想和为民情怀使党始终保持同人民群众的血肉联系，把前进目标转化为广大人民的奋斗实践，团结带领人民跨过一道又一道难关，取得一次又一次胜利，创造一个又一个辉煌。

---

① 《习近平谈治国理政》第四卷，外文出版社 2022 年版，第 554 页。

　　对百余年团结奋斗最好的致敬，就是书写新的奋斗历史。"团结才能胜利，奋斗才会成功。"只要团结在党的旗帜下，全党全国各族人民团结成"一块坚硬的钢铁"，就没有战胜不了的艰难险阻，就没有成就不了的宏图大业。围绕明确奋斗目标形成的团结才是最牢固的团结，依靠紧密团结进行的奋斗才是最有力的奋斗。党的二十大报告明确了新时代新征程我们党的奋斗目标和中心任务，并强调这是"一项伟大而艰巨的事业，前途光明，任重道远"。今天，我们比历史上任何时期都更接近、更有信心和能力实现中华民族伟大复兴的目标，同时必须准备付出更为艰巨、更为艰苦的努力。当前，世界百年未有之大变局加速演进，我国发展进入战略机遇和风险挑战并存、不确定难预料因素增多的时期，各种"黑天鹅""灰犀牛"事件随时可能发生。

　　面对复杂的国内外形势，我们更要居安思危、未雨绸缪，使全国人民像石榴籽一样紧密团结在党的周围，众志成城、团结奋斗，在新的赶考之路上继续创造令人刮目相看的奇迹。我们要深刻认识力量源于团结、事业成于奋斗，以更加紧密的团结、更加顽强的奋斗，把民族复兴的历史伟业不断推向前进。

第一章　中国共产党和中国人民
最显著的精神标识

　　力量生于团结，幸福源自奋斗。在 2022 年春节团拜会上，习近平总书记指出，"一百年来，党和人民取得的一切成就都是团结奋斗的结果，团结奋斗是中国共产党和中国人民最显著的精神标识。"①在参加十三届全国人大五次会议内蒙古代表团审议时，习近平总书记又把"团结奋斗是中国人民创造历史伟业的必由之路"列入"五个必由之路"来认识。这些重要论述，集中阐明了党和人民取得的一切成就都是团结奋斗的结果，饱含着坚定的历史自信和强烈的历

① 《习近平谈治国理政》第四卷，外文出版社 2022 年版，第 554 页。

1

史担当，激励全党全国各族人民紧密团结、艰苦奋斗，书写新的奋斗史诗。

中国是人口众多的国家，中华民族是有着伟大团结奋斗精神的民族，团结奋斗的价值理念深深融入并深刻影响着中国人的精神世界和日常行为。中国共产党继承和发扬中华民族团结奋斗的优良传统，始终把团结奋斗鲜明写在自己的历史答卷上，不断结合形势任务发展变化提出团结奋斗的新要求，开创团结奋斗的新局面。综观古今中外，我们党是最讲团结、最能奋斗的最先进政治力量，这是由马克思主义政党的性质和宗旨决定的。中国共产党百余年的奋斗历史告诉我们，团结就是力量，奋斗开创未来，能团结奋斗的民族才有前途，能团结奋斗的政党才能立于不败之地。

一、中国人民是具有伟大团结和奋斗精神的人民

习近平总书记在 2018 年 3 月召开的十三届全国人大一次会议上指出：“中国人民是具有伟大团结精神的人民。在几千年历史长河中，中国人民始终团结一心、同舟共济，建立了统一的多民族国家，发展了 56 个民族多元一体、交织交融的融洽民族关系，形成了守望相助的中华民族大家庭。”① “中国人民是具有伟大奋斗精神的人民。在几千年历史长河中，中国人民始终革故鼎新、自强不息，开发和建设了祖国辽阔秀丽的大好河山。”② 今天，中国取得的令人瞩目的发展成就，更是全国各族人民同心同德、同心同向努力的结果。中国人民从亲身经历中深刻认识到，团结就是力量，奋斗才能前进，一个四分五裂的国家不可能发展进步。只要 14 亿多

① 《习近平谈治国理政》第三卷，外文出版社 2020 年版，第 141 页。
② 《习近平谈治国理政》第三卷，外文出版社 2020 年版，第 387 页。

中国人民始终发扬这种伟大团结精神和伟大奋斗精神，我们就一定能够形成勇往直前、无坚不摧的强大力量。

（一）团结一心、同舟共济是中华民族一以贯之的文化基因

团结奋斗是中华民族的立身之本，它深深地印在中国人的民族意识中，成为维护祖国统一和民族团结的牢固纽带。千年来，团结一心、同舟共济是中华民族一以贯之的文化基因，团结奋斗的价值理念深深融入并深刻影响着中国人的精神世界和日常行为。

从"兄弟同心，其利断金""人多力量大""众人拾柴火焰高"的朴素道理到"能用众力，则无敌于天下""人心齐，泰山移""天时不如地利，地利不如人和"的金玉良言，从"五方之民共天下"的大一统观念到"像石榴籽一样紧紧抱在一起"的中华民族共同体意识，团结统一始终被视为中华民族"天地之常经，古今之通义"。这些团结奋斗的理念启迪人们精诚团结、勠力同心；自强不息、发愤图强、励精图治、锲而不舍等脍炙人口的成语，激励人们顽强拼搏、不懈奋斗。

"中为大本，和为达道"的中和哲学，是中国多民族利益共同体和命运共同体形成的思想基础。《礼记·中庸》记载道："中也者，天下之大本也。和也者，天下之达道也。致中和，天地位焉，万物育焉。"汉代董仲舒《春秋繁露·循天之道》中一段论述与此互相呼应："成于和，生必和也；始于中，止必中也。中者，天地之所终始也；而和者，天地之所生成也。夫德莫大于和，而道莫正于中。"中，在这里被定位为对宇宙万事万物运动变化的本质，定位为对宇宙万事万物互相矛盾又互相统一状态全面性的把握，它既包括由中心点向四面八方发散的运动，又包括四面八方向中心的不断回归。中，因此是一种综合性、整体性、立体性的思维方式。思

3

考任何问题，都离不开纵贯古今的时间维度和包含四面八方的空间维度。

"中"在实践领域内，集中的表现则是"和"，它承认差异的产生是合理的、必然的，同时更了解矛盾着的各方有互相配合、互相联合、互相结合的一面，"和"能够创造出新的统一体。正是"中和"这一核心价值将中国各民族连接在一起，在漫长岁月的交往中，一步步从利益共同体走向命运共同体。这是民族团结最深厚的基础。

团结奋斗就是要坚决维护各民族的团结和祖国的统一，同危害民族团结和祖国统一的行为做斗争；就是要反对狭隘的民族主义，各兄弟民族携手共进，共创中华民族的美好明天。一个统一的多民族和睦相处的中国，是全体中华儿女的共同追求。在数千年的历史发展过程中，各民族数不清的文化源流共同趋于一个整体，形成了巨大的合力；各民族共同创造了璀璨的中华文明，形成了强大的凝聚力，这些表现在文化意识上就是强烈的民族认同意识。人们常说中国人有特殊的"乡土情结""寻根意识"，即是指华人的认同意识。这种认同意识构造出中华民族独特的大一统文化和思想，表现为追求国家的统一性和在中华民族面临外来侵略时的空前一致性。

中华民族历来把统一祖国视为"天地之常经，古今之通谊"。中国境内的多数民族尊奉炎帝、黄帝为自己的始祖。在谋求生存和进步的漫长历史年代，各民族相互学习交流、融会聚合，既发展了各民族独特的文化，又共同创造了辉煌灿烂的中华文化。《春秋左传·正义》说："禹合诸侯于涂山，执玉帛者万国。"这可能是最早的民族大会。那时候，仅在河洛地带，就存在着成千上万个部落或民族。它们中间不断进行着分化聚合，却是合大于分。到商朝时，已减少为 3000 余国；到西周时，又减少为 1700 余国；春秋后期，只有十余国；到战国，仅七雄争霸。

秦始皇创造了一个多民族统一的大帝国后，多民族国家的统一成了中国历史的大趋势。刘邦建立西汉王朝后，又大大巩固、发展这种统一，奠定了此后中国两千余年大一统的格局。虽然在魏晋南北朝和唐末也曾有过分裂，但统一一直是主流，人民反对分裂，渴望和向往统一。一旦发生分裂，各族人民和社会各方面的爱国力量就会为尽快结束这种不幸的局面而进行坚持不懈的斗争。汉景帝时，周亚夫率军平定了吴楚七国之乱；唐玄宗时，颜杲卿、张巡、郭子仪奋勇抗击安禄山、史思明的叛军，平定了安史之乱；清康熙帝率军亲征平息了三藩之乱。在维护民族团结方面，汉代的王昭君、唐代的文成公主等致力于民族友好，远嫁匈奴和吐蕃，为发展汉匈和汉藏人民之间的团结作出了巨大的贡献。

国家统一的深厚根基是各民族人民的共同劳动。一般说来，汉族最先开发了黄河流域的陕甘及中原地区，东夷族最先开发了沿海地区，苗族、蛮族最先开发了长江、珠江和闽江流域，藏族最先开发了青海、西藏，彝族和西南各族最先开发了西南地区，东胡族最先开发了东北地区，匈奴、鲜卑、柔然、突厥、回纥、蒙古各族先后开发了蒙古地区，回族和西北各族最先开发了西北地区，黎族最先开发了海南岛，高山族最先开发了台湾。多民族统一国家拥有巨大的优越性。在各民族的共同创造下，向全人类展示了连成一体的中华民族的巨大能力和高超智慧。中华民族认同统一的民族情感和意识，在世界上是独一无二的。中华儿女共同创造的五千年灿烂文化，始终是维系全体中国人的精神纽带，也是实现和平统一的一个重要基础。

（二）一部中华民族史就是一部各民族团结奋斗的历史

中华民族有着 5000 多年源远流长的文明历史，但文明的发展从来不是一条坦途。中华民族历史上经历过很多磨难，但从来没有被压垮过，而是屡经挫折而不屈、屡历坎坷而更强，不断在磨难中成长、从磨难中奋起，其重要支撑就在于有中国人民在长期奋斗中培育、继承、发展起来的团结奋斗的精神。习近平总书记站在民族融通、文明交汇、共同发展的战略高度强调，中华民族一家亲，同心共筑中国梦，这是全体中华儿女的共同心愿，也是全国各族人民的共同目标①，唱响了新时代促进各民族交往交流交融、推动民族团结进步事业不断发展的主旋律。

在几千年历史长河中，中国人民依靠团结奋斗建立了统一的多民族国家，开发了辽阔壮美的大好河山，战胜了数不清的自然灾害。我国各民族交错杂居，彼此交往交流交融，形成了"你中有我，我中有你，谁也离不开谁"的多元一体格局，留下了战国时期赵武灵王胡服骑射、汉代张骞出使西域、北魏孝文帝改制迁都、唐代文成公主进藏、清朝土尔扈特部东归等各民族共融共通的佳话。

尽管我国的民族结构中，汉族占人口大多数，但是，汉族内部实际上也融合了许多少数民族成分，少数民族之中也融进了相当多的汉族成分。汉族和少数民族以及少数民族相互之间是割不断、分不开的。这种有利于统一稳定的民族结构是在长期的历史中形成的。尧舜是东夷之人，大禹和文王来自西羌，他们都成了汉族的祖先。春秋时期的秦、楚、吴、越等国，曾被齐、晋等华夏之邦视为

---

① 《习近平在会见基层民族团结优秀代表时强调　中华民族一家亲　同心共筑中国梦》，《人民日报》2015 年 10 月 1 日。

边疆民族，到战国末期，就成了当时汉族的主体部分。一些古代非常活跃的少数民族，后来融合于汉族而发挥了重要的历史作用。比如，建立大唐盛世的唐太宗李世民，就是少数民族的后裔。唐太宗宣称他对汉族和少数民族"爱之如一"，少数民族也尊唐太宗为"天可汗"，吐蕃首领松赞干布执子婿之礼。

统一当然不是一个民族的事情，而是中华各民族共同的伟业。中华民族的每个成员，都为祖国统一作出了自己的贡献。历史是这样前进的：以汉族为主体的政权最先统一中原地区，以各少数民族为主体的政权分别统一其他地区。这种局部的统一逐渐走向整个中华大地的统一。

中华文明发展的过程充分表明，历史上不同部族、不同族群正是在一次次大规模的迁徙、冲突、混合、同化、重构中，打破了原先部族、族群血缘的、地域的封闭性，促进了新的社会共同体的形成。中华民族的形成与发展是历史的必然结果，中华各个族群的人民是中国统一国家的共同创造者。历史表明，中国早就是一个由众多民族组成的统一国家。汉族、蒙古族、回族、维吾尔族、藏族等，为了协调彼此之间的关系，避免冲突，互相支持，早就建立了彼此不可分割的利益共同体和命运共同体。

每当中华民族处于外寇入侵、天灾袭来等重大危难关口，团结奋斗的精神就会迸发出巨大能量，解民族于水火，救国家于危亡。1840年鸦片战争以后，中国逐步成为半殖民地半封建社会，国家蒙辱、人民蒙难、文明蒙尘，中华民族遭受了前所未有的劫难。正是在那样的时代背景中，早已内化为中华民族性格特质与意志本色的团结奋斗精神再一次极大迸发，尤其在中国共产党先驱探索救国救民道路的过程中，形成了以伟大建党精神为源头的中国共产党人精神谱系，激越起整个民族与帝国主义、封建主义、官僚资本主义斗争到底的英雄气概和无所畏惧的民族气魄，开始书写中华民族几千年历史上最恢宏的史诗。可以说，在中华民族山河破碎、生灵涂炭的"至暗时刻"，中华民族团结奋斗的精神面对亡国灭种的时代危机，迸发出的战胜一切艰难困苦的强大力量，是中国共产党人形塑团结奋斗精神的重要基础。

新中国成立后，我国彻底废除了旧社会遗留下来的民族压迫制度，实行了民主改革和社会主义改造，彻底消除了各民族社会中存在的原始公社制残余、奴隶制、封建农奴制和封建地主制等各种落后的政治和经济制度，许多少数民族一跃跨千年，走上了社会主义道路。团结统一的民族精神得到了历史性的发扬。

（三）团结奋斗熔铸为中华民族伟大民族精神

伟大的事业需要崇高的精神，崇高的精神支撑伟大的事业。精神是一个党、一个国家、一个民族赖以生存的灵魂，唯有精神上达到一定的高度，这个党、这个国家、这个民族才能在历史的洪流中屹立不倒、奋勇向前。习近平总书记在第十三届全国人民代表大会第一次会议上用"伟大创造精神、伟大奋斗精神、伟大团结精神、伟大梦想精神"概括阐述了伟大民族精神，指出："中国人民的特质、禀赋不仅铸就了绵延几千年发展至今的中华文明，而且深刻影响着当代中国发展进步，深刻影响着当代中国人的精神世界。中国人民在长期奋斗中培育、继承、发展起来的伟大民族精神，为中国发展和人类文明进步提供了强大精神动力。"[1] 深刻理解、准确把握伟大民族精神与伟大团结精神、伟大奋斗精神的关系，坚持团结奋斗，对夺取伟大斗争新胜利、推进党的建设新的伟大工程、坚持

---

[1] 习近平：《在第十三届全国人民代表大会第一次会议上的讲话（2018年3月20日）》，人民出版社2018年版，第2页。

和发展中国特色社会主义伟大事业、实现中华民伟大复兴的中国梦，具有十分重大的理论意义、历史意义和现实意义。

首先，中国人民是具有伟大团结精神的人民。在几千年历史长河中，中国人民始终团结一心、同舟共济，建立了统一的多民族国家，发展了56个民族多元一体、交织交融的融洽民族关系，形成了守望相助的中华民族大家庭。特别是近代以后，在外来侵略寇急祸重的严峻形势下，我国各族人民手挽着手、肩并着肩，英勇奋斗，浴血奋战，打败了一切穷凶极恶的侵略者，捍卫了民族独立和自由，共同书写了中华民族保卫祖国、抵御外侮的壮丽史诗。今天，中国取得的令世人瞩目的发展成就，更是全国各族人民同心同德、同心同向努力的结果。中国人民从亲身经历中深刻认识到，团结就是力量，团结才能前进，一个四分五裂的国家不可能发展进步。只要14亿多中国人民始终发扬这种伟大团结精神，我们就一定能够形成勇往直前、无坚不摧的强大力量。

其次，中国人民是具有伟大奋斗精神的人民。在几千年历史长河中，中国人民始终革故鼎新、自强不息，开发和建设了祖国辽阔秀丽的大好河山，开拓了波涛万顷的辽阔海疆，开垦了物产丰富的广袤粮田，治理了桀骜不驯的千百条大江大河，战胜了数不清的自然灾害，建设了星罗棋布的城镇乡村，发展了门类齐全的产业，形成了多姿多彩的生活。中国人民自古就明白，世界上没有坐享其成的好事，要幸福就要奋斗。今天，中国人民拥有的一切，凝聚着中国人的聪明才智，浸透着中国人的辛勤汗水，蕴含着中国人的巨大牺牲。只要14亿多中国人民始终发扬这种伟大奋斗精神，我们就一定能够达到创造人民更加美好生活的宏伟目标。

伟大奋斗精神和伟大团结精神作为伟大民族精神的重要组成部分，是中华民族在长期的共同生活和共同的社会实践基础上形成和发展的，为大多数成员所认同和接受的思想品格、价值取向和道德规范，是中华民族的心理特征、文化传统、思想情感等的综合反映。实践证明，一个国家、一个民族的生存发展和繁荣兴旺，必须有民族精神做动力。越是艰难困苦，越是危急关头，越要发扬团结精神和奋斗精神。

二、马克思主义政党是思想政治行动上高度团结的政党

旗帜鲜明讲政治、保证党的团结和集中统一，是由我们党作为马克思主义政党的政治属性决定的。1872年，马克思在总结第一国际的经验时指出："国际的一个基本原则——团结。如果我们能够在一切国家的一切工人中间牢牢地巩固这个富有生气的原则，我们就一定会达到我们所向往的伟大目标。"政党是代表特定阶级利益的政治组织。马克思主义政党讲的政治，最根本的是讲代表无产阶级和广大人民根本利益的政治，除了人民的利益，没有任何自己的特殊利益。因此，在根本利益一致的基础上，形成共同的理想、统一的意志、高度的团结，是马克思主义政党鲜明的政治特质。团结奋斗是我们无产阶级政党的生命所系、力量所在，讲团结既是核心组织目标也是重要工作方法，既是明确的纪律要求也是鲜明的政治文化。

（一）团结统一是无产阶级政党的基本原则

无产阶级的历史使命是彻底推翻资产阶级和一切剥削阶级，用无产阶级专政代替资产阶级专政，用社会主义战胜资本主义，最终实现共产主义。这是人类历史上最伟大最深刻的革命，是前所未有

的宏图大业。要完成这个伟大历史使命，靠少数人是干不好、完不成的。只有团结无产阶级和广大人民群众，组成浩浩荡荡的革命大军，形成无坚不摧的巨大力量，才能把旧世界打个落花流水，实现共产主义的伟大目标。因此，无产阶级及其政党，总是把不断增强党和革命队伍内部的团结作为革命和建设事业取得胜利的基本条件，把坚持革命团结作为自己的胜利旗帜和战斗口号。

工人阶级的团结是马克思主义团结观的基础。马克思、恩格斯在《共产党宣言》中揭示了工人阶级团结起来反对资产阶级的必要性和可能性："工人开始成立反对资产者的同盟；他们联合起来保卫自己的工资。他们甚至建立了经常性的团体，以便为可能发生的反抗准备食品。"① 实现无产阶级政党的团结是马克思主义团结观的核心。马克思、恩格斯指出，无产阶级反抗资产阶级的斗争要从自发走向自觉，要把斗争引向深入，要制定正确的政策和斗争策略、团结最广泛的队伍、克服重重险阻和困难并取得最终胜利，必须建立起无产阶级自己的革命政党。为了同形形色色的错误思潮作斗争，马克思、恩格斯在坚持科学社会主义原则的基础上强调实现党的团结统一，决不能拿原则做交易。

坚持无产阶级政党的团结，坚持整个革命队伍内部的团结，这是马克思主义经典作家的一贯思想。早在 1847 年，正当无产阶级作为一支独立的政治力量刚刚登上历史舞台的时候，马克思就指出："工人阶级的团结就是工人胜利的首要前提"②。之后，马克思、恩格斯以辩证唯物主义和历史唯物主义剖析了资本主义社会，总结了工人运动的经验，为共产主义者同盟起草了国际工人运动第一个纲领性文献——《共产党宣言》，并强调了无产阶级的革命团

---

① 《马克思恩格斯选集》第 1 卷，人民出版社 2012 年版，第 409 页。
② 《马克思恩格斯选集》第 1 卷，人民出版社 1995 年版，第 185 页。

结对无产阶级革命胜利的重要意义，指出："联合的行动，至少是各文明国家的联合的行动，是无产阶级获得解放的首要条件之一。"① 庄严号召："全世界无产者，联合起来！"② 这个伟大号召，如横空雷鸣，唤起了"饥寒交迫的奴隶"，照亮了无产阶级前进的航程。1864年，马克思主义有了广泛的传播，国际工人运动有了迅速的发展，这个口号已作为国际工人协会的战斗号角响彻全世界。1875年，恩格斯在回顾总结共产主义者同盟的历史时指出："今天世界各国斗争着的无产阶级都已经把它写到自己的旗帜上。"③ 一百多年来，马克思、恩格斯发出的这个伟大号召一直鼓舞着全世界无产阶级和一切被压迫人民团结战斗，胜利前进。

列宁也一贯强调无产阶级加强团结的重要意义。列宁所处的时代已是帝国主义和无产阶级革命的时代。当时，一小撮修正主义者迎合资产阶级和帝国主义的需要，在无产阶级队伍内部进行反马克思主义的分裂活动。列宁同他们进行了坚决的斗争，并强调指出："无论为了尽快地实现无产阶级的最终目的，还是为了在现存的社会基础上坚定不移地进行政治斗争和经济斗争，战斗的无产阶级最亲密无间的团结都是绝对必要的"④。十月革命胜利后，帝国主义对苏维埃俄国进行武装干涉，妄图把年轻的苏维埃扼杀在摇篮里，变成它们的殖民地。而当时背叛了革命的第二国际的大多数领导人勾结俄国党内孟什维克分子，分裂无产阶级革命运动，与帝国主义遥相呼应。在这种情况下，列宁进一步发出了"全世界无产者和被压迫民族联合起来"的战斗号召，坚决捍卫国际无产阶级和俄

① 《共产党宣言》，人民出版社2018年版，第47页。
② 《共产党宣言》，人民出版社2018年版，第20页。
③ 《共产党宣言》，人民出版社2018年版，第106页。
④ 《列宁全集》第7卷，人民出版社2013年版，第227页。

国布尔什维克党的团结统一，战胜了国内外阶级敌人的阴谋破坏，捍卫了俄国的无产阶级专政。列宁逝世后，托洛茨基攻击无产阶级专政，大搞分裂阴谋，斯大林继承列宁的遗志，用列宁生前的教导教育全党："要保护我们党的统一，如同保护眼珠一样"①，团结全党同托洛茨基进行了不调和的斗争。

（二）团结统一是民主集中制的应有要义

民主集中制是党的组织原则，也是党团结统一的组织保证。毛泽东曾指出："我们要把我们党的一切力量在民主集中制的组织和纪律的原则之下，坚强地团结起来。"② 这一论述指明了坚持党的民主集中制对加强党的团结的重要意义。我们党之所以是一个团结战斗的统一体，之所以具有坚强无比的战斗力，就在于它是按照民主集中制的组织原则建立起来的。没有民主集中制，党就没有组织上的巩固，也就不可能有在革命原则基础上的团结。

民主集中制，就是在民主基础上的集中，在集中指导下的民主。由于民主集中制是以无产阶级根本利益为前提，以党的群众路线为基础的，所以，它的民主是在符合无产阶级根本利益为前提的集中指导下的民主，反对极端民主化倾向；它的集中，又是以党的群众路线为依据的充分发扬民主基础上的集中，反对个人专制主义。正因为这样，坚持民主集中制的组织原则，对保证党的团结有着重要的意义。

坚持党的团结，必须充分发扬党内民主。发扬民主，是加强党的集中统一，巩固党的团结的重要一环。毛泽东指出："没有民主，不可能有正确的集中，因为大家意见分歧，没有统一的认识，

---

① 《斯大林选集》上卷，人民出版社 1979 年版，第 170 页。
② 《毛泽东选集》第三卷，人民出版社 1991 年版，第 1097 页。

集中制就建立不起来。"① 我们党虽然有了统一的指导思想，但不等于在任何事情上党员的思想都统一了。只有充分发扬民主，让大家各抒己见，畅所欲言，把各种不同的意见统统摆出来，才能用马克思主义加以比较、加以鉴别、分清是非，把党员的思想认识统一到正确意见方面来。这样，就能在思想上、行动上团结一致，共同奋斗。有的同志不注意发扬民主，认为发扬了民主，七嘴八舌，众说纷纭，难以统一。这种顾虑是多余的，也是不相信群众的表现。其实，意见多不是坏现象，而是好现象。让大家把话都讲出来，经过认真而不是敷衍的、充分而不是草率的讨论，就可以使正确的意见得到发扬，片面的和不完善的得到补充和完善，错误的得到纠正。大家发表意见的过程，也就是在民主基础上实行正确的集中，达到统一思想、统一行动、加强团结的过程。因此，坚持民主作风要尊重党员的民主权利，虚心听取各种不同意见，用马克思主义去明辨是非，求得党员在思想上的一致，行动上的统一，不断增强党的团结。

坚持党的团结，必须有正确的集中。我们需要民主，但民主只是手段，不是目的。发扬民主，让人讲话，从根本上讲，就是为了实行集中，以便团结带领广大革命群众为实现党的任务而奋斗。没有这个集中，分散的意见就不能统一，群众的积极性就不能汇成巨大的力量。如果大家思想不一致，步调不整齐，就谈不上加强党的团结，实行民主也就失去了目的。正如毛泽东所说的，我们"不但要民主，尤其要集中"②。只有在民主的基础上坚持集中制的原则，才能在马克思主义的指导下不断巩固和加强党的团结。

---

① 《毛泽东文集》第八卷，人民出版社1999年版，第293—294页。
② 《毛泽东选集》第三卷，人民出版社1991年版，第821页。

党的集中统一是经过党的纪律来实现的。党章规定，全党必须服从统一的纪律，个人服从组织，少数服从多数，下级服从上级，全党服从中央。这个全党必须遵守的统一的纪律，也是党的团结的重要保证。谁破坏了党的纪律，谁就破坏了党的团结统一。我们的党是一个有纪律的党，在纪律方面，要提高到整齐划一令行禁止的程度，消灭自由和散漫的现象，这样才能统一认识，统一政策，统一计划，统一指挥，统一行动。

总之，民主和集中"是一个统一体的两个矛盾着的侧面，它们是矛盾的，又是统一的，我们不应当片面地强调某一个侧面而否定另一个侧面"①。只讲民主，不讲集中，就会走到极端民主化，走到自由放任主义，就会使党内陷入思想上的混乱和组织上的涣散；只讲集中，不讲民主，就会走向个人专断和家长作风，把"群言堂"变成"一言堂"。只讲民主和只讲集中，走的是两个极端，造成的是同样的恶果，就是削弱党的团结，危害党的生命。因此，民主和集中，两者必须密切结合起来，才能增强党的团结，"造成一个又有集中又有民主、又有纪律又有自由、又有统一意志又有个人心情舒畅生动活泼的政治局面"②。

（三）团结奋斗是国际共运史的宝贵经验

旗帜鲜明讲政治，保证党在思想上政治上行动上的高度团结，最根本的是要维护党中央的核心、维护党中央的权威和集中统一领导，这是马克思主义政党成熟的重要标志，也是国际共运史的经验教训。

团结为了革命，革命需要团结，革命也能够促进团结。我们都

---

① 《毛泽东文集》第七卷，人民出版社1999年版，第209页。
② 《习近平谈治国理政》第二卷，外文出版社2017年版，第183页。

知道团结的重要，团结起来力量大。我们通常讲的拧成一股绳就是这个意思。一根纤维是脆弱的，可是千百根纤维拧成一股绳，它就牢固了。团结就是力量，团结才能战斗，团结就是胜利。恩格斯曾说："为了进行斗争，我们必须把我们的一切力量拧成一股绳，并使这些力量集中在同一个攻击点上。"① 列宁也说道："革命能迅速地把人们团结起来，能迅速地使人们受到启发。革命每向前发展一步都能够唤醒群众。"② 事实正是如此，每一次深刻的革命运动，都有力地促进了革命的团结。

要坚持把维护和加强党内团结始终作为能否实现革命的战略高度来认识。马克思和恩格斯在总结巴黎公社失败教训时深刻指出，巴黎公社遭到灭亡，一个重要原因就是缺乏集中和权威。巴黎公社政权只存在 72 天，公社失败以后，马克思写下了《法兰西内战》一书对巴黎公社的革命经验进行了总结。在巴黎公社革命运动发生之前，巴黎工人运动本来已经在第一国际的领导下蓬勃开展，为巴黎公社革命提供了良好的骨干和思想条件。可是因为党内出了布朗基主义和蒲鲁东主义者，使党内出现了严重分歧，分散和削弱了党的战斗力量，难以集中精力对付主要的敌人，结果导致巴黎公社革命活动失败，这是国际共产主义运动史上极为惨痛的教训。列宁是马克思、恩格斯加强无产阶级政党团结学说的坚定继承者，列宁在民主革命时期同俄国的自由民粹派、合法马克思主义、经济主义、孟什维克主义分子做坚决斗争，创立了列宁主义党建学说思想体系，让俄国民众认清俄国的形势和国情，把马克思主义党的团结思想发展到了全新的阶段。在苏联成立之后，列宁敏锐地观察到布尔什维克党内的不正当党内斗争倾向，提出要实行党内民主化的主

① 《马克思恩格斯选集》第 4 卷，人民出版社 1995 年版，第 399 页。
② 《列宁选集》第 1 卷，人民出版社 2012 年版，第 563 页。

张，发挥工农检察院和中央监察委员会对国家最高领导层的监督作用。列宁还对党中央的领导们做了客观精准的分析，号召中央同志们要团结，不要搞分裂。

在中国新民主主义革命时期，中国共产党曾对托陈取消派、张国焘的右倾分裂主义、王明的左倾教条主义进行了坚决的斗争，中国共产党在两次革命的失败和成功经验教训上，通过加强思想建党、坚持民主集中制、确立领导核心等办法克服了党内分裂的危机，正确处理了党内的斗争，挽救了中国革命和中国共产党。通过加强党的团结，从无到有、从小到大、从胜利走向新的胜利，从党建必然王国走向党建自由王国。

党员的政治理想信念是否坚定是检验党的团结的根本标准。马克思主义政党的团结是党的价值性追求和真理性追求的统一。政党的价值追求突出体现在政党意识形态之中，对于政党而言，政党意识形态是其实现全部政治价值目标的工具，是维系全党党员共同奋斗的旗帜。无产阶级政党是否高度团结，体现在微观上是党员个体在政治活动和日常生活中能否对马克思主义理想信念坚若磐石。在巴黎公社革命期间，革命运动因为党内主义五花八门，目标不尽相同，很难进行有效整合同国内外反动势力做坚强斗争而惨遭失败，所以马克思和恩格斯高度重视无产阶级政党在科学社会主义理论上的统一。苏联在列宁和斯大林时期，布尔什维克党员能够坚定马克思主义信仰，同资产阶级临时政府、帝国主义干涉势力、法西斯主义作坚决斗争，维护了新生的苏维埃政权。但是后来党内官僚主义、享乐主义现象抬头，脱离群众现象极为严重，以至于在苏联亡党亡国的时候，没有多少党员敢站出来与反动势力做斗争。

中国共产党始终以马克思主义为指导，不断推进马克思主义中国化，以科学的理论武装全体党员、教育人民，使得全党同志、全国人民在统一的思想旗帜、奋斗目标、奋斗纲领上心往一处想、劲往一处使，把中国特色社会主义伟大事业推向新的阶段。中国特色社会主义事业的发展繁荣，证明了加强党的团结效果是显著的，是有意义的。

三、中国共产党是最讲团结、最能奋斗的最先进政治力量

综观古今中外，我们党是最讲团结、最能奋斗的最先进政治力量，这是由马克思主义政党的性质和宗旨决定的。正是怀有远大理想和为民情怀，使我们党能够始终保持同人民群众的血肉联系，把前进目标转化为广大人民的奋斗实践，团结带领人民跨过一道又一道难关，取得一次又一次胜利，创造一个又一个辉煌。

（一）党的团结和集中统一是党的生命

维护党的团结和集中统一，是无产阶级政党的本质要求，是中国共产党不断从胜利走向新的胜利的重要法宝。习近平总书记指出："旗帜鲜明讲政治、保证党的团结和集中统一是党的生命，也是我们党能成为百年大党、创造世纪伟业的关键所在。"[①] 维护党的团结和集中统一，深刻揭示了我们党的政治属性和政治优势，为全党迈进新征程、奋进新时代提供了根本遵循。

保持团结统一才能增强战斗力。习近平总书记在党的二十大报告中强调："我们党作为世界上最大的马克思主义执政党，要始终赢得人民拥护、巩固长期执政地位，必须时刻保持解决大党独有难

---

① 习近平：《在党史学习教育动员大会上的讲话》（2021 年 2 月 20 日），人民出版社 2021 年版，第 21 页。

题的清醒和坚定。"① 我们党是世界上最大的政党，大就要有大的样子，同时大也有大的难处。所谓大党，主要是指党员体量大、组织规模大。经过 100 多年的发展壮大，我们党已经由一个最初只有 50 多名党员的小党成长为世界上最大的马克思主义执政党，是一个有着 9900 多万名党员、500 多万个党组织的大党，是一个在有着 14 亿多人口的大国已长期执政 70 多年的大党。所谓大党难题，从广义上看，主要是指党在发展过程中面临的困难和挑战具有复杂性、艰巨性。从狭义上看，主要是指我们党在党的建设上面临一些区别于较小规模政党的特殊难题，作为历史长、规模大、执政久的大党应当如何始终得到人民群众的拥护和支持，如何实现长期执政，如何在如此大体量的党员规模下维护党的团结统一。

要治理好我们这个大党、治理好我们这个大国，保证党的团结和集中统一至关重要，维护党中央权威至关重要。习近平总书记曾用"七个有之"概括管党治党面临的危机，"搞任人唯亲、排斥异己的有之，搞团团伙伙、拉帮结派的有之，搞匿名诬告、制造谣言的有之，搞收买人心、拉动选票的有之，搞封官许愿、弹冠相庆的有之，搞自行其是、阳奉阴违的有之，搞尾大不掉、妄议中央的也有之"②。这些问题严重破坏党的团结和集中统一，严重影响党的形象和威信，严重损害党群干群关系。马克思主义政党的先进性不是天生的，而是在不断自我革命中淬炼而成的。过去先进不意味着今天先进，今天先进也不意味着永远先进。习近平总书记告诫全党，"世界上最可怕的敌人从来是自己。我们党取得了举世瞩目的

① 习近平：《高举中国特色社会主义伟大旗帜　为全面建设社会主义现代化国家而团结奋斗——在中国共产党第二十次全国代表大会上的报告（2022 年 10 月 16 日）》，人民出版社 2022 年版，第 63 页。

② 《习近平关于全面从严治党论述摘编》，人民出版社 2016 年版，第 105—106 页。

成就，现在更需要'愈大愈惧，愈强愈恐'的态度"①。

大党的形成不是党员数量自然持续的增加，而是党在发展中通过主动克服矛盾和困难以不断壮大队伍，这是一个十分艰辛的探索过程。在不同历史时期，党保持团结统一的时代背景与实践方式有所不同。在新民主主义革命时期，党的团结统一体现在遵义会议后第一代中央领导集体的形成，体现在能够战胜张国焘的分裂主义，进而凝聚最大力量取得革命胜利；在社会主义革命和建设时期，党的团结统一凝结在建设社会主义的大潮中；在改革开放和社会主义现代化建设新时期，党的团结统一建立在对过去惨痛教训的反思基础上，强化在为应对"四大考验"和"四大危险"的改革开放伟大进程中；在新时代，中国共产党面临"两个大局"，党的团结统一基于实现中华民族伟大复兴的历史使命、成于全面从严治党的政治品格锻造以及巩固于永远在路上的自我革命纵深实践。不难发现，中国共产党一方面体现了主动求团结的积极愿望和主体姿态，另一方面展示了主动顺应形势发展需要增强团结统一的坚强能力和昂扬斗志。

（二）党的远大理想靠团结奋斗来实现

我们党把实现共产主义作为最高理想，把为中国人民谋幸福、为中华民族谋复兴作为初心使命，这种远大志向和抱负赋予共产党人团结一心、顽强拼搏的强大动力。

共产党人的团结奋斗是在共同思想基础上的团结奋斗。马克思主义是我们立党立国的根本指导思想，是中国共产党的精神旗帜，也是党得以团结领导人民进行不懈奋斗的思想根基。毛泽东指出，

---

① 《习近平关于全面从严治党论述摘编》，人民出版社 2016 年版，第 8 页。

"主义譬如一面旗子，旗子立起了，大家才有所指望，才知所趋赴"。① 马克思主义是指引全人类解放的科学理论，有了这一科学理论，中国人民才牢固树立起共同的理想信念，才找到了正确的奋斗方向和科学的行动指南。邓小平同志指出："为什么我们过去能在非常困难的情况下奋斗出来，战胜千难万险使革命胜利呢？就是因为我们有理想，有马克思主义信念，有共产主义信念。"②

中国共产党将马克思主义基本原理运用于社会主义建设实践，开辟了中国特色社会主义道路，形成了中国特色社会主义理论体系，确立了中国特色社会主义制度，发展了中国特色社会主义文化，中国特色社会主义成为改革开放以来党的全部理论和实践的主题。习近平总书记指出："实践充分证明，中国特色社会主义是中国共产党和中国人民团结的旗帜、奋进的旗帜、胜利的旗帜。"③《关于新形势下党内政治生活的若干准则》进一步明确："共产主义远大理想和中国特色社会主义共同理想，是中国共产党人的精神支柱和政治灵魂，也是保持党的团结统一的思想基础。"④

我们党是马克思主义政党，把实现共产主义作为最高理想，一经诞生，就把为中国人民谋幸福、为中华民族谋复兴确立为自己的初心使命。我们党以全心全意为人民服务为根本宗旨，代表中国最广大人民的根本利益，没有任何自己的特殊利益，从来不代表任何利益集团、任何权势团体、任何特权阶层的利益。这就要求我们党始终保持同人民群众的血肉联系，始终与人民心心相印、与人民同甘共苦、与人民团结奋斗。也正因为如此，我们党获得了亿万人民

① 中共中央文献研究室编：《毛泽东年谱（一八九三——一九四九）》（修订本上卷），中央文献出版社1993年版，第70页。
② 《邓小平文选》第一卷，人民出版社2001年版，第110页。
③ 《习近平谈治国理政》第三卷，外文出版社2020年版，第8页。
④ 《加强党的政治建设文件选编》，党建读物出版社2019年版，第58页。

群众的衷心拥护与支持，带领人民取得了一次又一次胜利，创造了一个又一个彪炳史册的人间奇迹。

在为人民幸福、民族复兴而不懈奋斗的征程中，中国共产党与时俱进推动马克思主义基本原理同中国具体实际相结合、同中华优秀传统文化相结合，自觉把团结奋斗摆在极其重要的位置。要实现人民的幸福、民族的复兴，首先必须推翻帝国主义、封建主义、官僚资本主义三座大山，争取民族独立、人民解放。党团结带领中国人民，浴血奋战、百折不挠，最终推翻了三座大山，取得了新民主主义革命的胜利，建立了人民当家作主的中华人民共和国。毛泽东总结指出："只有经过共产党的团结，才能达到全阶级和全民族的团结，只有经过全阶级全民族的团结，才能战胜敌人，完成民族和民主革命的任务。"[1] 他还强调："有两种团结是绝对必要的：一种是党内的团结，一种是党同人民的团结。这些就是战胜艰难环境的无价之宝，全党同志必须珍爱这两个无价之宝。"[2]

新中国成立以来，党团结带领中国人民仅用几十年时间就走完发达国家几百年走过的工业化历程，跃升为世界第一制造业大国、发展成为世界第二大经济体，创造了经济快速发展和社会长期稳定"两大奇迹"。这为推动我国迈上全面建设社会主义现代化国家新征程奠定了坚实基础、创造了良好条件、提供了重要保障。历史是最好的教科书。党的百余年奋斗历史告诉我们，团结就是力量，奋斗开创未来。

（三）党始终把团结奋斗鲜明写在自己的旗帜上

中国共产党继承和发扬中华民族团结奋斗的优良传统，始终把

---

① 《毛泽东选集》第一卷，人民出版社1991年版，第278页。
② 《毛泽东文集》第三卷，人民出版社1993年版，第22页。

团结奋斗鲜明写在自己的历史答卷上，不断结合形势任务发展变化提出团结奋斗的新要求，开创团结奋斗的新局面。党领导人民铸就的团结奋斗精神，印刻在"红军不怕远征难，万水千山只等闲"的红军战士身上，展现在"干惊天动地事，做隐姓埋名人"的"两弹一星"研制者身上，书写在"杀出一条血路来"的改革开拓者身上，定格在1800多名为打赢脱贫攻坚战献出宝贵生命的党员、干部身上，激扬在面对新冠疫情坚守岗位、一往无前的最美逆行者身上……一部中国共产党的历史，就是一部党领导人民团结奋斗、赢得伟大胜利的历史。

早在建党初期，我们党就将民主集中制作为党的组织原则。延安时期，强调反对宗派主义以整顿党风，号召"唤起工农千百万，同心干"，团结全党同志如同一个和睦的家庭一样，如同一块坚固的钢铁一样，倡导建立抗日民族统一战线，为打倒日本侵略者而浴血奋斗。

新中国成立后，我们党专门出台关于增强党的团结的文件，党的七届四中全会通过《关于增强党的团结的决议》，规定了增强党的团结的具体措施，强调正确处理人民内部矛盾，号召团结全国人民，争取一切国际朋友的支援，为了建设一个伟大的社会主义国家而奋斗，为了保卫国际和平和发展人类进步事业而奋斗。改革开放后，在《关于党内政治生活的若干准则》中明确民主集中制的基本原则，强调解放思想，实事求是，团结一致向前看，号召为把我国建成现代化的社会主义强国而奋勇前进。

党的十八大以来，党中央坚持党要管党、从严治党，直击积弊、扶正祛邪，用铁的纪律维护党的团结统一，增强全党"四个意识"，把坚持党中央集中统一领导贯穿于党的领导和党的建设各方面、全过程，严明党的政治纪律和政治规矩，坚决防止和反对个人主义、分散主义、自由主义、本位主义、好人主义，坚决防止和反对宗派主义、圈子文化、码头文化，坚决反对搞两面派、做两面人，党内政治生活气象更新，政治生态明显好转，党的团结统一更加巩固。可以说，一部中国共产党的历史，就是一部从团结的愿望出发，经过批评或者斗争使矛盾得到解决，从而在新的基础上达到新的团结的实践史。

中国共产党不仅高度重视党内团结，而且始终强调调动一切可以调动的积极因素，使党同一切拥护祖国统一和致力于中华民族伟大复兴的爱国者实现大团结、大联合。党的十八大以来，以习近平同志为核心的党中央坚持和平发展道路，推动构建人类命运共同体，不断完善外交布局，以周边和大国为重点，以发展中国家为基础，以多边为舞台，打造全球伙伴关系网络，最大限度凝聚共识、凝聚智慧、凝聚力量，为新时代中国特色社会主义伟大事业营造和平稳定的外部环境。

中国特色社会主义进入新时代，我们党肩负着新的使命任务、面临着新的风险挑战。实现中华民族伟大复兴，全党要准备付出更为艰巨、更为艰苦的努力。面对具有许多新的历史特点的伟大斗争，弘扬团结奋斗的精神的重要性愈加凸显。必须"使党铁一样地巩固起来"，真正把人心向背、力量对比这个决定党和人民事业成败的关键问题解决好。

四、团结奋斗是伟大建党精神的重要体现

树高千尺有根，水流万里有源。中国共产党在应对各种困难挑战中始终弘扬伟大建党精神，形成了井冈山精神、长征精神、遵义会议精神、延安精神、西柏坡精神、红岩精神、抗美援朝精神、

"两弹一星"精神、特区精神、抗洪精神、抗震救灾精神、抗疫精神等伟大精神，构筑起了中国共产党人的精神谱系。这一系列伟大精神，既是伟大建党精神这一"源头"在不同历史时期的活水涌流，也是团结奋斗精神这一"土壤"不断蓬勃生发的累累硕果。团结奋斗也是贯通党百余年奋斗历史的一个重要主线，是党和人民在百余年奋斗历程中共同探索形成的一个优良传统，是对"坚持党的领导""坚持统一战线"和"坚持敢于斗争"等历史经验的高度凝练。

中国共产党的百余年发展史，就是在马克思主义指引下，坚定信念、勇于探索、百折不挠、顽强不屈的不懈奋斗史。中国共产党自成立以来，以伟大建党精神为源头，形成了一系列伟大精神，构建起中国共产党人的精神谱系。团结奋斗是这个精神谱系的集中体现。这些以伟大建党精神为源头、用无数生命书写的中国共产党人精神谱系，不仅集中体现了我们党的坚定信念、根本宗旨、优良作风，凝聚着中国共产党人团结统一、艰苦奋斗、开拓进取的伟大品格，而且已经深深融入我们党、国家、民族、人民的血脉之中，滋养着伟大奋斗、伟大团结精神。可以说，团结奋斗精神已经成为伟大建党精神最富时代内涵的重要组成、最富时代价值的政治品格，成为当代中国人增强志气、骨气、底气的力量源泉，充分体现着团结奋斗精神对中国共产党人精神谱系的极大丰富和发展。

（一）"坚持真理、坚守理想"明确团结奋斗的方向

团结奋斗精神以"坚持真理、坚守理想"为目标方向，从思想信仰层面回答了"共产党人以什么为指引以及走向哪里"的问题，为实现中华民族伟大复兴领航导向、提供牵引。真理如旗帜，

凝聚着共产党人的思想伟力。马克思主义创造性地揭示了人类社会发展的一般规律和资本主义运行的特殊规律，为人类指明了从必然王国向自由王国飞跃的途径，为人民指明了实现自由和解放的道路，凭借其科学性的"魅力"、实践性的"威力"和与时俱进的"生命力"在中国落地生根、开花结果。理想如火炬，烛照着共产党人的奋斗之路。中国共产党是用科学理论武装、具有远大抱负的党，从成立之日起就把为共产主义、社会主义而奋斗确定为自己的纲领，始终坚持把实现共产主义和中国特色社会主义作为自己的远大理想和共同理想。

正是在马克思主义真理的指引下，一代又一代共产党人心往一处想、劲往一处使，为实现共产主义和社会主义理想前赴后继地奋斗着。可以说，中国共产党用马克思主义真理的力量激活了中华民族历经几千年创造的伟大文明，赋予了团结奋斗精神前所未有的时代内涵，与伟大民族精神相结合而激发出强大力量，形成了伟大建党精神。正是在这样的伟大觉醒中，中国人民和中华民族从精神上由被动转为主动，中国革命的面貌焕然一新，中华民族开始艰难地但不可逆转地走向伟大复兴。

坚持真理、坚守理想，就是坚持马克思主义的科学真理，坚守共产主义远大理想和中国特色社会主义共同理想。在伟大建党精神指引下，我们党以坚定理想信念宗旨为根基，不断推进了马克思主义中国化时代化。中国共产党在各个历史时期以高度的政治自觉坚持探索真理、追求真理、坚持真理、运用真理，不断实现自我净化、自我完善、自我革新、自我提高，在攻坚克难中不断从胜利走向胜利。"理想信念是中国共产党人的精神支柱和政治灵魂，也是保持党的团结统一的思想基础。"必须坚持以习近平新时代中国特色社会主义思想为指导，着力抓好用党的创新理论统一思想和行动这个基础性建设，把思想认识统一到习近平新时代中国特色社会主义思想的立场、观点、方法上来，在自觉践行党的创新理论中实现党的团结统一，这是新时代全党必须严格遵守的根本政治要求。

（二）"践行初心、担当使命"要求党同人民团结奋斗

团结奋斗精神以"践行初心、担当使命"为价值追求，从具体纲领层面回答了"共产党人从哪里来以及到哪里去"的问题，为实现中华民族伟大复兴划定主线、指明主题。正如《共产党宣言》所宣告——"无产阶级的运动是绝大多数人的，为绝大多数人谋利益的独立的运动"①，谋求人类的自由和解放是马克思主义的价值追寻。作为马克思主义政党，中国共产党的初心使命首先来自于马克思主义为人类求解放的伟大理想，根植于建立没有剥削、没有压迫、人人平等、人人自由的共产主义社会的崇高目标。中国共产党从诞生之日起就是中国最广大人民根本利益的忠实代表，坚守为中国人民谋幸福、为中华民族谋复兴的初心使命，并一以贯之地体现到党的全部奋斗之中。

民心是最大的政治，正义是最强的力量。毛泽东在《反对党八股》中明确提出："单是团结全党同志还不能战胜敌人，必须团结全国人民才能战胜敌人。"②党的七大将"密切联系群众"作为我们党在革命实践中形成的三大优良作风之一。新中国成立后，为了建设一个伟大的社会主义国家，针对过去在团结党外人士方面出现的问题，毛泽东指出："单有党还不行，党是一个核心，它必须要有群众。我们的各项具体工作，包括工业、农业、商业、文化教

---

① 《共产党宣言》，人民出版社 2018 年版，第 39 页。
② 《毛泽东选集》第三卷，人民出版社 1991 年版，第 825 页。

育等等工作，百分之九十不是党员做的，而是非党员做的。所以，要好好团结群众，团结一切可以团结的人一道工作。"① 党领导人民以中国式现代化全面推进中华民族伟大复兴，经过不懈奋斗已经积累了丰富经验、形成了规律性认识，但仍面临许多问题，需要坚持将全党全国各族人民团结起来，将民族复兴的宏伟蓝图一步步变成现实。

初心和使命是伟大建党精神的力量之源，它赋予中国共产党伟大胸怀。中国共产党人是为了共同的初心使命走到一起、战斗在一起的。共同的初心使命是全体党员心往一处想、劲往一处使的动力，也是指引党员团结起来、接续奋斗的旗帜。中国共产党人践行初心、担当使命，开辟了具有中国特色的革命、建设和改革发展道路，为人民更美好、更幸福的生活提供了坚实保障，为中华民族伟大复兴的中国梦开创了前所未有的光明前景，为古老的中华民族注入了蓬勃复兴的生机活力；以舍生忘死的革命意志、大无畏的英雄气概谱写了气吞山河的英雄壮歌，在中华大地上全面建成了小康社会，实现了第一个百年奋斗目标，并意气风发地向着全面建成社会主义现代化强国的第二个百年奋斗目标迈进，集中体现了团结奋斗精神。

（三）"不怕牺牲、英勇斗争"明确团结奋斗的行动方式

团结奋斗精神以"不怕牺牲、英勇斗争"为方法途径，从行动举措层面回答了"共产党人以什么样的心态以及什么样的方式去行动"的问题，为实现中华民族伟大复兴铆足干劲、汇聚动能。共产党人常被认为"是由特殊材料制成的"，首先就特殊在"为有

---

① 《毛泽东文集》第七卷，人民出版社1999年版，第8页。

牺牲多壮志"的大无畏气概和"敢教日月换新天"的昂扬斗志。为了实现理想、完成使命，必然要求具备不达目的誓不罢休的坚定决心，舍生忘死的革命意志，敢于斗争、不懈奋斗的实际行动。一百多年来，无数中国共产党人不畏强敌、不惧风险，涌现了一大批视死如归的革命烈士、一大批顽强奋斗的英雄人物、一大批忘我奉献的先进模范，谱写了一首又一首气吞山河的英雄壮歌，铸就了一个又一个荡气回肠的精神丰碑。

中华民族历史上经历过很多磨难，但从来没有被压垮过，而是屡经挫折而不屈、屡历坎坷而更强，不断在磨难中成长、从磨难中奋起，其重要支撑就在于有中国人民在长期奋斗中培育、继承、发展起来的团结奋斗精神。近代以来，中国逐步沦为半殖民地半封建社会，中华民族面临着山河破碎、受人欺凌的"至暗时刻"，遭受了前所未有的劫难。正是在国家蒙辱、人民蒙难、文明蒙尘的时代危机中，早已内化为中华民族性格特质与意志本色的团结奋斗精神，在中国共产党先驱探索救国救民道路的过程中迸发出战胜一切艰难困苦的强大力量，形成了以伟大建党精神为代表的革命精神，激发出整个民族与帝国主义、封建主义、官僚资本主义"三座大山"斗争到底的英雄气概和无所畏惧的民族气魄。

不怕牺牲、英勇斗争，就是始终以舍生忘死的革命意志、大无畏的英雄气概，毫无畏惧地面对一切困难和挑战。回首我们党波澜壮阔的百年征程，时刻保持"不怕牺牲、英勇斗争"的强大精神，贯穿了中国革命、建设、改革的全过程，熔铸在以伟大建党精神为核心的中国共产党人的精神谱系中，这是世界上任何其他政党都不具有的强大优势。中国共产党人逢山开路、遇水架桥，一次次战胜了看似不可战胜的困难，是因为我们党始终保持了党的团结统一，并且在斗争中发展、在斗争中壮大。

当前，中华民族伟大复兴展现出前所未有的光明前景，进入了不可逆转的历史进程。与此同时，当今世界正经历百年未有之大变局，中国处于由大向强发展的关键时期，改革发展稳定任务之重前所未有，矛盾风险挑战之多前所未有。"我们现在所处的，是一个船到中流浪更急、人到半山路更陡的时候，是一个愈进愈难、愈进愈险而又不进则退、非进不可的时候。"① 面对严峻复杂的形势，我们更加需要从党的精神谱系中汲取团结奋斗的精神力量，从精神主动与历史主动的深刻联系中，以更为积极主动的精神推动民族复兴。

（四）"对党忠诚、不负人民"要求党内部团结奋斗

团结奋斗精神以"对党忠诚、不负人民"为立场要求，从品格情操层面回答了"共产党人是谁、为了谁、依靠谁"的问题，为实现中华民族伟大复兴擦亮底色、诠释情怀。作为无产阶级政党，中国共产党强调严格的组织纪律，注重把忠诚、老实等理念融入党员性格，在道德层面打下"唯一的、彻底的、无条件的、不掺任何杂质的、没有任何水分"的忠诚烙印。此外，与西方竞争性政党制度下的政党代表特定利益集团利益不同，中国共产党除了人民利益之外没有自己的特殊利益，明确认识到自己是"人民群众在特定的历史时期为完成特定的历史任务的一种工具"，并仅仅依靠人民创造历史伟业。

党的团结统一首先是政治上的团结统一。习近平总书记指出："党的十八大以来，我们针对有一段时间落实党的领导弱化、虚

---

① 习近平：《在庆祝改革开放40周年大会上的讲话（2018年12月18日）》，人民出版社2018年版，第42页。

化、淡化、边缘化问题，把加强党的集中统一领导作为全党共同的政治责任，不断完善党的领导制度体系，使全党思想上更加统一、政治上更加团结、行动上更加一致。"① 中国共产党人对党忠诚、不负人民，不断增强党的团结和集中统一，不断巩固党同人民的血肉联系和全体中华儿女的大团结，确保全党上下、全国上下步调一致向前进，最大限度地凝聚起共同奋斗的巨大力量，集中体现了中国人民的伟大团结精神。

对党忠诚、不负人民，就是在党爱党、在党为党，心系人民、情系人民，把对党忠诚、为党分忧、为党尽职、为民造福作为共产党人的根本政治担当。必须一心一意、一以贯之，必须表里如一、知行合一，在任何时候任何情况下都与党同心同德，都同党中央保持高度一致。从本质上说，忠于党与忠于人民是一致的，忠于党寓于忠于人民之中。弘扬伟大建党精神，牢固树立对党忠诚的价值追求，始终站稳人民立场，把人民利益放在第一位，坚定执行党的政治路线，确保新时代党的全面领导、党中央集中统一领导的各方面制度得到切实遵守，是中国共产党的不变追求。

新时代以来，面对严峻复杂的形势环境和艰巨繁重的改革发展稳定任务，党团结带领全党全国各族人民战洪水、防疫情、抗地震、化危机、应变局的伟大实践再次证明，中国人民是具有伟大团结精神和伟大奋斗精神的人民，中国共产党是最讲团结、最能奋斗的最先进政治力量。在党中央的统一领导和部署下，党政军民学迅即行动，东西南北中同心协力，党和人民以强大的凝聚力、向心力经受住各种风险挑战的考验，再一次向世人展示了永不褪色的团结奋斗精神。党和人民取得的一切成就都是团结奋斗的结果，团结奋

---

① 《习近平谈治国理政》第四卷，外文出版社 2022 年版，第 50 页。

斗是党和中国人民最显著的精神标识。历史和现实告诉我们，中国人民具有不屈不挠的意志力，是战胜前进道路上一切艰难险阻的力量源泉；中国共产党具有无比坚强的领导力，是风雨来袭时中国人民最可靠的主心骨。

第二章　团结奋斗，铸就百年辉煌

在几千年历史长河中，中国人民始终团结一心、同舟共济，建立了统一的多民族国家，形成了守望相助的中华民族大家庭。特别是近代以后，面对外来侵略寇急祸重的严峻形势，中国人民奋起反抗，仁人志士奔走呐喊，进行了可歌可泣的斗争。

十月革命一声炮响，给中国送来了马克思列宁主义。五四运动促进了马克思主义在中国的传播，1921 年，在中国人民和中华民族的伟大觉醒中，在马克思列宁主义同中国工人运动的紧密结合中，中国共产党应运而生。在这支最讲团结、最能奋斗的最先进政治力量带领下，我国各族人民手挽着手、肩并着肩，英勇奋斗，浴血奋战，打败了一切穷凶极恶的侵略者，共同书写了中华民族保卫祖国、抵御外侮的壮丽史诗，铸就了争取民族独立、人民解放和实现国家富强、人民幸福的百年辉煌。

一、团结奋斗取得了新民主主义革命的伟大胜利

在近代以后中国社会的剧烈变动中，中国共产党人深刻认识到帝国主义和中华民族的矛盾、封建主义和人民大众的矛盾是近代中国社会的主要矛盾，实现中华民族伟大复兴，必须进行反帝反封建斗争。为此，党义无反顾担负起实现中华民族伟大复兴的历史使命，领导中国人民团结奋斗，经过新民主主义革命，建立了中华人民共和国，彻底结束了半殖民地半封建社会的历史，实现了中国从几千年封建专制政治向人民民主的伟大飞跃。

（一）团结奋斗，打倒军阀，除列强

1922 年 1 月，共产国际召开远东各国共产党及民族革命团体第一次代表大会，中国共产党派代表出席。大会阐明了列宁关于民族和殖民地问题的理论，指明中国"当前的第一件事便是把中国从外国的羁轭下解放出来，把督军推倒"，建立一个民主共和国。同时强调被压迫民族所有的阶级、阶层必须联合起来结成统一战线。同年 6 月，中共中央发表《中国共产党对于时局的主张》，第一次明确提出了建立"联合战线"的主张。

1922 年 7 月 16 日至 23 日，中国共产党第二次全国代表大会在上海举行。党的二大通过对中国经济政治状况的分析，揭示出中国社会的半殖民地半封建性质，指出实现社会主义、共产主义的最高纲领，和打倒军阀，推翻国际帝国主义压迫，统一中国为真正的民

主共和国的最低纲领。大会同时指出，为实现反帝反军阀的革命目标，必须联合全国一切革命党派，联合资产阶级民主派，组成"民主主义的联合战线"。党成立不过一年，就第一次提出了明确的反帝反封建的民主革命纲领，并使这个纲领很快传播开来，"打倒列强，除军阀"成为广大群众的共同呼声。

中国共产党作为中国工人阶级的先锋队，成立后致力于组织领导工人运动。1921年8月，中国劳动组合书记部成立，作为公开做职工运动的总机关出版《劳动周刊》，举办工人学校，组织产业工会，开展罢工斗争。在党的领导下，以1922年1月香港海员罢工为起点，1923年2月京汉铁路工人罢工为终点，掀起了中国工人运动第一次高潮。其中，安源路矿工人大罢工、开滦煤矿工人大罢工最具代表性，充分显示出组织起来的工人阶级的力量。

在集中力量领导工人运动的同时，党开始到农村开展农民运动。1921年9月浙江萧山衙前村成立中国第一个新型农民组织；1922年7月，广东海丰县成立第一个秘密农会，并陆续在海丰、陆丰、惠阳三县很多地方建立了农会，会员达到20多万；同年9月，湖南衡山县白果地区农民在水口山工人运动的鼓舞和党的领导下，成立岳北农工会并开展一系列斗争，树起湖南农民运动第一面旗帜。此外，党还组织了青年运动和妇女运动。

这一时期，党领导发动和组织的工农运动尤其是工人运动，显示出中国工人阶级坚定的革命性和坚强的战斗力，扩大了中国共产党在全国的政治影响，为党同其他革命力量合作、掀起全国规模的大革命准备了一定条件。

1923年2月4日，京汉铁路工人大罢工爆发，其目的是争取成立京汉铁路总工会。7日，军阀吴佩孚在帝国主义支持下调动军警血腥镇压罢工工人，制造了二七惨案。此后，全国工人运动转入低潮。京汉铁路工人大罢工的失败让中国共产党人看到，在半殖民地半封建的中国，人数较少的工人阶级如果不团结一切可以团结的力量，结成最广泛的统一战线，是很难将中国革命引向胜利的。因此，党决定采取积极的步骤联合孙中山领导的中国国民党，推动国共合作的建立。

1923 年 1 月，共产国际执委会作出《关于中国共产党与国民党的关系问题的决议》，对国共合作起了推动作用。同年 6 月，中国共产党第三次全国代表大会决定采取共产党员以个人身份加入国民党的方式实现国共合作，把国民党改组为民主革命联盟；并规定共产党员加入国民党时，党必须在政治上、思想上、组织上保持自己的独立性。

共产党员加入国民党后，对国民党的政策产生了有力影响，推动了国民党的革新和国民党影响下的资产阶级、小资产阶级投入革命，同时共产党员也在更广阔的天地接受了历练，为迎接大革命高潮的到来做了充分准备。1924 年 1 月，国民党一大召开，大会对孙中山提出的三民主义作出新的解释，在事实上确立了联俄、联共、扶助农工的三大政策，标志着第一次国共合作的正式形成。

1925 年 5 月起，全国范围的大革命高潮到来。5 月 15 日，上海内外棉七厂日本资本家枪杀工人、共产党员顾正红。30 日，面对上海工人和学生的街头宣传和示威游行，租界英国巡捕在南京路上突然开枪，造成了震惊全国的五卅惨案。五卅惨案激起全中国人民极大愤怒，多年来深埋在中国人民心里的对帝国主义的怒火一下子喷发出来，形成工人罢工、学生罢课、商人罢市的局面。反对帝国主义的民族运动浪潮，以不可遏止的浩大声势迅速席卷全国。

在蓬勃发展的有利形势下，国共两党合作于 1925 年经两次东征和南征，消灭军阀陈炯明部和邓本殷部，平息杨希闵、刘震寰两部在广州的叛乱，统一了广东革命根据地，为北伐战争准备了比较可靠的后方基地。同时，在李大钊等人的艰辛开拓下，北方地区的革命运动也迅速发展起来，北方工人运动逐渐得到恢复和发展。北京、青岛、唐山等地工人罢工斗争此起彼伏，打击了控制北京的段祺瑞反动政府。

1926 年 7 月，国民革命军誓师北伐。北伐战争的直接打击目标是帝国主义支持的北洋军阀，主要有吴佩孚、孙传芳、张作霖三支势力。北伐不到半年，就打垮了吴佩孚，歼灭了孙传芳的主力，占领了半个中国。北伐战争所以能在短时间内取得如此巨大的成功，是国共两党合作结出的硕果。

第一次国共合作使年轻的中国共产党迅速发展壮大，作为一支新生政治力量迅速进入全国的政治中心。但是，这时的党还不懂得掌握统一战线的领导权，不善于处理与同盟者的关系，更不懂得"以斗争求团结则团结存，以退让求团结则团结亡"的道理。1925 年 3 月，孙中山逝世，国民党内部发生严重分化，国共合作开始出现裂痕。

1927 年，国民党内反动集团叛变革命，于 4 月 12 日在上海发动了反革命政变。四一二反革命政变后，江苏、浙江、安徽、福建、广东、广西等省相继以"清党"为名，残酷屠杀共产党人和革命群众。人民群众对于国民党反动集团的叛变进行了愤怒的声讨，包括胡愈之、郑振铎、吴觉农在内的多名知名人士联名写信谴责军方的暴行，武汉、长沙等地举行了数十万人参加的反帝讨蒋大会。但这时，由于党内以陈独秀为代表的右倾思想发展为右倾机会主义错误并在党的领导机关中占了统治地位，党和人民不能组织有效抵抗，致使大革命在强大的敌人突然袭击下遭到惨重失败。

（二）团结奋斗，实现伟大转折

中国共产党从大革命失败后革命形势的急转直下的残酷现实中认识到，没有革命的武装就无法战胜武装的反革命，就无法夺取中国革命胜利，就无法改变中国人民和中华民族的命运，必须以武装的革命反对武装的反革命。面对国民党在全国范围内建立的统治，中国共产党人开始了带领工农大众，进行武装反抗蒋介石国民党反动统治的斗争。

1927 年 7 月中旬，中共中央政治局临时常委会为挽救革命毅然决定了三件大事：将党所掌握和影响的部队向南昌集中，准备发动武装起义；组织工农运动基础较好的湘、鄂、赣、粤四省农民发动秋收起义；召集中央紧急会议，讨论和决定大革命失败后的新方针。

1927 年 8 月 1 日，南昌起义打响了武装反抗国民党反动派的第一枪，这标志着中国共产党独立领导革命战争、创建人民军队和武装夺取政权的开端。从此，中国共产党领导下的人民军队，就投身为中国人民求解放、求幸福，为中华民族谋独立、谋幸福的历史洪流，同中国人民和中华民族的命运紧紧联系在了一起。

起义六天后的 8 月 7 日，中共中央在湖北汉口召开紧急会议（即八七会议），确定了实行土地革命和武装起义这一继续进行革命斗争的新方针。会后，党派出许多干部赴各地，恢复和整顿党组织，发动武装起义。

同年 9 月起，党又领导了秋收起义、广州起义和其他许多地区起义，但由于这些起义大多是以攻打中心城市为目标的，在敌我力量悬殊的情况下遭到反革命军队抵抗，大多数走向了失败的结果。

事实证明，在当时的客观条件下，中国共产党人不可能像俄国十月革命那样通过首先占领中心城市来取得革命在全国的胜利。尽管发动了一系列武装起义，但革命形势依然处于低潮，党迫切需要找到适合中国国情的革命道路。

1927 年秋起，毛泽东领导军民在井冈山建立起第一个农村革命根据地，为中国共产党领导的各地武装起义树立了榜样，提供了比较完整的经验，推动了革命形势的发展。选择在井冈山建立革命根据地，不仅因为其地处湘赣边界地势险要、易守难攻的罗霄山脉中段，距离国民党统治的中心较远且周围各县有自给自足的农业经济；还因为这个地区的群众基础比较好，大革命时期各县曾建立过党的组织和农民协会，部分旧式农民武装愿意同工农革命军联合。在井冈山，党一方面全力进行边界党、军队、政权建设，建立起湘赣边界特委；另一方面领导人民打土豪、分田地，使得广大贫苦农民从分得土地的事实中认识到红军是为他们的利益而奋斗的，积累了良好的群众基础。

井冈山根据地的建立，点燃了工农武装割据的星星之火，为中国革命探索出了农村包围城市、武装夺取政权这样一条前人没有走过的正确道路。从进攻大城市转为向农村进军，成为中国革命具有决定意义的新起点。

在农村游击战争的环境中，红军是以农民为主体组织起来的，农民和其他小资产阶级出身的党员占多数。随着转战各地的进程，红军领导人之间在军队建设问题上产生了一些不同的看法，军内存在的单纯的军事观点、流寇思想和军阀主义残余等非无产阶级的思想有所发展，克服党内和军内非无产阶级思想的任务迫在眉睫。

1929 年 12 月 28 — 29 日，红四军党的第九次代表大会（即古田会议）在福建省上杭县古田召开。古田会议通过了关于纠正党内错误思想的决议案，确立了思想建党、政治建军的马克思主义建党建军原则，使军队实现了浴火重生、凤凰涅槃。

建党建军原则确立后，红军迎来了发展的大好时机，随着斗争发展，党创建了中央革命根据地和湘鄂西、海陆丰、鄂豫皖、琼崖、闽浙赣、湘鄂赣、湘赣、左右江、川陕、陕甘、湘鄂川黔等根据地。

在根据地，党领导广大农民"打土豪、分田地"，形成了一套比较切实可行的土地革命路线、政策和方法。政治、经济上的翻身，使广大农民迅速分清了国共两党和两个政权的优劣，极大地激发了他们的革命积极性。他们拥护土地革命、拥护共产党，纷纷参加红军，投身反"围剿"斗争和支援前线、慰劳红军，形成了鱼水相依、血肉相连的党群关系、军民关系。此外，党在国民党统治下的白区也发展了党和其他革命组织，开展了群众革命斗争。到1930年3月，全国红军已有13个军，6.2万多人。

红军和根据地的顽强存在和迅猛发展令国民党统治集团感到震惊，1930年10月起，蒋介石集中兵力向各根据地和红军发动了多次大规模"围剿"。面对国民党统治集团的大举进攻，红军沉稳应战，连续粉碎了数倍甚至十倍于己的国民党军队的"围剿"。这些胜利同根据地的建设发展、贫苦农民的支持和红军领导者的正确战略战术指导是分不开的。

1931年9月18日，一直抱着独霸东南亚野心的日本趁蒋介石调动兵力"围剿"红军的时候，悍然发动了武装侵略中国东北的战争，这是其企图变中国为独占殖民地的严重步骤。九一八事变后，面对日本帝国主义的侵略，中国民众显现出坚决的反日意愿，中日民族矛盾逐步上升为超越阶级矛盾的主要矛盾，形成了声势浩大的群众性抗日救亡高潮。

随着民族矛盾的激化，国内阶级关系发生了重大变动，国内一切不愿做亡国奴的阶级、阶层都可能参加到这一革命斗争中来，民族革命的阵营将空前强大。这一情况原本十分有利于党和红军团结全国绝大多数人民，把中国民族民主革命推向前进。但是，由于王明"左"倾教条主义在党内的错误领导，中央革命根据地第五次反"围剿"失败。1934年10月起，红军不得不进行战略转移，开始艰苦卓绝的长征。"左"倾路线的错误，给革命根据地和白区革命力量造成了极大损失。

1935年1月15—17日，中央政治局在长征途中举行政治局扩大会议，史称遵义会议。遵义会议集中解决了当时具有决定意义的军事和组织问题，事实上确立了毛泽东同志在党中央和红军的领导地位，开始确立以毛泽东同志为主要代表的马克思主义正确路线在党中央的领导地位，开始形成以毛泽东同志为核心的党的第一代中央领导集体，开启了党独立自主解决中国革命实际问题新阶段。遵义会议的召开，在最危急关头挽救了党、挽救了红军、挽救了中国革命，在党的历史上是一个生死攸关的转折点。遵义会议后，党战胜了张国焘的分裂主义，于1936年10月胜利完成长征，实现了北上抗日的战略转移。

长征的胜利，极大地促进了党在政治上和思想上的成熟，实现了全党的空前团结、红军的空前团结；长征的胜利，宣传了党的主张，播撒下革命的火种，扩大了党和红军的影响；长征的胜利，是中国革命转危为安的关键，实现了中国共产党和中国革命事业从挫折走向胜利的伟大转折，开启了中国共产党为实现民族独立、人民解放而斗争的新的伟大进军。

（三）团结奋斗，成为中流砥柱

九一八事变发生后，日本侵略者又加紧了对华北的争夺，企图利用国民党统治者的不抵抗政策直接控制华北。1935 年 12 月 9 日，面对日本侵略军者蚕食侵犯华北地区的一系列事件，北平学生举行大规模罢课和示威游行。在北平学生的影响下，中国人民抗日救亡民主运动的新高潮到来，中国处于政治形势大变动的前夜。

中国共产党从全民族利益出发，主张停止内战、一致对外，积极倡导和组织抗日民族统一战线。1935 年 12 月 17 日至 25 日，党中央在陕北瓦窑堡召开政治局扩大会议，制定了抗日民族统一战线的新策略，使党在新的历史时期将要到来时掌握了政治上的主动权。会议结束后，党采取切实措施，一方面向华北局和河北省委传达会议精神，在华北地区恢复、整顿、和重建各地党组织；另一方面开展统战工作，积极推进日益高涨的抗日救亡运动。

华北事变后，蒋日矛盾日趋尖锐。党中央觉察蒋介石有可能参加抗日，遂抓住时机调整策略，由"抗日反蒋"转变为"逼蒋抗日""联蒋抗日"。1936 年 12 月 12 日，张学良、杨虎城为劝说蒋介石停止内战、一致抗日，发动了震惊中外的西安事变。事变发生后，中国共产党委派周恩来赴西安斡旋，迫使蒋介石做出停止内战、团结抗战的承诺。西安事变的和平解决，结束了十年内战，成为时局转换的枢纽。

1937 年 7 月 7 日，卢沟桥事变爆发，全民族抗战开始。7 月 15 日，《中国共产党为公布国共合作宣言》送交蒋介石。8 月 22 日，中共中央在陕北洛川召开政治局扩大会议，通过《抗日救国十大纲领》，同时改编所属武装力量为国民革命军第八路军和国民革命军新编第四军，开赴抗日前线。9 月 22 日，国民党中央通讯社发表《中共中央为公布国共合作宣言》，蒋介石于第二天发表谈话，指出团结御侮的必要，实际上承认了中国共产党的合法地位。中共中央《宣言》和蒋介石谈话的发表，宣告国共两党的重新合作和中国抗日民族统一战线的形成。

抗日民族统一战线这面旗帜，召唤着全中国的各党各派各界各军，召唤着全中国的工农兵学商，召唤着海内外的华夏儿女。从此，中国人民众志成城，同仇敌忾，筑起了中华民族抗击日本侵略者的钢铁长城。中华民族发扬爱国主义精神，空前地团结在抗日民族统一战线的伟大旗帜下。

1937年卢沟桥事变至1938年10月广州、武汉失守，是中国抗日战争的战略防御阶段。日军分路深入中国广大领土，将国民党作为主要作战对象，对中国正面战场的攻势达到顶点。国民党表现了一定的抗日积极性，进行平津、淞沪、忻口、徐州以及保卫武汉等战役并取得了台儿庄战役的胜利，粉碎了日本帝国主义"三个月灭亡中国"的计划。但是，敌强我弱的现实和国民党一直实行的片面抗战路线和单纯防御方针，也使得中国人民遭受了深重的灾难。

这一阶段，中国共产党领导的军队在敌后战场广泛开展游击战争，建立和发展抗日根据地，对缩小敌占区、凝聚和发展人民抗日力量起到了不可轻忽的作用。

1938年10月日军占领广州、武汉后，已无力再发动大规模的战略进攻，全民族抗日战争由战略防御阶段进入战略相持阶段。日本侵略者在坚持灭亡中国的总方针下调整侵华策略，逐渐将主要兵力用于打击敌后战场的八路军和新四军；对国民政府则从以军事进攻为主、政治诱降为辅转变为以政治诱降为主、军事打击为辅。

中国共产党正确分析相持阶段到来后国际国内的复杂形势，在全民族抗日战争的关键时刻，举起了团结抗战到底的鲜明旗帜，肩负起抗击日本侵略军的主要责任。1940年8月至翌年1月，八路军总部在华北发动了百团大战，给日军的"囚笼政策"以沉重打击，提高了共产党和八路军的威望，在抗日局面比较低沉时振奋了全国人民的信心。

面对国民党转向消极的抗日态度和推行的积极反共政策，中国共产党以民族利益为重，坚持抗战、团结、进步的方针，连续打退或制止国民党顽固派三次反共高潮，党在全国的政治地位空前提高。

1941年至1942年，是中国敌后抗战最为困难的时期，为渡过难关，党适时调整了根据地建设的各项政策，一方面带领根据地军民同日、伪军的"扫荡"和"清乡"进行了英勇斗争，另一方面广泛开展敌后根据地大生产运动，发展经济、保障供给。

1943年起，中国共产党领导的敌后抗战开始逐步扭转困难局面，进入再发展时期，各地根据地普遍发起对日、伪军的局部反攻，扩大原有的根据地并开辟新的根据地。但是，中国正面战场却出现了大溃退，这是国民党统治日显腐败导致的严重后果。人民不能不从事实中得出结论，国民党统治集团不能担负起争取抗战胜利的任务，不能维护中国的独立、推动经济的发展，只能成为中国进步的障碍。越来越多的中国人把实现民族独立、人民民主和国家富强的希望寄托在了中国共产党的身上。

为将全民族抗战进行到底，1944年起，中国共产党同国民党当局进行多次谈判，提出立即结束国民党一党统治、建立各抗日党派民主联合政府的主张。但是后来，国民党政府拒绝了这一主张，选择了一条坚持独裁，发动内战的道路。

1945年8月15日，在世界反法西斯战争不可逆转的胜利趋势下，日本天皇裕仁以广播形式发布《终战诏书》，日本无条件投降。9月2日，日本代表在投降书上签字，侵华日军128万人向中国投降。至此，中国抗日战争胜利结束。

中国人民抗日战争的胜利，是近代以来中国人民反抗外敌入侵第一次取得完全胜利的民族解放斗争，也是世界反法西斯战争胜利的重要组成部分。中国人民的巨大民族觉醒、空前民族团结和英勇民族抗争，是抗日战争胜利的关键因素。经过抗日战争，中国人民不仅打败了日本侵略者，而且为新民主主义革命的彻底胜利和新中国的创建奠定了坚实的基础。中国共产党在全民族抗战中发挥了中流砥柱作用，抗日战争的实践表明，中国共产党是领导中国人民争取民族独立和人民解放的坚强核心。

（四）团结奋斗，成立新中国

抗日战争胜利后，中国面临着两种前途和两个命运的复杂斗争：一是建立由无产阶级领导的人民大众的新民主主义国家；二是继续处于大地主大资产阶级专政的半殖民地半封建社会。面对蒋介石假和平、真内战的阴谋，中国共产党立足国内外形势，从全国人民的根本利益出发，提出了"和平、民主、团结"的方针，决定反对内战、进行和谈，争取国内和平民主的实现。

1945年8月，毛泽东、周恩来、王若飞等人抵达重庆。在谈判期间，中共代表团一方面围绕国民党内不同派别展开统战工作，努力争取国民党上层人士的理解、加强与国民党民主派的接触；另一方面与各方民主人士形成关于民主建国的共识，团结起来为推进和平民主事业而斗争。10月10日，国共双方正式签署《政府与中共代表会谈纪要》，提出以和平、民主、团结、统一为基础，避免内战，召开政治协商会议，建设独立、自由和富强的新中国。

1946年1月，政治协商会议召开，这并非国民政府的意愿，而是由中国共产党经过一番艰辛努力，同民主党派、民主人士合作斗争的结果，是党的统一战线政策的胜利。会议期间，周恩来等中共代表与各民主党派、民主人士一道同国民党展开了有理有利有节的斗争，促成政府组织案、国民大会案、和平建国纲领等协议。这些协议公开否定了国民党的一党专政和内战政策，确定了民主改革的方向，基本上符合全国人民的和平民主愿望。

然而，以蒋介石为首的国民党统治集团不能容忍、也难以接受任何程度的民主改革。1946年6月，蒋介石公然撕毁了停战协定和政协协议，发动了全面内战。随着非法"国大"的召开和中共代表撤回延安，通过谈判争取和平民主的大门被国民党当局全部关闭，长达十年之久的国共合作关系也彻底宣告破裂。

面对国民党反动派悍然发动的全面内战，战争初期的形势对人民革命力量来说相当严峻，为粉碎国民党的军事进攻，党制定了各项方针政策。在政治上，坚持党的领导，放手发动群众，团结一切可能团结的力量，建立最广泛的人民民主统一战线。在军事上，实行集中优势兵力、各个歼灭敌人的作战原则和积极防御的方针，以歼灭敌人有生力量为主要目标，而不以保守或夺取城市和地方为主要目标。1946年6月至1947年6月，人民军队处于战略防御阶段，战争主要在解放区内进行。其中，前8个月粉碎了国民党军队的全面进攻；后4个月努力打破国民党军队的重点进攻。一年的内线作战中，人民解放军歼敌112万人，自己的总兵力发展到190多万人。

这一阶段，在国统区，国民党为筹措内战经费，不但向人民征收苛重的军费，还无限制地发行纸币，造成了经济危机。为摆脱困境，国民党政府进一步投靠美帝国主义，大量出卖国家权益，驻华美军在中国横行霸道、胡作非为。严重的政治经济危机激起中国人民极大的民族义愤，以学生为先锋的爱国民主运动同国民党政府之间的斗争，逐步形成配合人民解放战争的第二条战线。可以说，国民党政府在军事战线和政治战线上都打了败仗，已处在全民的包围之中。

战略防御阶段结束后，人民解放军以新的态势跨入战争的第二个年头。党中央当机立断，决定不等完全粉碎敌人的战略进攻，立刻转入全国性反攻，以主力打到外线去，将战争引向国民党区域。党中央将地处中原的大别山区作为主要突击方向，采取跃进的进攻样式，长驱直入，一举插进敌人的战略纵深地区。在内线作战的人民解放军，也加紧发起攻击，渐次转入战略进攻和战略反攻。

1947 年 9 月，中国共产党发出"全国大反攻，打倒蒋介石"的号召。10 月，中国人民解放军总部发表宣言，响亮地提出"打倒蒋介石，解放全中国"的口号。同年 12 月，十二月会议召开，毛泽东在会上提交《目前的形势和我们的任务》书面报告，阐明党最基本的政治纲领。会后的一段时间内，党中央集中全力研究解决新形势下党的各项具体政策和策略问题，为迎接即将到来的革命在全国范围内的胜利创造了最重要的条件。

随着解放战争的胜利推进。各民主党派和广大无党派民主人士日益倾向于支持人民革命。他们中间一些人，曾经主张在中国实行资产阶级民主主义的"中间路线"，也就是所谓"第三条道路"。但随着解放战争的胜利发展，曾在一部分民主人士和中间阶层中有过影响的"中间路线"的政治主张迅速走向破产。面对这一新形势，中国共产党对各民主党派采取了积极争取和团结的政策，收到了很好的效果。

为进一步孤立国民党政府、夺取全国革命的最终胜利，中国共产党于 1948 年 4 月 30 日发布"五一口号"，号召各民主党派、人民团体、社会贤达迅速召开政治协商会议，讨论并实现召集人民代表大会，成立民主联合政府。随后，各界民主人士纷纷响应"五一口号"，事实上承认了党的领导地位。

1948 年秋，人民解放战争进入夺取全国胜利的决定性阶段。党中央和毛泽东当机立断，连续组织辽沈、淮海、平津三大战役。辽沈、淮海、平津三大战役，共歼灭国民党军队 154 万余人，使国民党赖以维持其反动统治的主要军事力量基本上被摧毁，为中国革命在全国的胜利奠定了基础。这三大战役的胜利，既是毛泽东军事思想的伟大胜利，也是人民战争的伟大胜利，陈毅曾深情并形象地说过，淮海战役的胜利是人民群众用小车推出来的。

面对战场上的军事失败，蒋介石集团为争取喘息时间，表示愿意以中共所提条件为基础进行和平谈判。面对"是将革命进行到底，还是让革命半途而废"的问题，毛泽东在 1948 年 12 月 30 日新华社新年献词中发出"将革命进行到底"的伟大号召。1949 年 4 月 20 日，由于国民党政府拒绝在中共代表团提出《国内和平协定》（最后修正案）上签字，谈判宣告破裂。4 月 21 日，毛泽东主席和朱德总司令发布向全国进军的命令。

4 月 20 日夜至 21 日，渡江战役打响，百万雄师分三路强渡长江。国民党苦心经营 3 个半月的长江防线顷刻瓦解。渡江战役的胜利，是靠老百姓用小船划出来的。在长江岸边，木帆船、渔船是百姓赖以为生的生产资料、命根子。但他们纷纷支援渡江战役。此外，船工还创造性地用木材扎成 4 米多宽、10 米多长的木排，装上汽车引擎垒起棉花胎，架上轻重武器，制成"水上土炮艇"。4 月 23 日，解放军占领国民党统治中心南京，宣告延续 22 年的国民党反动统治覆灭。

经过细致周密的前期准备和自由开放的民主协商，1949 年 9 月，中国人民政治协商会议第一届全体会议在北平中南海怀仁堂召开。会议代行全国人民代表大会的职权，先后通过了《中国人民政治协商会议共同纲领》《中国人民政治协商会议组织法》《中华人民共和国中央人民政府组织法》等具有划时代意义的重要文件。

经过 28 年浴血奋斗，党领导人民，在各民主党派和无党派民主人士积极合作下，于 1949 年 10 月 1 日宣告成立中华人民共和国，实现民族独立、人民解放，彻底结束了旧中国半殖民地半封建社会的历史，彻底结束了极少数剥削者统治广大劳动人民的历史，彻底结束了旧中国一盘散沙的局面，彻底废除了列强强加给中国的不平等条约和帝国主义在中国的一切特权，实现了中国从几千年封建专制政治向人民民主的伟大飞跃，也极大改变了世界政治格局，鼓舞了全世界被压迫民族和被压迫人民争取解放的斗争。

二、团结奋斗取得了社会主义 革命和建设的伟大胜利

中华人民共和国的成立，开启了中华民族伟大复兴的历史新纪元。中国共产党成为在全国范围内执掌政权的党，担负起领导全国各族人民建设新生活的重任。社会主义革命和建设时期，党领导人民团结奋斗，完成民主革命的遗留任务，实现从新民主主义革命到社会主义的转变；提出向社会主义过渡时期总路线，进行社会主义革命，确立起社会主义制度；探索社会主义建设道路，建设社会主义国家。实现了一穷二白、人口众多的东方大国大步迈进社会主义社会的伟大飞跃。

（一）团结奋斗，完成新民主主义革命遗留任务

新中国成立后，新生的人民政权能不能站得住脚，中国共产党能不能管好国家，这在相当一部分群众中仍然是一个疑问，要由实践来作出回答。国际的朋友和敌人，也在注视和等待着这个回答。

面对复杂形势和种种考验，党采取一系列积极稳健的政策措施，领导全国各族人民满怀信心地迎接挑战，开始了建设新中国的伟大斗争，战胜了政治、经济、军事等方面一系列严峻挑战。

新中国开国大典的礼炮声中，人民解放军继续向华南、西南进军，以雷霆万钧之势扫荡残敌。到 1949 年底，相继解放闽南地区和广东大部、广西、贵州、四川，和平解放云南、西康地区。在西北，新疆宣告和平解放后，入疆部队完成千里挺进边陲的壮举。1950 年 5 月，海南岛解放。1951 年 5 月，中央人民政府同西藏地方政府签署《关于和平解放西藏办法的协议》，人民解放军先后进驻拉萨及日喀则、江孜等国防重镇，西藏获得和平解放。至此，祖国大陆完全统一。

随着人民解放军的胜利进军，地方各级人民政权迅速建立起来。针对一些地方面临的严重匪患，人民解放军展开大规模剿匪作战，到 1951 年上半年，大陆上的匪患基本平息。全国形成从中央到地方政令统一畅通的各级政权机构，人民民主政权成为中国历史上不曾有过的、人民真正拥护的、在全国范围内有效行使权力的政权。

1949 年上半年，毛泽东分析二战后的国际局势，先后提出"另起炉灶""打扫干净屋子再请客"和"一边倒"三条基本外交方针。根据以上方针，新中国一成立即同苏联建立外交关系，并先后同 10 个人民民主国家、4 个亚洲民族独立国家以及 4 个欧洲资本主义国家建立外交关系，迈出了打破美国遏制和孤立政策的重要一步。1949 年 12 月，毛泽东出访苏联。次年 2 月 14 日，中苏两国在莫斯科签订《中苏友好同盟互助条约》和有关协定。这有利于新中国放手进行国内建设和中苏共同对付可能的帝国主义侵略，争取和维护世界和平。与此同时，新中国还着手废除旧中国与外国签订的不平等条约，取消帝国主义在中国的特权，肃清帝国主义在中国的势力和影响。

官僚资本是国民党反动政权的经济基础，没收官僚资本归人民的国家所有，是新民主主义革命的经济纲领之一。到1950年初，全国接管官僚资本的工矿企业2800余家、金融企业2400余家。以此为主要基础，国营经济迅速建立起来。此外，面对其困难的财政经济状况，党还精心领导了稳定物价和统一财经的重大斗争。为制止投机资本操纵加剧市场混乱，党和人民政府成功组织了同投机资本作斗争的"银元之战"和"米棉之战"，使得国营经济取得稳定市场的主动权。1950年3月，政务院发出《关于统一国家财政经济工作的决定》，决定统一全国财政收入、物资调度、现金管理，实行全国财政经济工作的统一管理和统一领导。

正当全国人民集中力量争取财政经济状况基本好转的时候，新中国又面临着外部侵略的威胁。1950年6月25日，朝鲜内战爆发。面对美国对朝鲜内战的干涉和侵入台湾海峡公然干涉中国内政，阻挠中国的统一大业的行为。中国人民志愿军于同年10月19日雄赳赳、气昂昂跨过鸭绿江，同朝鲜人民和军队并肩战斗，战胜了武装到牙齿的强敌，打出了国威军威，打出了中国人民的精气神。

从1950年冬到1952年底，党领导广大新解放区进行了废除封建土地制度的改革。1950年6月30日，《中华人民共和国土地改革法》公布施行，到1952年底，除一部分少数民族地区外，全国大陆的土地改革基本完成。在我国延续了几千年的封建制度的基础——地主阶级的土地所有制，至此彻底消灭了，农民真正成为土地的主人。这是一个伟大的历史性胜利。以土地制度改革为中心，党还领导了包括社会改造在内的多方面的民主改革，如在国营工矿交通企业开展民主改革；改革封建婚姻制度，颁布《中华人民共和国婚姻法》；取缔旧社会遗留的卖淫嫖娼、贩毒吸毒、聚众赌博等丑恶社会现象，扫除社会弊病。

土地改革的同时，全国还大张旗鼓地开展了镇压反革命运动。1950年10月，中共中央发出《关于镇压反革命活动的指示》，从12月开始，镇压反革命运动在全国展开。到1951年10月底，扫除了国民党遗留在大陆的反革命残余势力，基本上肃清了特务、地下军及会道门等反动组织，社会秩序获得前所未有的安定，有力地配合了土地改革和抗美援朝战争。

面对各地党政机关内部暴露出贪污、浪费现象和官僚主义问题，1951年12月1日，中共中央作出《关于实行精兵简政、增产节约、反对贪污、反对浪费和反对官僚主义的决定》，要求采取群众运动的方式，大张旗鼓，雷厉风行，彻底揭露一切大中小贪污事件，开展"三反"斗争。这场斗争对形成清正廉洁的党风政风和健康的社会风气，起了很大作用。1952年1月，中央又决定在私营工商界开展一场反对行贿、反对偷税漏税、反对盗骗国家财产、反对偷工减料和反对盗窃国家经济情报的"五反"运动，推动了在私营企业中建立工人监督制度和进行民主改革，为后来用和平方式逐步改造资本主义工商业作了重要铺垫。

1952年，经过全国人民三年多的艰苦奋斗，新中国成立前遭到严重破坏的国民经济得到全面恢复，并有了初步发展。整个国家经新民主主义稳步地向社会主义迈进。随着经济建设高潮的到来，其他各方面的建设都有相应的发展：教科文卫事业除旧布新，国防和军队现代化建设的推进，有利于建设的国际和平环境的争取，都荡涤着旧社会留下的污泥浊水，使得新中国的社会面貌焕然一新。

（二）团结奋斗，确立社会主义制度

在中国实现社会主义，是中国共产党自创立时就确定的奋斗目标。而在半殖民地半封建的历史条件下，实现社会主义必须分两步走：先取得反帝反封建的新民主主义革命胜利，然后才能转入社会主义革命。由于中国经济十分落后的缘故，党在全国解放前夕设想，可能要到 15 年之后才能考虑向社会主义转变的问题。但是，新中国成立后，在短短三年内就根本扭转了国民党反动统治留下的混乱局面，实现了政治、经济、社会的稳定，各方面都取得了超出预期的成绩。

从 1949 年到 1952 年，党和国家坚持贯彻新民主主义的建国纲领，从总体上把握恢复和发展生产这一中心任务，经过全国人民三年多的艰苦奋斗，国民经济得到全面恢复和初步发展。同时，抓紧进行新民主主义的改革，对近代中国留下的政治遗产、经济遗产、文化遗产进行了慎重、彻底的清理和改造，取得了祛除腐败、改组国民经济、安定社会秩序、形成全民族共识、增强社会凝聚力、保卫国家安全的巨大成功，树立了崭新国家的形象，进而保证整个国家经过新民主主义稳步地向社会主义迈进。

1953 年，面对崭新的局面，党进一步看清，新民主主义建设时期实际上就是逐步过渡到社会主义的时期，也就是社会主义经济成分在国民经济比重中逐步增长的时期。根据认识的变化和大规模经济建设的要求，1953 年 6 月 15 日，毛泽东在中央政治局扩大会议上首次提出了党在过渡时期的总路线基本内容，后被完整表述为："在一个相当长的时期内，逐步实现国家的社会主义工业化，并逐步实现国家对农业、手工业和资本主义工商业的社会主义改造"。过渡时期总路线好比展翅高飞的大鸟，社会主义工业化是它

的主体，对个体农业、手工业的社会主义改造，对资本主义工商业的社会主义改造，分别是两翼。因此，总路线的内容简称为"一化三改"或"一体两翼"。

过渡时期总路线的提出，是党在从新民主主义社会到社会主义社会转变问题认识上的一个重要改变。在新的实践基础上，党改变原来的设想，不是等待长期准备之后再采取实际的社会主义步骤，而是现在就采取社会主义工业化和社会主义改造同时并举的方针，这是党依据新中国成立后经济、政治条件的新变化作出的重大决策，是党的总路线、总任务及发展战略的重大转变，是符合新中国社会发展的实际和规律的。

在贯彻总路线的过程中，党为进行有计划的经济建设，制订实施了"一五"计划，突出了集中主要力量发展重工业，建立国家工业化和国防现代化初步基础的核心要点；同时探索并稳妥解决了对农业、手工业和资本主义工商业进行社会主义改造的具体途径问题。

1954年9月，第一届全国人民代表大会第一次会议召开，通过了《中华人民共和国宪法》，这是中华人民共和国第一部宪法。宪法进一步确立了我国社会主义社会的根本政治制度，确立了国家体制的格局，把人民当家作主权利的政治制度用根本大法形式确定下来，体现了人民民主原则和社会主义原则，指明了为建立社会主义社会继续奋斗的正确道路。

大会的召开，标志着人民代表大会制度这一国家的根本政治制度正式建立。这是中国人民在人类政治制度史上的伟大创造，是深刻总结近代以来中国政治生活惨痛教训得出的基本结论，是中国社会百年变革和发展的历史结果，是中国人民翻身做主、掌握自己命运的必然选择。是党带领中国人民沿着社会主义道路前进的制度保障。

人民代表大会制度这一根本政治制度，中国共产党领导的多党合作和政治协商制度、民族区域自治制度两项基本政治制度构成了我国过渡到社会主义的政治制度体系，为我国逐步建立起社会主义经济基础和相应的经济制度，进入社会主义社会，提供了根本政治保障，为人民当家作主提供了制度保证。

1956年底，我国基本上完成了对生产资料私有制的社会主义改造，公有制占绝对优势的社会主义经济制度在我国初步建立起来。在基本完成社会主义改造的同时，"一五"计划建设也取得巨大成就。为社会主义经济制度的确立奠定了物质基础。我国确立的社会主义政治制度以及党和国家工作的各个方面，都因适应和服务于社会主义经济制度的建立而得到加强和改善。

经过几年努力，我国社会主义制度建立起来了，党领导确立人民代表大会制度、中国共产党领导的多党合作和政治协商制度、民族区域自治制度，以公有制为主体的经济制度。党领导实现和巩固了全国各族人民的大团结，形成和发展各民族平等互助的社会主义民族关系，实现和巩固全国工人、农民、知识分子和其他各阶层人民的大团结，加强和扩大了广泛统一战线。社会主义制度的建立，为我国一切发展进步奠定了根本政治前提和制度基础。

（三）团结奋斗，建设社会主义国家

社会主义制度在中国建立起来后，社会主义的经济、政治、文化应该怎样建设？社会主义应当怎样巩固和发展？这是一个全新的历史性课题。全党和全国人民精神振奋，急切地想做出一番新的伟大事业，努力探索中国社会主义建设道路。但是，在中国建设社会主义，远比在中国进行民主革命要艰难和复杂得多。

在开始建设的时候，党号召过"学习苏联"。这有其历史的必然性，并且有收到积极效果的一面。然而，苏联经验并不都是成功的，苏联成功的经验并不都适合中国的情况。1956 年 2 月，苏联共产党第二十次全国代表大会举行，尖锐揭露和批判了斯大林领导苏联社会主义建设中的严重错误以及对他的个人崇拜造成的严重后果，但也存在严重的偏差，造成社会主义阵营的极大震动和思想混乱。

苏联在社会主义建设过程中暴露出来的一些问题和错误，使中国共产党人认识到，学习苏联终究不能代替对自己道路的寻求。毛泽东明确提出，要把马克思列宁主义基本原理同中国具体实际进行"第二次结合"，更加强调从中国的国情出发，强调开动脑筋，强调创造性，在结合上下工夫，努力找出在中国这块大地上建设社会主义的具体道路。

在这个思想指导下，1956 年 4 月 25 日，毛泽东在中央政治局扩大会议上作《论十大关系》的报告，经政治局同意后，又于 5 月 2 日向最高国务会议作了报告。报告提出的基本方针，就是"一定要努力把党内党外、国内国外的一切积极的因素，直接的、间接的积极因素，全部调动起来，把我国建设成为一个强大的社会主义国家"。

《论十大关系》初步提出了中国社会主义经济、政治建设的若干新方针，标志着我们党对怎样建设社会主义有了自己新的重要认识，对当时和以后的社会主义建设都有很强的针对性和理论指导作用，对中国社会主义建设具有全局性长远性指导意义。

1956 年 9 月 15 日至 27 日，中国共产党第八次全国代表大会举行，这是党在全国执政后召开的第一次代表大会，是显示了党的团结和党的事业兴旺发达的大会。大会根据我国社会主义改造基本完成后的形势，提出国内主要矛盾已经不再是工人阶级和资产阶级的矛盾，而是人民对于经济文化迅速发展的需要同当前经济文化不能满足人民需要的状况之间的矛盾，全国人民的主要任务是集中力量发展社会生产力，实现国家工业化，逐步满足人民日益增长的物质和文化需要。党提出努力把我国逐步建设成为一个具有现代农业、现代工业、现代国防和现代科学技术的社会主义强国，领导人民开展全面的大规模的社会主义建设。

党的八大宣告了社会主义革命的基本完成和社会主义制度的基本确立，并明确提出了党在今后的根本任务。这次会议标志着党对中国社会主义建设道路的探索取得初步成果，对于党的事业发展有长远的重要意义。

《论十大关系》报告和中国共产党第八次全国代表大会的召开，是中国社会主义建设道路探索的良好开端。这之后，党开始领导全国人民进行新的全面的大规模的社会主义建设。

1957 年底，我国全面完成国民经济发展的第一个五年计划，取得了巨大成就。作为我国大规模现代经济建设的开端，第一个五年计划以苏联援建的 156 项工程为中心的工业建设，使我国的工业生产能力和技术水平前进了一大步，"一五"计划时期是新中国经济效益最好的时期。"一五"计划的完成，对中国工业化起步具有决定性作用，为社会主义建设积累了宝贵经验。"一五"计划时期的巨大成就雄辩地证明，党的八大把集中力量发展社会生产力作为党和国家的主要任务，是完全正确的。

经过实施几个五年计划，我国建立起独立的比较完整的工业体系和国民经济体系，农业生产条件显著改变，教育、科学、文化、卫生、体育事业有很大发展。"两弹一星"等国防尖端科技不断取得突破，国防工业从无到有逐步发展起来。人民解放军得到壮大和提高，由单一的陆军发展成为包括海军、空军和其他技术兵种在内的合成军队，为巩固新生人民政权、确立中国大国地位、维护中华民族尊严提供了坚强后盾。党坚持独立自主的和平外交政策，倡导和坚持和平共处五项原则，坚定维护国家独立、主权、尊严，支持和援助世界被压迫民族解放事业、新独立国家建设事业和各国人民正义斗争，反对帝国主义、霸权主义、殖民主义、种族主义，彻底结束了旧中国的屈辱外交。党审时度势调整外交战略，推动恢复我国在联合国的一切合法权利，打开对外工作新局面，推动形成国际社会坚持一个中国原则的格局。党提出划分三个世界的战略，作出中国永远不称霸的庄严承诺，赢得国际社会特别是广大发展中国家尊重和赞誉。

遗憾的是，党的八大形成的正确路线未能完全坚持下去，先后出现"大跃进"运动、人民公社化运动等错误，反右派斗争也被严重扩大化。面对当时严峻复杂的外部环境，党极为关注社会主义政权巩固，为此进行了多方面努力。然而，毛泽东同志在关于社会主义社会阶级斗争的理论和实践上的错误发展得越来越严重，党中央未能及时纠正这些错误。

1966年，毛泽东对当时我国阶级形势以及党和国家政治状况作出完全错误的估计，发动和领导了"文化大革命"，林彪、江青两个反革命集团利用毛泽东的错误，进行了大量祸国殃民的罪恶活动，酿成十年内乱，使党、国家、人民遭到新中国成立以来最严重的挫折和损失，教训极其惨痛。1976年10月，中央政治局执行党和人民的意志，毅然粉碎了"四人帮"，结束了"文化大革命"这场灾难。

从新中国成立到改革开放前夕，党领导人民完成社会主义革命，消灭一切剥削制度，实现了中华民族有史以来最为广泛而深刻的社会变革，实现了一穷二白、人口众多的东方大国大步迈进社会主义社会的伟大飞跃。在探索过程中，虽然经历了严重曲折，但党在社会主义革命和建设中取得的独创性理论成果和巨大成就，为在新的历史时期开创中国特色社会主义提供了宝贵经验、理论准备、物质基础。中国共产党和中国人民以英勇顽强的奋斗向世界庄严宣告，中国人民不仅善于破坏一个旧世界，也善于建设一个新世界，只有社会主义才能救中国，只有社会主义才能发展中国。

三、团结奋斗取得了改革开放和社会主义现代化建设的伟大胜利

"文化大革命"结束后，为了确保现代化事业和社会主义事业不被葬送，中国共产党在党和国家面临何去何从的重大历史关头深刻认识到，只有实行改革开放才是唯一出路。1978 年，党的十一届三中全会实现了党和国家工作中心战略转移，开启了改革开放和社会主义现代化建设新时期，实现了新中国成立以来党的历史上具有深远意义的伟大转折。在改革开放的正确决策下，党领导人民团结奋斗，继续探索中国建设社会主义的正确道路，解放和发展社会生产力，为实现中华民族伟大复兴提供了充满新的活力的体制保证和快速发展的物质条件，推进了中华民族从站起来到富起来的伟大飞跃。

（一）团结奋斗，开辟中国特色社会主义道路

粉碎了"四人帮"，举国欢腾。纠正"文化大革命"的错误，彻底扭转十年内乱造成的严重局面，使党和国家从危难中重新奋起，是人民的热切期待。这个时候，世界经济正快速发展，科技进步日新月异。国内外发展大势要求中国共产党尽快就关系党和国家

前途命运的大政方针作出政治决断和战略抉择。在中国向何处去的重大历史关头，1978年12月，党的十一届三中全会在北京召开。会议作出把全党工作着重点转移到社会主义现代化建设上来、实行改革开放的历史性决策，实现了新中国成立以来党的历史上具有深远意义的伟大转折，开启了改革开放和社会主义现代化建设新时期。

党的十一届三中全会后，拨乱反正全面展开，社会主义民主法制建设逐步走上正轨，党和国家领导制度改革稳步推进。党的十一届三中全会的路线方针政策，受到全党全国各族人民的坚决拥护。全会后，党中央平反冤假错案、积极调整社会各方面关系、改善和加强党的领导等各方面的工作全面推开，正确处理了党内和人民内部的一系列矛盾，大大调动了全社会各阶层人员的积极性，人民群众因此取得了对改革开放的共识，增强了社会主义现代化建设的信心和决心。

1982年9月，中国共产党第十二次全国代表大会全国代表大会举行。邓小平在开幕词中响亮提出"建设有中国特色的社会主义"的重大命题，回答了进入改革开放新时期后走什么样的道路这一重大问题。大会提出从1981年到20世纪末我国经济建设总的目标，把20世纪末的奋斗目标改为实现小康，从战略指导上解决了长期存在的急于求成问题。大会还明确提出要努力建设高度的社会主义精神文明和高度的社会主义民主的战略方针，体现了社会主义现代化建设的全面性要求。

党的十二大以后，农村改革进一步深入，改革的重点逐步转向城市。1982年至1984年，党中央连续发出三个关于农村工作的"一号文件"，明确指出包括包产到户、包干到户在内的各种责任制，都是社会主义集体经济的生产责任制，家庭联产承包责任制迅速推向全国。

在农村改革的推动下，城市改革进一步推进。1984 年 10 月，党的十二届三中全会通过《中共中央关于经济体制改革的决定》，突破了把计划经济同商品降级对立起来的传统观念，提出我国社会主义经济是"公有制基础上的有计划的商品经济"。此后，以城市为重点的经济体制改革全面展开。以公有制为主体、多种经济成分并存的所有制结构逐渐形成，开创了发展国民经济、方便人民生活和扩大就业的新局面。

党的十二大以后，对外开放也迈出新步伐，在全国范围初步形成了从经济特区到沿海开放城市再到沿海经济开放区的多层次、有重点、点面结合的对外开放新格局。

1982 年 12 月 4 日，五届全国人大五次会议通过新修改的《中华人民共和国宪法》，正确总结新中国成立以来的历史经验，明确今后国家的根本任务是集中力量进行社会主义现代化建设。以制定 1982 年宪法为代表的社会主义民主法制建设和政治体制改革取得的成果，不仅是对我国社会主义政治制度的重要健全和完善，同时也为我国经济体制改革的深化和经济发展、社会稳定提供了重要政治保证。

改革开放和发展商品经济的客观环境，迫切要求加强社会主义精神文明建设。20 世纪 80 年代初，"五讲四美三热爱"活动广泛开展，对促进党风和社会风气好转起了积极作用，涌现出一批时代楷模。1986 年 9 月，党的十二届六中全会作出《中共中央关于社会主义精神文明建设指导方针的决议》，从社会主义现代化建设总体布局的高度阐述社会主义精神文明建设的战略地位和根本任务，为我国精神文明建设的健康发展提供了基本指导方针。

1987 年，中国共产党第十三次全国代表大会举行。大会确立了以经济建设为中心，坚持四项基本原则，坚持改革开放的社会主义初级阶段的基本路线；会议还制定了"三步走"现代化发展战略，对中华民族百年图强的宏伟目标作了积极稳妥规划。按照十三大部署，改革开放继续推进。1988 年，经济体制改革以深化企业经营机制改革为重点，私营经济的法律地位得到确认。对外开放的步伐进一步加大，国家进一步扩大沿海经济开放区，并建立海南经济特区。

实现祖国统一，始终是全体中华儿女的共同愿望。十一届三中全会以后，党中央和邓小平在毛泽东、周恩来等老一辈革命家的思想基础上，创造性提出"一国两制"科学构想，开辟了以和平方式实现祖国统一的新途径，并开展了解决香港、澳门问题的初步实践。1984 年 12 月，中英两国政府正式签署关于香港问题的联合声明，香港进入回归祖国的过渡期；1987 年 4 月，中葡两国政府正式签署关于澳门问题的联合声明，澳门进入回归祖国的过渡期。

随着党和国家工作重点的转移和改革开放的展开，党中央开始对外交政策进行重大调整，明确提出"和平和发展是当代世界的两大问题"的重要论断，坚持独立自主的对外政策，以和平共处五项原则为指导发展同各国的关系。1989 年后，中国有效应对了种种外部挑战，中国的改革开放和现代化建设赢得了更加有利的国际环境。

20 世纪 80 年代末 90 年代初，由于国际形势影响及我国社会主义事业发展面临巨大的困难和压力，能否坚持党的基本路线不动摇，抓住机遇、加快发展，把改革开放和现代化建设继续推向前进成为中国共产党人必须回答和解决的重大课题。在党和国家历史发展的紧要关头，1992 年，邓小平先后到武昌、深圳、珠海、上海等地视察，发表了一系列重要谈话。他满怀信心地指出：社会主义经历一个长过程发展后必然代替资本主义，这是社会历史发展不可逆转的总趋势。从一定意义上说，某种暂时复辟也是难以完全避免的规律性现象。一些国家出现严重曲折，社会主义好像被削弱了，但人民经受锻炼，从中吸取教训，将促使社会主义向着更加健康的方向发展。南方谈话阐发的一系列全新的思想，犹如一股强劲的东风，驱散了人们思想上的迷雾，是把改革开放和现代化建设推向新阶段的又一个解放思想、实事求是的宣言书，不仅对即将召开的党的十四大具有十分重要的指导作用，而且对中国整个社会主义现代化建设事业具有重大而深远的意义。

（二）团结奋斗，建立社会主义市场经济体制

1989 年党的十三届四中全会后，中央领导集体顺利实现了新老交替，以江泽民同志为核心的党的第三代中央领导集体的形成，这对于保证党的政策的稳定性、连续性，实现党和国家的长治久安，具有极为重大的意义。新的中央领导集体坚决，全面地贯彻党的基本路线，一手抓治理整顿、深化改革，一手抓党的建设、精神文明建设和思想政治工作，全国政治局面迅速趋向稳定，经济形势逐步好转，思想战线出现新的转机。

1992 年，邓小平发表南方谈话。中国的改革开放如何迈出新的步伐，备受国内外关注。1992 年 10 月，中国共产党第十四次全国代表大会举行。大会作出三项重要决策：一是抓住机遇，加快发展，集中精力把经济建设搞上去；二是确定我国经济体制改革的目标是建立社会主义市场经济体制；三是提出用邓小平同志建设有中国特色社会主义的理论武装全党的任务。在邓小平南方谈话和党的十四大精神的推动下，中国的改革开放扬起新的风帆。全国上下积极性高涨，经济快速发展。世界的目光也聚焦中国，来华投资热再

度兴起。以邓小平南方谈话和党的十四大为标志，我国改革开放和社会主义现代化建设事业进入新的发展阶段。

按照党的十四大的决策，党中央、国务院作出一系列相应的体制改革和政策调整，同时抓紧制定总体规划，并有计划、有步骤地加以实施。1993 年 11 月，党的十四届三中全会审议通过《中共中央关于建立社会主义市场经济体制若干问题的决定》，把十四大提出的经济体制改革目标和基本原则进一步具体化，制定了建立社会主义市场经济体制的总体规划。我国经济体制改革开始向着建立社会主义市场经济体制的目标整体性推进。

1997 年 2 月 19 日，中国社会主义改革开放和现代化建设的总设计师邓小平逝世。全世界在关注，中国共产党能否沿着邓小平开辟的中国特色社会主义道路继续走下去。1997 年 9 月，中国共产党第十五次全国代表大会举行，大会首次使用"邓小平理论"这个概念，把邓小平理论同马克思列宁主义、毛泽东思想一起作为党的指导思想写入党章。大会还提出了党在社会主义初级阶段的基本纲领，阐明了建设有中国特色社会主义的经济、政治、文化的基本特征和基本要求，在探索回答什么是社会主义、怎样建设社会主义问题上进行了又一次的思想理论认识深化。同时，大会在我国经济发展"三步走"战略的第二步目标即将实现之际，对如何实现第三步目标作出进一步规划，提出了新的"三步走"发展战略。

世纪之交，党中央准确分析国家发展形势和国内外趋势，制定和实施科教兴国战略、可持续发展战略、西部大开发战略、"引进来"和"走出去"战略等一系列跨世纪发展战略；发展社会主义民主政治，动员全党全社会的力量推进社会主义精神文明建设，大力发展中国特色社会主义文化，取得一系列新的进展和成就；推进中国特色军事变革，对军事建设和军队斗争作出一系列战略规划和部署；实现香港、澳门回归祖国和两岸交流扩大，证明了"一国两制"在解决香港澳门遗留问题和实现长期繁荣稳定层面的正确性，打击了"台独"分裂分子的嚣张气焰；推动构建全方位多层次的对外开放新格局，在激烈的国际斗争中越来越主动，国际战略空间不断扩展，国际影响力显著提高。

到2000年，我国成功实现由计划经济体制向社会主义市场经济体制的转变，社会主义市场经济体制基本框架初步建立，经济和社会发展的体制环境发生重大变化，实现了社会主义现代化建设第二步战略目标，人民生活总体上达到小康水平，为迈向第三步战略目标奠定了良好基础。这是我国改革开放和社会主义现代化建设事业取得的伟大成就，是中华民族发展史上一个新的里程碑。

在推进中国特色社会主义伟大事业的进程中，以江泽民同志为主要代表的中国共产党人科学判断党所处的历史方位，形成了许多有利于党和国家发展的新思想新观点。2001年7月1日，江泽民在庆祝中国共产党成立80周年大会上发表的讲话中，系统阐述了"三个代表"重要思想，指出，中国共产党要始终代表中国先进生产力的发展要求，始终代表中国先进文化的前进方向，始终代表中国最广大人民的根本利益。"三个代表"重要思想对党始终保持先进性历史经验作了基本总结，既坚持了马克思主义基本原理，又反映了当代世界和中国的发展变化对党和国家的新要求，并以新的思想、观点、论断，继承、丰富了马克思列宁主义、毛泽东思想和邓小平理论，是加强和改进党的建设、推进我国社会主义自我完善和发展的强大理论武器。它的提出，为党的十六大的召开，为全党在充满希望和挑战的21世纪完成自己承担的神圣历史使命，做了重要的思想理论准备。

（三）团结奋斗，全面建设小康社会

2002 年 11 月，中国共产党第十六次全国代表大会举行。大会系统总结了党的十三届四中全会以来 13 年奋斗历程和基本经验，把"三个代表"重要思想作为党必须长期坚持的指导思想写入党章。大会提出全面建设小康社会的奋斗目标，指出要在本世纪头 20 年，集中力量，全面建设惠及十几亿人口的更高水平的小康社会。大会选举产生十六届中央委员会和中央纪律检查委员会，胡锦涛为中央委员会总书记。党的十六大是党在新世纪召开的第一次全国代表大会，明确回答了新世纪新阶段中国共产党举什么旗、走什么路、实现什么样的发展目标等重大问题。从此，中国人民踏上了全面建设小康社会的新征程。

党的十六大以后，正当各地各部门围绕全面建设小康社会奋斗目标，大力推进改革开放和社会主义现代化建设各项事业的时候，我国遭遇了一场突如其来的非典疫情，在党中央、国务院坚强领导下，全国各族人民大力弘扬万众一心、众志成城，团结互助、和衷共济，迎难而上，敢于胜利的精神，举国上下紧急动员，坚持群防群控，携手共克时艰，有效控制了非典疫情，保持了经济较快增长。

抗击非典的胜利，充分显示出我国社会主义制度的巨大优越性。也暴露出我国在经历了一个经济高速发展阶段之后，存在发展不够协调、公共卫生事业发展滞后、突发事件应急机制不健全等新矛盾新问题。这进一步引发了党中央对新形势下中国发展问题的深入思考。"实现什么样的发展、怎样发展"这一重大理论和实践问题，历史地摆到了中国共产党人面前。

2003 年 8 月底 9 月初，胡锦涛在江西考察时提出"科学发展观"。10月，党的十六届三中全会第一次在党的正式文件中完整提出科学发展观，强调"坚持以人为本，树立全面、协调、可持续的发展观，促进经济社会和人的全面发展"。2004年3月10日，胡锦涛又在中央人口资源环境工作座谈会上对科学发展观的科学内涵、基本要求和指导意义作了全面阐述。科学发展观是党中央对20多年改革开放实践的经验总结，是战胜非典疫情的重要启示，也是推进全面建设小康社会的迫切要求。科学发展观提出以后，在实践中不断得到丰富和完善，对中国特色社会主义事业发展发挥了重要的指导作用。

在进一步改革社会主义市场经济体制层面，党中央通过重点领域和关键环节的改革，以及宏观调控的有效实施、指导方针的适时调整，使经济运行中的一些突出矛盾得到缓解，国民经济保持了增长较快、结构趋优、效益提高的良好态势。在实现社会和谐、建设美好社会层面，党中央提出构建社会主义和谐社会的重大战略目标，使中国特色社会主义事业总体布局扩展为经济建设、政治建设、文化建设、社会建设"四位一体"。在解决区域、城乡发展不平衡这一突出问题层面，党中央认真贯彻科学发展观的要求，着眼于实现区域协调发展，统筹城乡发展，实施农村综合改革和集体林权制度改革，农村改革发展揭开了新的篇章。

2007年10月，中国共产党第十七次全国代表大会举行。大会对改革开放的宝贵经验作了"十个结合"的精辟概括，阐述了中国特色社会主义道路的基本内涵，首次提出中国特色社会主义理论体系的概念并作了概括。大会对科学发展观的时代背景、科学内涵、精神实质和根本要求进行了全面系统的阐述，将科学发展观作为中国特色社会主义理论体系重大创新成果写入党章。大会对实现全面建设小康社会的宏伟目标作出全面部署，在经济、政治、文化、社会、生态文明五方面提出新要求。

党的十七大以后，党带领人民成功应对重大挑战，深化改革开放。在应对重大挑战层面，全球金融危机、四川汶川地震等各种困难和风险挑战的成功应对，充分显示了我们党抵御各种风险、驾驭各种复杂局面的能力，显示了党的坚强领导和我国社会主义制度能够集中力量办大事的政治优势，显示了"任何困难都难不倒英雄的中国人民"的大无畏气概。在深化改革开放层面，加快转变经济发展方式和深化重要领域改革，稳妥推进民主发展建设，推动社会主义文化大发展大繁荣，加快推进以改善民生为重点的社会民生建设，加大环境保护力度。

21世纪以来，中央政府继续坚定不移贯彻"一国两制""港人治港""澳人治澳"、高度自治的方针，严格按照宪法和特别行政区基本法办事，全力支持香港、澳门经济社会发展。面对不断加剧的"台独"分裂活动，将反对和遏制"台独"摆在对台工作更为突出的位置，通过《反分裂国家法》，积极推动两岸交流。

21世纪以来，党中央顺应世界求和平、谋发展、促合作的时代潮流，始终不渝走和平发展道路。坚决捍卫国家主权；同周边国家实现高层互访交流，推进区域合作进程；同发展中国家的团结合作取得重要进展；通过多边舞台，推动解决国际和地区热点问题；践行"外交为民"宗旨，稳妥处理撤侨、人质解救、劳务纠纷等重大突发事件。

面对在新世纪新阶段全面建设小康社会对党执政能力提出的新的更高要求，党中央坚持以执政能力建设和先进性建设为主线，紧密结合治国理政实践，继续全面推进党的建设新的伟大工程，不断推进党的执政能力建设和先进性建设，扎实推进惩治和预防腐败体系建设。

全面建设小康社会的进程中，以胡锦涛同志为主要代表的中国共产党人，团结带领全党全国各族人民，推进实践创新、理论创新、制度创新。抓住重要战略机遇期，聚精会神搞建设，一心一意谋发展，强调坚持以人为本、全面协调可持续发展，着力保障和改善民生，促进社会公平正义，推进党的执政能力建设和先进性建设，成功在新形势下坚持和发展了中国特色社会主义。

团结就是力量，奋斗创造未来。在革命、建设、改革各个历史时期，中国共产党始终怀揣远大理想和为民情怀，保持同人民群众的血肉联系，团结带领人民跨过了一道又一道难关，取得了一次又一次胜利，创造了一个又一个辉煌。在这支最讲团结、最能奋斗的最先进政治力量带领下，我国各族人民手挽着手、肩并着肩，英勇奋斗，浴血奋战，铸就了争取民族独立、人民解放和实现国家富强、人民幸福的百年辉煌。党的百余年历史告诉我们，能团结奋斗的民族才有前途，能团结奋斗的政党才能立于不败之地。

党的十八大后，以习近平同志为核心的党中央带领全党全军全国各族人民，在团结奋斗中推动中国特色社会主义进入了新时代。面对具有许多新的历史特点的伟大斗争，中国共产党以更加紧密的团结、更加顽强的奋斗，推动党和国家事业取得了举世瞩目的重大成就，把民族复兴的历史伟业不断推向前进，淬成新时代十年的伟大变革。中国共产党比以往任何时期都更有信心、更具能力实现中华民族伟大复兴的历史使命。

第三章　团结奋斗，淬成新时代伟大变革

2017 年 10 月 18 日，中国共产党第十九次全国代表大会郑重宣示：中国特色社会主义进入了新时代。这一庄严宣告揭示了中华民族迎来了从站起来、富起来到强起来的伟大飞跃，宣示了中国共产党为中国人民谋幸福、为中华民族谋复兴的历史使命，肯定了全党全军全国各族人民既往团结奋斗的瞩目成就。新时代是我国发展新的历史方位，习近平总书记从五个维度揭示了中国特色社会主义新时代的科学内涵，系统回答了新时代"新在何处"的问题，详尽论述了新时代我国社会主要矛盾变化，明确指出了新时代中国共产党的使命任务。2022 年 10 月 16

日，党的二十大报告第一次将"团结奋斗"纳入标题、列入主题，将团结奋斗视作中国人民创造历史伟业的必由之路，正是对团结奋斗重要作用的高度重视和凝练概括。习近平总书记作出了牢牢把握团结奋斗时代要求的重要指示，进一步确证了团结奋斗对于新时代全面建成小康社会以及党和国家事业取得历史性成就、发生历史性变革的关键意义。中国特色社会主义进入新时代，只有全党全军全国各族人民在党的领导和旗帜下团结成"一块坚硬的钢铁"，才能推动中华民族伟大复兴的巍巍巨轮乘风破浪、扬帆远航。

一、团结奋斗推动中国特色社会主义进入新时代

2017 年 10 月 18 日，习近平总书记在中国共产党第十九次全国代表大会上作出重大判断：经过长期努力，中国特色社会主义进入了新时代，这是我国发展新的历史方位。2021 年 7 月 1 日，习近平总书记在庆祝中国共产党成立 100 周年大会上的讲话中再次强调：党的十八大以来，中国特色社会主义进入新时代。中国特色社会主义进入新时代，是我国发展新的历史方位。这一重大判断，既植根于全党全军全国各族人民九十余年团结奋斗、创造积累的历史成就，又审思于中华民族伟大复兴战略全局和世界百年未有之大变局加速演进的发展现状。中国特色社会主义进入新时代，我国的主要矛盾已经转化为人民日益增长的美好生活需要和不平衡不充分的发展之间的矛盾，党和国家事业发展全局呈现出新特点，党肩负着奋进新征程的使命任务。

（一）新时代到底是什么

党的十八大以来，以习近平同志为核心的党中央带领全党全军

全国各族人民，在团结奋斗中推动中国特色社会主义进入新时代。中国特色社会主义进入新时代，是习近平总书记在党的十九大报告中作出的重大政治判断，具有丰富而深刻的思想内涵、理论意义、实践价值。党的十九大报告开宗明义地明确了习近平新时代中国特色社会主义思想的核心要义，并从五个维度提纲挈领地阐明了中国特色社会主义新时代的科学内涵，为全党全军全国各族人民团结奋斗夺取新时代中国特色社会主义新胜利指示了前进方向。

在团结奋斗中推动中国特色社会主义进入新时代，首先必须明确新时代、新思想的核心要义。习近平新时代中国特色社会主义思想的核心要义就是坚持和发展中国特色社会主义。自党的十八大以来，我国发展环境面临深刻复杂变化，国际形势风云变幻、复杂严峻，不稳定、不确定因素显著增多，党和国家各项事业发展面临着相同的重大时代课题：新时代坚持和发展什么样的中国特色社会主义、怎样坚持和发展中国特色社会主义。因此，必须深入学习、领会习近平总书记在党的十九大报告中从五个维度对中国特色社会主义新时代科学内涵的系统论述。

第一，习近平总书记指出，新时代是"承前启后、继往开来、在新的历史条件下继续夺取中国特色社会主义伟大胜利的时代"[1]。从历史性与现实性贯通的维度阐明新时代的科学内涵，将历史逻辑与现实发展的结合作为描绘蓝图、擘画未来的坚实基础。这一维度的新时代科学内涵，不仅向上追溯、串联中华民族源远流长的历史脉络，强调在全党全军全国各族人民的团结奋斗下，中华民族迎来了从"站起来""富起来"到"强起来"的历史性飞跃；更向下

---

[1] 习近平：《决胜全面建成小康社会 夺取新时代中国特色社会主义伟大胜利——在中国共产党第十九次全国代表大会上的报告》（2017 年 10 月 18 日），人民出版社2017 年版，第 10—11 页。

延伸、立足中国特色社会主义的发展实际，突出全党全军全国各族人民在团结奋斗中赓续历史伟业的创造性壮举。习近平总书记对新时代内涵作出来自历史性与现实性维度的科学阐释，展现了新时代的时空性。新时代对党和人民的团结奋斗提出了更高要求，推动团结奋斗迈上历史新台阶。

第二，习近平总书记指出，新时代是"决胜全面建成小康社会、进而全面建设社会主义现代化强国的时代"①。从阶段性与整体性的维度阐明新时代的科学内涵，始终坚持把握当下与放眼未来相统一，既立足现实基础，又符合长远利益。这一维度的新时代科学内涵，不仅回顾全面建成小康社会的发展历程，肯定全党全军全国各族人民迈出实现中华民族伟大复兴关键一步的卓越成绩，总结团结奋斗的历史成果；更着眼于"四个全面"战略布局的战略目标转变，顺势而上开启全面建设社会主义现代化国家的新征程，开辟团结奋斗的崭新目标。习近平总书记对新时代内涵作出来自阶段性与整体性的维度的科学阐释，展现了新时代的实践性。新时代对社会主义现代化建设的战略步骤作出科学规划，为团结奋斗规划了实践路径。

第三，习近平总书记指出，新时代是"全国各族人民团结奋斗、不断创造美好生活、逐步实现全体人民共同富裕的时代"②。从主体性与价值性的维度阐明新时代的科学内涵，锚定我国社会主要矛盾变化方向，既站稳人民立场，又始终造福人民。这一维度的

---

① 习近平：《决胜全面建成小康社会　夺取新时代中国特色社会主义伟大胜利——在中国共产党第十九次全国代表大会上的报告》（2017 年 10 月 18 日），人民出版社2017 年版，第 11 页。

② 习近平：《决胜全面建成小康社会　夺取新时代中国特色社会主义伟大胜利——在中国共产党第十九次全国代表大会上的报告》（2017 年 10 月 18 日），人民出版社2017 年版，第 11 页。

新时代科学内涵，不仅着眼于社会主义的本质要求，在持之以恒解放生产力、发展生产力的同时，致力于消灭剥削、消除两极分化，牢牢把握共同富裕的目标要求、巩固团结奋斗成果；更标示着新时代的价值取向，凸显人民利益作为社会评价最高标准的重要意义。习近平总书记对新时代内涵作出来自主体性与价值性的维度的科学阐释，凸显了新时代的人民性。新时代为维护人民利益、回应人民关切、团结奋斗推进共同富裕提供了历史新机遇。

第四，习近平总书记指出，新时代是"全体中华儿女勠力同心、奋力实现中华民族伟大复兴中国梦的时代"①。从中国梦维度阐明新时代的科学内涵，个人梦想与共同理想相辅相成，内在蕴含着强大的国家凝聚力和民族向心力。这个维度的新时代科学内涵，不仅投射出全体中华儿女同根同源、同文同种、血脉相连、命运与共这一毋庸置疑的事实，反映出全国各族人民团结奋斗的深厚基础，更昭示着海内外中华儿女团结奋斗的共同梦想。习近平总书记对新时代内涵作出来自中国梦维度的科学阐释，彰显了新时代的民族性。在新时代实现中华民族伟大复兴，不仅是共产党人肩负的历史使命，也是中华民族的光明前景，更是全体中华儿女的共同光荣、共同使命。

第五，习近平总书记指出，新时代是"我国日益走近世界舞台中央、不断为人类作出更大贡献的时代"②。从国内与国际维度阐释新时代的科学内涵，在谋求自身发展的基础上，着眼于中华民族伟大复兴战略全局和世界百年未有之大变局。这个维度的新时代

---

① 习近平：《决胜全面建成小康社会　夺取新时代中国特色社会主义伟大胜利——在中国共产党第十九次全国代表大会上的报告》（2017 年 10 月 18 日），人民出版社2017 年版，第 11 页。
② 习近平：《决胜全面建成小康社会　夺取新时代中国特色社会主义伟大胜利——在中国共产党第十九次全国代表大会上的报告》（2017 年 10 月 18 日），人民出版社2017 年版，第 11 页。

科学内涵，不仅表明中国在国际范围内的影响力、塑造力和感召力日益提升，更展现出中国在为国家实力提升而团结奋斗的同时，仍然积极倡导全球治理体系变革、推动人类命运共同体构建负责任的大国形象。习近平总书记对新时代内涵作出来自国内与国际维度的科学论述，表征着新时代的世界性。新时代的中国共产党不仅为中国人民谋幸福、为中华民族谋复兴，也为维护世界和平、促进共同发展、推动人类进步以及促进世界繁荣作出新贡献。

（二）新时代新在哪里

自党的十八大以来，以习近平同志为核心的党中央带领全党全军全国各族人民，经过团结奋斗的长期努力，推动中国特色社会主义进入新时代，开辟了我国发展新的历史方位。十九大报告中提出的新时代，是承前启后、继往开来、在新的历史条件下继续夺取中国特色社会主义伟大胜利的时代；是决胜全面建成小康社会、进而全面建设社会主义现代化国家的时代；是全国各族人民团结奋斗、不断创造美好生活、逐步实现全体人民共同富裕的时代；是全体中华儿女勠力同心、奋力实现中华民族伟大复兴中国梦的时代；是我国日益走近世界舞台中央、不断为人类作出更大贡献的时代。

新时代催生新思想，新思想引领新征程。新时代，是中国特色社会主义新时代，而不是别的什么新时代。新时代"新"在何处？这是一个亟待回答的问题。只有回答好这个问题，才能为解决新时代、新征程发展实践中面临的新问题提供基本依据。中国特色社会主义新时代同过去相比，具有以下六个方面的鲜明特色。

其一，我国发展迎来新方位。习近平总书记在党的十九大报告中作出"经过长期努力，中国特色社会主义进入了新时代"的重大政治判断，以及在庆祝中国共产党成立100周年大会上的讲话中作出"党的十八大以来，中国特色社会主义进入新时代"的重要明确指示，皆是就我国发展新的历史方位角度而言的。新时代这一我国发展新的历史方位，于国家而言，是在中华民族伟大复兴战略全局与世界百年未有之大变局的交汇演进中坚持和发展中国特色社会主义的时代；于中国共产党而言，是在新的历史条件下勇于自我革命、跳出治乱兴衰的历史周期率、巩固长期稳定执政局面的时代；于中国人民而言，是在实现中华民族伟大复兴的征程中以习近平同志为核心的党中央以党团结带领中国人民迈向共同富裕、不断创造美好生活的时代；于社会主义而言，是新世纪条件下社会主义在中国蓬勃发展、熠熠生辉、再现生机与活力的时代；于全人类而言，是在致力于构建人类命运共同体的基础上为人类生存、发展与进步作出新的更大贡献的时代。进一步说就是我国发展起来，大国成为强国的历史方位。

其二，奋斗征程提出新目标。党的十九大对新时代中国特色社会主义现代化建设作出两步走的战略安排：从 2020 到 2035 年，在全面建成小康社会的基础上，再奋斗 15 年，基本实现社会主义现代化；从 2035 年到 21 世纪中叶，在基本实现现代化的基础上，再奋斗 15 年，把我国建成富强民主文明和谐美丽的社会主义现代化强国。党的二十大对新时代党和国家事业发展规划了系统科学的顶层设计，在以习近平同志为核心的党中央的领导下，高举中国特色社会主义伟大旗帜，全党全军全国各族人民齐心协力，为全面建设社会主义现代化国家而团结奋斗。

其三，综合实力攀至新台阶。在中国特色社会主义的新时代，我国进入新发展阶段，党中央带领全国各族人民为贯彻新发展理念、构建新发展格局而团结奋斗。我国经济实力显著增强，社会生产力稳健提升，基础设施建设颇具成效。特别是自 2020 年新冠疫情暴发并席卷全球以来，百年未有之大变局与"十四五"开局、世界范围内新冠疫情"大流行"交织在一起，我国始终坚持抓牢做好疫情防控工作与统筹经济社会发展相统一，创造了全力保障人民群众生命安全、身体健康与稳中求进、奋力推动高质量发展"两不误"的奇迹。

其四，人民生活水平实现新提升。在中国共产党成立100周年之际，经过全党全军全国各族人民的长期团结奋斗，完成了两件大事：一是我国脱贫攻坚战取得了全面胜利，历史性地消除了绝对贫困，创造了彪炳史册的人间奇迹；二是全面建成了小康社会，实现了第一个百年奋斗目标，正意气风发地朝着建成富强民主文明和谐美丽的社会主义现代化强国的第二个百年奋斗目标奋勇前进。新时代的人民生活全方位改善，生活水平显著提升，形成了安居乐业、安定有序的良好氛围和向好局面。

其五，百年大党执政面临新环境。中国特色社会主义进入新时代以来，党和国家事业取得了历史性成就，党自身面临的执政环境也发生了历史性变革。百年大党肩负着带领全国各族人民团结奋斗的历史使命，始终坚持刀刃向内、刮骨疗毒，踏石留印、抓铁有痕，绵绵用力、久久为功，深入推进新形势下党的自我革命，走好新时代"赶考"之路，跳出治乱兴衰的历史周期率。正如党的二十大报告指出，"风清气正的党内政治生态不断形成和发展，确保党永远不变质、不变色、不变味"。[1]

其六，中国力量引领世界新潮流。新时代全党全军全国各族人民团结奋斗创造了中国式现代化发展的胜利果实，为发展中国家迈

---

[1]　习近平：《高举中国特色社会主义伟大旗帜　为全面建设社会主义现代化国家而团结奋斗——在中国共产党第二十次全国代表大会上的报告》（2022年10月16日），人民出版社2022年版，第14页。

向现代化开辟了具有高度可行性和现实性的崭新路径，给世界上那些既希望加快发展又希望保持自身独立性的国家与民族提供了全新且正确的选择。同时，优秀的中国面孔、中国身影、中国形象日益增多，中国业已日益走近世界舞台的中央，为解决人类共同面临的重大问题贡献了中国智慧、中国方案与中国力量。

（三）新时代主要矛盾的变化

中国特色社会主义进入新时代标志着我国发展进入一个崭新的历史方位，在党和国家事业取得历史性成就、发生历史性变革的同时，也涌现出一些亟待解决的关键问题、新问题。党的二十大报告指出，对于党和国家事业取得的伟大成就应予以肯定，党领导全国各族人民团结奋斗取得的瞩目成绩不可磨灭。同时，也必须清醒地认识到，自中国特色社会主义进入新时代以来，特别是在"两个一百年"奋斗目标历史交汇的关键节点，党、国家和人民应端正心态、齐心协力地解决当前面临的问题。

总体而言，新时代党和国家面临着的主要问题是各领域内部、诸领域之间发展不平衡不充分的问题，"重点领域改革还有不少硬骨头要啃"①。在经济发展领域，推动高质量发展仍处于持续探索阶段，发展的质量和效益还有待提升；实体经济经营成本上升与发展动力不足问题并存，确保粮食、能源以及产业链供应链安全可靠的能力仍有待提升；虚拟经济、金融领域存在的隐性风险逐渐显性化；经济发展面临着复杂严峻的国际形势，利用好国际国内两个市场、两种资源的能力仍有待提升。在科技创新领域，科技创新能力

---

① 习近平：《高举中国特色社会主义伟大旗帜　为全面建设社会主义现代化国家而团结奋斗——在中国共产党第二十次全国代表大会上的报告》（2022 年 10 月 16 日），人民出版社 2022 年版，第 14 页。

有待提升，部分关键领域、核心技术仍存在"卡脖子"问题；装备制造业的高端芯片研发和制作技术尚未实现突破；信息技术与互联网络的风险防范能力仍有待提升，关键信息基础设施并未摆脱潜在隐患和外域风险。在国家治理领域，我国社会主要矛盾变化与各类问题交织叠加，国家治理体系和治理能力有待加强；部分民众法治意识仍有待加强，全面依法治国任重道远。在社会民生领域，贫富差距、城乡差距与地区发展差距的"三大差距"仍然存在；社会阶层结构和利益关系格局多样化，不同阶层之间的利益矛盾及冲突仍需协调；部分城市公共服务水平、管理水平与城市化快速发展的需要不适应、不匹配；就业、教育、医疗、养老、住房等具体领域仍存在不少尚未解决的难题。在意识形态领域，"形势发生全局性、根本性转变"；国内外、党内外各思潮激烈碰撞、交织叠加，"舆论场"错综复杂，意识形态斗争复杂、充满风险与挑战；在生态环境领域，任务依然艰巨；在党的建设领域，部分党员斗争意识不足、斗争本领不强；部分党员、干部身上存在的形式主义、官僚主义、奢靡之风、腐败现象尚未全面清除；等等。

同时，中国特色社会主义进入新时代，我国社会的主要矛盾业已发生变化。党的十九大报告指出，我国社会主要矛盾已经转化为人民日益增长的美好生活需要和不平衡不充分的发展之间的矛盾。党的二十大报告则进一步强调我国社会主要矛盾变化不但是关系全局的历史性变化，而且是新时代党和国家开展工作的重要依据，即党和国家应"紧紧围绕这个社会主要矛盾推进各项工作，不断丰富和发展人类文明新形态"①。以上关于我国社会主要矛盾转化的

---

① 习近平：《高举中国特色社会主义伟大旗帜　为全面建设社会主义现代化国家而团结奋斗——在中国共产党第二十次全国代表大会上的报告》（2022年10月16日），人民出版社2022年版，第7页。

重要论断具有深刻的历史意蕴和现实意义：一方面，党领导全国各族人民团结奋斗，取得了脱贫攻坚战与全面建成小康社会两个历史性胜利，如期顺利完成了第一个百年奋斗目标，以满怀斗志、昂扬向上的精神风貌朝着第二个百年奋斗目标进军。党领导全国各族人民团结奋斗的过程中，人民对于美好生活的需要日益呈现出多方面、多层次、多样化的特征，不仅在物质文化生活层面提出了更高的要求，而且在社会主义民主、法治、公平、正义、安全、环境等方面的要求也日益增长。另一方面，中国特色社会主义进入新时代，党和国家事业在全党全军全国各族人民的团结奋斗中取得了历史性成就、发生了历史性变革，特别是社会生产能力在诸多方面业已跻身世界前列。于是，发展不平衡不充分问题逐渐取代落后的社会生产问题，制约着对人民日益增长的美好生活需要的满足。

（四）新时代中国共产党人的历史使命

党的十九大报告指出，实现中华民族伟大复兴不仅是新时代中国共产党的历史使命，也是近代以来中华民族最伟大的梦想。中国特色社会主义进入新时代，中国共产党带领全国各族人民团结奋斗，推动党和国家事业取得举世瞩目的重大成就，中国共产党比以往任何时期都更有信心、更具能力实现中华民族伟大复兴的历史使命。

实现中华民族伟大复兴的历史使命，不仅需要全党全军全国各族人民持之以恒地团结奋斗，更离不开坚持党的全面领导、顺应新时代潮流强化统揽"四个伟大"。其一，新时代中国共产党要想实现中华民族伟大复兴，就必须进行具有许多新的历史特点的伟大斗争。中国共产党的百余年历程就是一部伟大的斗争史。迈向新时代、踏进新征程，不仅要发扬斗争精神、始终坚持敢于斗争，更要秉持历史思维，系统总结并充分运用党在筚路蓝缕、披荆斩棘的艰苦奋进时期积累的斗争经验、锤炼的斗争本领。其二，新时代中国共产党要想实现中华民族伟大复兴，就必须推进新时代党的建设新的伟大工程。统揽"四个伟大"、实现中华民族伟大复兴，起决定性作用的就是党的建设新的伟大工程。始终坚持发挥中国共产党总揽全局、协调各方的领导核心作用，始终保持党的先进性、纯洁性，锻造始终走在时代前列的、人民衷心拥护的中国共产党。加强党的执政能力建设，牢牢把握这一推进党的建设新的伟大工程的重中之重；加强领导班子建设、提高领导干部素质，牢牢把握这一推进党的建设新的伟大工程的关键所在。其三，新时代中国共产党要想实现中华民族伟大复兴，就必须在新的历史起点上谋划和推进中国特色社会主义伟大事业。新时代始终坚持和发展中国特色社会主义，具有深刻的历史逻辑、理论逻辑和实践逻辑。中国特色社会主义的伟大事业，不仅是过去党带领全国各族人民团结奋斗历史成就，更是指引未来团结奋斗方向的长远目标和崇高理想。由伟大斗争、伟大工程、伟大事业与伟大梦想构成的"四个伟大"紧密相连、彼此贯通，昭示着新时代中国共产党的历史使命，规划出实现中华民族伟大复兴的实践路径。

党的二十大在继承党的十九大对于新时代中国共产党历史使命重要论述的基础上，在报告中进一步明确了新时代特别是从今往后中国共产党肩负的使命任务："从现在起，中国共产党的中心任务就是团结带领全国各族人民全面建成社会主义现代化强国、实现第二个百年奋斗目标，以中国式现代化全面推进中华民族伟大复兴。"①

---

① 习近平：《高举中国特色社会主义伟大旗帜　为全面建设社会主义现代化国家而团结奋斗——在中国共产党第二十次全国代表大会上的报告》（2022年10月16日），人民出版社2022年版，第21页。

中国特色社会主义进入新时代，在全面建成小康社会的第一个百年奋斗目标胜利收官的基础上，顺势而上、乘胜追击，实现第二个百年奋斗目标。在战略安排层面，全面建成社会主义现代化强国实行"两步走"：第一步是从 2020 年到 2035 年，基本实现社会主义现代化；第二步是从 2035 年到本世纪中叶，把我国建成富强民主文明和谐美丽的社会主义现代化强国。在目标任务层面，以党的十九大报告、党的十九届五中全会通过的《中共中央关于制定国民经济和社会发展第十四个五年规划和二〇三五年远景目标的建议》为理论依据，党的二十大报告从综合国力、科技创新、经济发展、国家治理、文化教育、社会生活、生态环境、国家安全八个方面对基本实现社会主义现代化作出了最新安排和更高指示。

同时，新时代的中国共产党也肩负着以中国式现代化实现中华民族伟大复兴的庄严使命和艰巨任务。党的二十大对中国式现代化的科学内涵、鲜明特色作出了全方位、多角度的详尽阐释。中国式现代化是以中国共产党为领导核心、依靠全国各族人民团结奋斗的社会主义现代化，既具备现代化的共性，又展现出中国特色的个性。党的二十大报告对中国式现代化作出了来自以下五个维度的科学阐释：其一，中国式现代化是人口规模巨大的现代化。中国式现代化对我国十四亿多人口实现了全覆盖，是全体中国人民共建共享的现代化。由于覆盖人口众多，中国式现代化任务的艰巨性、繁重性和紧迫性也前所未有、世所罕见。其二，中国式现代化是全体人民共同富裕的现代化。共同富裕是中国特色社会主义的本质要求，也是中国式现代化的重要特征之一。中国特色社会主义进入新时代，以习近平同志为核心的党中央带领全国各族人民团结奋斗，取得了脱贫攻坚战、全面建成小康社会的两个历史性胜利和阶段性成就，为稳中求进迈向共同富裕奠定坚实基础。其三，中国式现代化是物质文明和精神文明相协调的现代化。既要物质富足，又要精神富有，这是中国式现代化的重要特征之一。物质文明建设与精神文明建设齐头并进、缺一不可。新时代走中国式现代化道路，既要为全面推进中华民族伟大复兴奠定坚实的物质基础，更要为高举中国特色社会主义伟大旗帜、全面建设社会主义现代化国家凝聚强大的精神力量。其四，中国式现代化是人与自然和谐共生的现代化。自然界与人类社会内在地具有物质统一性，人类社会是自然界发展的产物，是自然界的子集。中国特色社会主义进入新时代，以习近平同志为核心的党中央带领全国各族人民团结奋斗，将生态文明建设作为中国特色社会主义事业"五位一体"总体布局中的重要一环，并确定生态文明建设的宏伟目标即建设"美丽中国"，实现中国式现代化建设物质文明、精神文明、生态文明相谐共荣。其五，中国式现代化是走和平发展道路的现代化。中华民族自古以来就是爱好和平的民族，中国式现代化不是"独善其身"的现代化，而是"胸怀天下"的现代化。党的二十大报告指出，"推动构建人类命运共同体，创造人类文明新形态"是建设中国式现代化的重要特征和本质要求。中国特色社会主义进入新时代，中国式现代化不仅惠及全体中国人民，更以不断造福着整个人类世界，为构建人类命运共同体、解决人类面临的共同问题提供中国智慧、中国方案和中国力量。以上对中国式现代化来自五个维度的科学阐释，为新时代中国共产党实现中华民族伟大复兴的使命任务提供了思想先导和行动准则。

二、团结奋斗推动全面建成小康社会

2021 年 7 月 1 日，习近平总书记在庆祝中国共产党成立 100 周年大会上庄严宣告："经过全党全国各族人民持续奋斗，我们实现了第一个百年奋斗目标，在中华大地上全面建成了小康社会，历史性地解决了绝对贫困问题，正在意气风发向着全面建成社会主义现代化强国的第二个百年奋斗目标迈进。"① 中国特色社会主义进入新时代以来，以习近平同志为核心的党中央思接千载、视通万里，从坚持和发展中国特色社会主义全局出发，团结带领全党全军全国各族人民，为实现全面建成小康社会的战略目标而团结奋斗。全面建成小康社会，不仅是新时代、新阶段、新征程的新使命，更是"两个一百年"奋斗目标的第一步和关键一步，必须走稳、走好、走实。全面建成小康社会取得的瞩目成就，是党和人民团结奋斗收获的历史性成果、赢得的历史性胜利，在中华民族伟大复兴的征程上、人类文明进步的历史上书写了浓墨重彩的一笔。

（一）全面建成小康社会的历史使命

2021 年 7 月 1 日，习近平总书记在庆祝中国共产党成立 100 周年大会上发表重要讲话，代表党和人民庄严宣告：自中国特色社会主义进入新时代以来，中国共产党始终带领全国各族人民持之以恒团结奋斗，取得了脱贫攻坚战、全面建成小康社会两个历史性胜利，实现了第一个百年奋斗目标，正在顺势而上、乘胜追击，以意气风发的风貌、昂扬饱满的斗志向第二个百年奋斗目标——全面建成社会主义现代化强国迈进。习近平总书记铿锵有力、掷地有声的话语宣告着中华大地业已全面建成了小康社会，收获了团结奋斗的阶段性成果。

新时代产生新课题，新课题催生新思想，新思想引领新征程。自中国特色社会主义进入新时代以来，习近平总书记高瞻远瞩，立

---

① 《习近平谈治国理政》第四卷，外文出版社 2022 年版，第 3 页。

足于党和国家事业发展全局，运用历史思维、战略思维指导全面建成小康社会的工作实践。习近平总书记围绕全面建成小康社会作出了一系列重要论述。这些新理念、新思想、新战略立意深远、内涵丰富，有助于全党全军全国各族人民深刻把握全面建成小康社会的基本要求和重点任务，深刻领会全面建成小康社会的深刻历史意义和重大现实意义，从而坚定不移地高举中国特色社会主义伟大旗帜，为全面建设社会主义现代化国家、实现中华民族伟大复兴的中国梦而接续努力、团结奋斗。

第一，习近平总书记指出，全面建成小康社会不仅是众望所归、民心所向、大势所趋，更是中国共产党秉持历史思维、站稳人民立场而肩负的庄严使命。2017年10月18日，习近平总书记在党的十九大报告中指出，"从现在到二〇二〇年，是全面建成小康社会决胜阶段。要按照十六大、十七大、十八大提出的全面建成小康社会各项要求，紧扣我国社会主要矛盾变化，统筹推进经济建设、政治建设、文化建设、社会建设、生态文明建设"[①]。小康社会是中华儿女代代相承、孜孜以求的理想社会状态。将全面建成小康社会确立为当今中国发展的阶段性目标，既展现出历史逻辑与现实需要的贯通结合，又符合人民群众的最初愿景、深得人民群众的拥护和支持。中国共产党自成立以来，就将"为中国人民谋幸福、为中华民族谋复兴"作为自己的初心使命，以先进思想引领实际行动，为创造人民美好生活、为实现中华民族伟大复兴的历史任务克服重重困难、进行艰苦卓绝的斗争。特别是自改革开放以来，我们党始终牢牢把握、紧紧围绕全面建成小康社会这一奋斗目标，以

---

① 习近平：《决胜全面建成小康社会 夺取新时代中国特色社会主义伟大胜利——在中国共产党第十九次全国代表大会上的报告》（2017年10月18日），人民出版社2017年版，第27页。

咬定青山不放松的执着、一茬接着一茬干的劲头、关关难过关关过的韧性，一步步推动全面建成小康社会描绘的美好愿景落地生根、成为现实。同时，党的十九大报告还指出，全面建成小康社会的最高标准就是"得到人民认可、经得起历史检验"，不仅体现出全面建成小康社会要始终坚持以人民为中心、全心全意为人民服务的价值导向，而且全面建成小康社会交出的"中国答卷"中处处彰显着历史思维、经得起历史与实践的双重检验。党的十九大召开后，全面建成小康社会即第一个百年奋斗目标的实现进入关键期、决胜期。2020年10月26日，习近平总书记在《关于〈中共中央关于制定国民经济和社会发展第十四个五年规划和二〇三五年远景目标的建议〉的说明》（以下简称《说明》）中指出，将在建党100周年之际全面建成更高水平的小康社会，并对全面建成小康社会作出了更为详细的顶层设计和战略规划。全面建成小康社会不仅是我们党在小康社会基本建成的历史条件和实践基础上指引的下一阶段的前进方向，更是对人民群众作出的庄严承诺。《说明》特别强调要牢牢扭住生产力发展、经济建设这一硬指标，不辜负人民群众对我们党的殷切期望。这一维度的全面建成小康社会，体现了我们党自成立之日起就始终葆有、不敢忘怀的初心使命。

第二，习近平总书记指出，全面建成小康社会不是一个"速度游戏"，更不是一个"数字游戏"，而是要稳中求进、科学把握发展的"质"和"量"的关系，努力实现全面建成更高水平的小康社会。2019年4月22日，习近平总书记在中央财经委员会第四次会议上指出："目前，全面建成小康社会也有一些短板，必须加快补上……要聚焦短板弱项，实施精准攻坚。"① 2020年6月1日，

---

① 习近平：《关于全面建成小康社会补短板问题》，《求是》2020年第11期。

《求是》杂志发表习近平总书记的重要文章《关于全面建成小康社会补短板问题》，再次强调全面建成小康社会进程中的"补短板"问题，指出要想加快补上全面建成小康社会存在的短板，就要集中优势兵力打好歼灭战。新时代全面建成小康社会，需要全党全军全国各族人民共同团结奋斗解决好工作实践中的短板问题，重点关注并牢牢把握好以下三对关系：其一，把握好整体目标和个体目标之间的关系，将全面建成小康社会的国家整体目标与各领域发展、个人进步的个体目标相结合。其二，把握好绝对标准和相对标准之间的关系，毫不动摇、不折不扣地遵照例如脱贫攻坚等领域的硬性标准，同时积极研判发展形势的动态变化，力求在工作实践中不断改善例如环境领域的相对指标。其三，把握好定量分析和定性判断之间的关系，不仅关注对全面建成小康社会诸领域成效进行评估后得出的量化指标，更聚焦人民群众实打实的获得感和幸福感。同时，习近平总书记也强调，在全面建成小康社会的过程中，各级党委和政府应认真履行主体责任，明确"补短板"是硬任务而非软要求，要啃下最难啃的"硬骨头"。这一维度的全面建成小康社会，强调科学统筹发展的"质"和"量"的关系，体现了"稳中求进"的工作基调。

第三，习近平总书记指出，全面建成小康社会覆盖的领域应全面，要坚持中国特色社会主义政治、经济、文化、社会、生态文明建设相互促进、相互协调。"千钧将一羽，轻重在平衡。"全面建成小康社会，是"五位一体"总体布局相协共荣的全面小康。习近平总书记在党的十九大报告中明确了全面建成小康社会步入决胜期之际统筹经济建设、政治建设、文化建设、社会建设、生态文明建设的宏观要求；在党的二十大报告中则进一步肯定了全面建成小康社会各具体领域赢得的历史性胜利。自中国特色社会主义进入新时代以来，以习近平同志为核心的党中央带领全党全军全国各族人民团结奋斗，以中国特色社会主义政治、经济、文化、社会、生态等具体领域为基点，绘制了全面建成小康社会的宏伟蓝图：第一团结奋斗推动经济实现高质量发展、产业向中高端水平迈进，发展的质量和效益明显提高。第二，团结奋斗实施创新驱动发展战略，科技与经济深度融合、创新驱动成效显著，跻身创新型国家行列。第三，团结奋斗增强发展的协调性，对内初步构建并基本形成了区域协调发展崭新格局；对外不断拓展开放的深度和广度。第四，团结奋斗提升人民生活水平、生活质量，基本公共服务均等化水平持续提升。第五，团结奋斗提高国民素质与社会文明程度，社会主义核心价值观的感召力、中华文化的影响力不断增强，社会法治意识显著提升。第六，团结奋斗总体改善生态环境质量，生产方式与生活方式更加绿色化、低碳化。第七，团结奋斗推动各方面制度更加成熟、更加完善、更加定型，党的建设制度化、国家治理体系和治理能力现代化取得重大进展。这一维度的全面建成小康社会，强调全面建成小康社会的"全面"，体现了发展的平衡性、协调性、可持续性。

第四，习近平总书记指出，全面建成小康社会不仅要获得人民群众的认可，还要经得起历史与实践的检验。2020年3月6日，习近平总书记在决战决胜脱贫攻坚座谈会上指出："从下半年开始，国家要组织开展脱贫攻坚普查，对各地脱贫攻坚成效进行全面检验。这是一件大事。要为党中央适时宣布打赢脱贫攻坚战、全面建成小康社会提供数据支撑，确保经得起历史和人民检验。"① 打赢脱贫攻坚战、化"短板"为"跳板"，是全面建成小康社会、实

---

① 习近平：《在决战决胜脱贫攻坚座谈会上的讲话》（2020年3月6日），人民出版社2020年版，第12页。

现第一个百年奋斗目标的重要内容和底线任务。要赢得脱贫攻坚战、全面建成小康社会的两个历史性胜利，就要始终坚定人民立场、维护人民利益，锤炼历史眼光、秉持历史思维。一方面，新时代打赢全面建成小康社会的收官之战，必须始终将人民利益置于至高无上的地位，使更高水平的全面小康惠及全体人民。经得起人民检验的全面建成小康社会不仅展现了我们党全心全意为人民服务的宗旨，还体现了我们党为人民谋幸福、为民族谋复兴的初心使命，更彰显了我们党坚持一切为了人民、一切依靠人民、人民至上的价值追求。另一方面，新时代打赢全面建成小康社会的收官之战，必须凝心聚力、务实笃行、真抓实干，在全面建成小康社会的进程中做出一份无愧于历史、无愧于实践的优秀答卷。向上追溯全面建成小康社会的历史渊源，其背后蕴含的"天下大同"的淳朴理想深深植根于中华优秀传统文化、深深植根于中华民族伟大复兴的团结奋斗史。要使新时代全面建成小康社会的瞩目成就经得起历史和人民的检验、对历史和人民负责，就要增强大局意识、放眼未来，着眼于党和国家事业大局而非全面建成小康社会一隅，着眼于第二个百年奋斗目标、中华民族伟大复兴而非业已取得的阶段性胜利。

（二）党的十九大以来的五年工作

党的二十大报告指出，中国特色社会主义进入新时代特别是十九大以来的五年，可以称得上是极不寻常、极不平凡的五年。五年间，以习近平同志为核心的党中央团结带领全党全军全国各族人民，在党的十八大以来全面深化改革取得伟大成就、中国式现代化建设取得可观成绩、党的建设新伟大工程取得显著成效的基础上，冷静处理、沉着应对国内外诸领域的风险挑战，齐心协力、团结奋斗以实现第一个百年奋斗目标，为全面建成小康社会持之以恒地做出了以下六个方面的准备和努力。

第一，持之以恒推动经济高质量发展，奠定全面小康的物质基础。中国特色社会主义进入新时代，为决胜全面建成小康社会，我们准确把握、深刻领会新发展阶段的鲜明特征，完整、准确、全面贯彻新发展理念，加快步伐、纵深构建新发展格局；各地区各部门各单位铆足干劲、力争上游地推动经济高质量发展，加快转变经济发展方式、着力优化经济结构格局、创新转换经济增长动力；积极主动把握科技创新的重要历史机遇，将科技创新置于国家发展全局的核心位置；坚持全面发力与重点突破相结合，坚持蹄疾步稳与纵深推进相结合，使全面深化改革的整体局面气象一新。特别是自2020年全球新冠疫情暴发以来，我国始终坚持科学统筹、协同推进疫情防控与经济发展，在尽全力保障人民群众身心健康与生命安全的同时，积极、稳健调整经济发展节律，实现全面建成小康社会团结奋斗的征程中疫情防控与经济发展两手抓、两不误。

第二，持之以恒加强完善国家治理，筑就全面小康的制度保障。中国特色社会主义进入新时代，为决胜全面建成小康社会，我们始终坚持党的领导、人民当家作主与依法治国的有机统一；扎实推进、深入实施全过程人民民主，倾听民情、体察民意、开解民忧；坚持不懈推进全面依法治国，通过并实施《中华人民共和国民法典》等一系列法律法规，筑牢党和国家事业发展、人民群众安居乐业的法律防线；寻找"最大公约数"、画出"最大同心圆"，开创统一战线工作新局面；通过并实施《中共中央关于深化党和国家机构改革的决定》和《深化党和国家机构改革方案》，深化党和国家机构改革、系统性重构党和国家组织结构以及管理体制，完善国家治理体系、提升国家治理能力，保护全党全军全国各族人民团结奋斗的胜利果实。

第三，持之以恒推动实现文化繁荣，擎起全面小康的精神支柱。中国特色社会主义进入新时代，为决胜全面建成小康社会，我们牢牢掌握意识形态领域的工作领导权，始终坚持马克思主义在意识形态领域的根本指导地位；大力弘扬社会主义先进文化，完善公共文化服务体系，深入推进文化事业与文化产业高质量发展；实施"互联网＋"战略，创新文化传播的形式与途径，提升中华文化的传播力、影响力；在全社会范围内牢固树立社会主义核心价值观，弘扬伟大建党精神，用好红色资源、传播红色文化，为全党全军全国各族人民团结奋斗全面建成小康社会提供精神食粮。

第四，持之以恒全力保障改善民生，体现全面小康的根本要求。中国特色社会主义进入新时代，为决胜全面建成小康社会，我们始终将保障和改善民生视作重中之重，发挥社会主义"集中力量办大事"的优势打好、打赢脱贫攻坚战，一丝不苟地完成全面建成小康社会的底线任务；密切关注教育、就业、医疗等事关民生的关键领域，持续推进社会治理体系和治理能力现代化；维护国家安全、稳定社会秩序，特别是坚持以人民至上、生命至上的根本准则面对突如其来的新冠疫情，最大限度、尽己所能地保护了人民群众的身体健康与生命安全，为全党全军全国各族人民团结奋斗全面建成小康社会创造良好的社会环境。

第五，持之以恒切实保护绿水青山，绘制全面小康的鲜明底色。中国特色社会主义进入新时代，为决胜全面建成小康社会，我们始终不忘搞好生态文明、建设"美丽中国"；持续践行绿色发展理念与"绿水青山就是金山银山"的生态文明理念，重点关注、着力跟进生态环境治理体系与治理能力的现代化水平提升；将人类命运共同体理念引入生态文明建设领域，内外联动、共建共享绿色地球生命共同体；特别是坚持科学统筹、系统协调、精准研判、综合施策实现碳达峰、碳中和的目标，为全党全军全国各族人民团结奋斗全面建成小康社会营造优美的自然环境、供给必要的绿色资源。

第六，持之以恒不懈推进党的建设，筑牢全面小康的根本保证。中国特色社会主义进入新时代，为决胜全面建成小康社会，我们深入推进党的建设新的伟大工程，以伟大工程引领并实现伟大梦想；严肃党内政治生态，着力清除滋生腐败问题的肮脏土壤，夺取反腐败斗争的压倒性胜利；纵深推进自我革命，以党的自我革命引领伟大社会革命；在中国共产党成立一百周年之际，趁热打铁在全党范围内开展党史学习教育、"四史"宣传教育，以伟大建党精神、党史红色文化滋养新时代共产党员，为全党全军全国各族人民团结奋斗全面建成小康社会筑牢根本保证、提供坚强的领导核心。

（三）全面建成小康社会的伟大意义

新时代全面建成小康社会，是我们党百余年奋斗的伟大成功，是我们党筚路蓝缕、奠基立业的百余年征程中浓墨重彩的一笔。中国共产党自成立之日起，就把为中国人民谋幸福、为中华民族谋复兴作为初心使命，而全面建成小康社会则是我们党向人民和历史作出的庄严承诺。2012 年 11 月，党的十八大提出关乎党和国家事业发展、关乎人民生活幸福的"两个一百年"奋斗目标，其中第一个百年奋斗目标便是以中国共产党成立一百周年为时间节点的，即"在中国共产党成立一百年时全面建成小康社会"。随着中国特色社会主义进入新时代，中国共产党的自身发展与全面建成小康社会的任务目标之间的联系日益紧密。党作为全面建成小康社会进程中的掌舵人和领航者，始终发挥着坚强的领导核心作用，勇立潮头、走在前列，坚持以伟大的自我革命引领并推动伟大的社会革命，终于将全面建成小康社会的共同理想转变为现实，不仅向人民交出了一份满意的答卷，更实现了中华民族历久弥新的共同愿景。

新时代全面建成小康社会，是我国国家发展战略目标的阶段性转变，是我国社会主义现代化建设的一块重要里程碑。中国特色社会主义进入新时代，特别是从党的十九大到党的二十大，是"两个一百年"奋斗目标的历史交汇期，对于我国社会主义现代化建设总体进程具有关键性意义。在这一历史交汇期，中国面临着决胜脱贫攻坚、决胜全面建成小康社会的艰巨任务，肩负着如期实现第一个百年奋斗目标的历史使命。2021年2月25日，习近平总书记在全国脱贫攻坚总结表彰大会上庄严宣告我国脱贫攻坚战取得全面胜利；2021年7月1日，习近平总书记在庆祝中国共产党成立100周年大会上庄严宣告我国业已全面建成了小康社会、如期完成了第一个百年奋斗目标。以上两个庄严宣告，标志着新时代脱贫攻坚战、全面建成小康社会赢得了历史性胜利，全党全军全国各族人民正在这一历史性胜利的基础上，以昂扬向上、意气风发的精神风貌，为全面建成社会主义现代化强国第二个百年奋斗目标的实现而团结奋斗。由此可见，全面建成小康社会与全面建成社会主义现代化强国，在时间层面紧密联系、前后相继，在空间层面环环相扣、全面承接。从全面建成小康社会到全面建成社会主义现代化强国，是全党全军全国各族人民团结奋斗共同目标的历史性转变，是中国式现代化建设进程中阶段性目标的实现，是我国社会主义现代化建设、中华民族伟大复兴总体进程中承上启下的关键一步。

新时代全面建成小康社会，是对全党全军全国各族人民团结奋斗历史性成就和阶段性胜利的肯定。在中华民族伟大复兴的历史进程中，中国人民始终拧成一股绳、汇成一股劲、合成一股力、聚成一条心，在中国共产党的领导下团结奋斗，历经反对"三座大山"、追求民族独立和人民解放的新民主主义革命时期，历经从新民主主义转向社会主义、进行社会主义革命与建设的社会主义革命和建设时期，历经接续探索中国式道路、解放和发展生产力、摆脱贫困尽快富裕的改革开放和社会主义现代化建设新时期，最终迈入实现"两个一百年"奋斗目标的中国特色社会主义新时代。新时代的中国人民继续团结奋斗，摘掉了悬置千年的贫困帽子、建成了更高水平的小康社会，不仅是对过去全党全军全国各族人民团结奋斗取得彪炳史册的历史性成就给予充分肯定，更坚定了依靠团结奋斗开辟美好未来的信心。

新时代全面建成小康社会，是对马克思主义、科学社会主义理论与实践的丰富与拓展，展现着 21 世纪马克思主义的真理光辉和科学社会主义在中华大地焕发出的蓬勃生机。全面建成小康社会是 21 世纪马克思主义的伟大胜利，是马克思主义中国化的伟大胜利，更是科学社会主义的伟大胜利。全面建成小康社会第一个百年奋斗目标的实现，闪烁着马克思主义与科学社会主义的真理光芒，集中展示了马克思主义的强大生命力和科学社会主义的巨大优越性，锻炼并提高了我们党运用马克思主义、科学社会主义综合分析中国实际情况、妥善解决中国具体问题的能力，同时，在取得脱贫攻坚战、全面建成小康社会伟大成就的进程中，我们党在社会主义经济建设、政治建设、文化建设、社会建设、生态文明建设等领域探索出一系列原创性理论并积累了丰富实践经验，赋予马克思主义和科学社会主义以新特征、新内容，丰富、创新和发展了马克思主义与科学社会主义。

三、在团结奋斗中取得历史性成就

2022 年 10 月 17 日，习近平总书记在参加党的二十大广西代表团讨论时指出，新时代以来的十年，有涉滩之险，有爬坡之艰，有闯关之难，党和国家事业实现一系列突破性进展，取得一系列标志性成果。中国特色社会主义进入新时代，以习近平同志为核心的党中央团结带领全党全军全国各族人民，临难不惧、迎难而上，越万重关山、创千秋伟业。2021 年 11 月 8 日至 11 日召开的中国共产党第十九届中央委员会第六次全体会议通过了《中共中央关于党的百年奋斗重大成就和历史经验的决议》，分领域总结了中国特色社会主义进入新时代以来党和国家事业发展取得的十三个方面的历史性成就。以上"当惊世界殊"历史性成就无一不是团结奋斗的胜利果实，皆投射出团结奋斗在中华民族伟大复兴历程中的极端重要性。

（一）十三个方面的历史性成就

自中国共产党成立以来，党、国家和人民取得的一切成就皆可归因于全党全国各族人民的团结奋斗，团结奋斗是中国共产党和中国人民最显著的精神标识。而今中国特色社会主义进入新时代，以习近平同志为核心的党中央团结带领全党全国各族人民，在党对一切工作的集中统一领导下充分发挥社会主义制度"集中力量办大事"的优越性，解决了许多长期想解决而没有解决的难题、办成了许多过去想办而没有办成的大事。五十六个民族像珍视自己的生命一样珍视民族团结、像石榴籽那样紧紧抱在一起，心往一处想、劲往一处使，推动中华民族伟大复兴的巍巍巨轮奋楫扬帆、行稳致远。以上伟大创造、伟大成就和伟大实践，投射出团结奋斗在党和国家事业发展全局中、在实现中华民族伟大复兴历史进程中的极端重要性。

2021 年 11 月 8 日，中国共产党第十九届中央委员会第六次全体会议在北京举行，全会审议通过了《中共中央关于党的百年奋斗重大成就和历史经验的决议》（以下简称《决议》），对建党百年特别是中国特色社会主义进入新时代以来党和人民团结奋斗的历史成果予以总结和肯定。《决议》的第四部分系统叙述、分别梳理了党的十八大以来，以习近平同志为核心的党中央团结带领全党全国各族人民不懈奋斗，推动党和国家事业取得的历史性成就、发生的历史性变革，即在坚持党的全面领导、全面从严治党、经济建设、全面深化改革开放、政治建设、全面依法治国、文化建设、社会建设、生态文明建设、国防和军队建设、维护国家安全、坚持"一国两制"和推进祖国统一、外交工作十三个方面的历史性成就和历史性变革。

第一，在坚持党的全面领导上，党中央权威和集中统一领导得到有力保证，党的领导制度体系不断完善，党的领导方式更加科学，全党思想上更加统一、政治上更加团结、行动上更加一致，党的政治领导力、思想引领力、群众组织力、社会号召力显著增强。

第二，在全面从严治党上，经过坚决斗争，全面从严治党的政治引领和政治保障作用充分发挥，党的自我净化、自我完善、自我革新、自我提高能力显著增强，管党治党宽松软状况得到根本扭转，反腐败斗争取得压倒性胜利并全面巩固，消除了党、国家、军队内部存在的严重隐患，党在革命性锻造中更加坚强。

第三，在经济建设上，我国经济发展平衡性、协调性、可持续性明显增强，国内生产总值突破百万亿元大关，人均国内生产总值超过一万美元，国家经济实力、科技实力、综合国力跃上新台阶，我国经济迈上更高质量、更有效率、更加公平、更可持续、更为安全的发展之路。

第四，在全面深化改革开放上，党不断推动全面深化改革向广度和深度进军，中国特色社会主义制度更加成熟更加定型，国家治理体系和治理能力现代化水平不断提高，党和国家事业焕发出新的生机活力。

第五，在政治建设上，我国社会主义民主政治制度化、规范化、程序化全面推进，中国特色社会主义政治制度优越性得到更好发挥，生动活泼、安定团结的政治局面得到巩固和发展。

第六，在全面依法治国上，中国特色社会主义法治体系不断健全，法治中国建设迈出坚实步伐，法治固根本、稳预期、利长远的保障作用进一步发挥，党运用法治方式领导和治理国家的能力显著增强。

第七，在文化建设上，我国意识形态领域形势发生全局性、根本性转变，全党全国各族人民文化自信明显增强，全社会凝聚力和向心力极大提升，为新时代开创党和国家事业新局面提供了坚强思想保证和强大精神力量。

第八，在社会建设上，我国社会建设全面加强，人民生活全方位改善，社会治理社会化、法治化、智能化、专业化水平大幅度提升，发展了人民安居乐业、社会安定有序的良好局面，续写了社会长期稳定奇迹。

第九，在生态文明建设上，党中央以前所未有的力度抓生态文明建设，全党全国推动绿色发展的自觉性和主动性显著增强，美丽中国建设迈出重大步伐，我国生态环境保护发生历史性、转折性、全局性变化。

第十，在国防和军队建设上，在党的坚强领导下，人民军队实现整体性革命性重塑、重整行装再出发，国防实力和经济实力同步提升，一体化国家战略体系和能力加快构建，建立健全退役军人管理保障体制，国防动员更加高效，军政军民团结更加巩固。人民军队坚决履行新时代使命任务，以顽强斗争精神和实际行动捍卫了国家主权、安全、发展利益。

第十一，在维护国家安全上，国家安全得到全面加强，经受住了来自政治、经济、意识形态、自然界等方面的风险挑战考验，为党和国家兴旺发达、长治久安提供了有力保证。

第十二，在坚持"一国两制"和推进祖国统一上，实践证明，有中国共产党的坚强领导，有伟大祖国的坚强支撑，有全国各族人民包括香港特别行政区同胞、澳门特别行政区同胞和台湾同胞的同心协力，香港、澳门长期繁荣稳定一定能够保持，祖国完全统一一定能够实现。

第十三，在外交工作上，经过持续努力，中国特色大国外交全面推进，构建人类命运共同体成为引领时代潮流和人类前进方向的鲜明旗帜，我国外交在世界大变局中开创新局、在世界乱局中化危为机，我国国际影响力、感召力、塑造力显著提升。

综上而观，自中国特色社会主义进入新时代以来，以习近平同志为核心的党中央领导全党全军全国各族人民团结奋斗、砥砺奋进、勇毅前行，推动党和国家事业取得历史性成就、发生历史性变革，以实际行动和卓越成绩证明：团结奋斗是中国人民创造历史伟业的必由之路。

（二）团结奋斗与历史性成就

在《决议》对新时代党和国家事业取得的历史性成就、发生的历史性变革进行系统总结的基础上，党的二十大报告把"团结奋斗"一词纳入标题并将其作为串联整篇报告的关键词，高度肯定了团结奋斗在实现中华民族伟大复兴历史进程中的关键地位和重要作用。以习近平同志为核心的党中央始终将团结奋斗视作"中国人民创造历史伟业的必由之路"①，特别是自中国特色社会主义进入新时代以来，在坚持党的全面领导、全面从严治党、经济建设、全面深化改革开放、政治建设、全面依法治国、文化建设、社会建设、生态文明建设、国防和军队建设、维护国家安全、坚持"一国两制"和推进祖国统一、外交工作十三个方面取得的历史性成就、发生的历史性变革，无一不是党和人民团结奋斗的实践成果。

进入新时代，坚持党的领导、全面从严治党需要党和人民的团结奋斗。中国特色社会主义进入新时代以来，党始终坚持提高自身的执政能力与领导水平，为党和国家事业始终沿正确轨道稳步推进提供根本保证。党的二十大报告更是将全面从严治党、深入推进新时代党的建设新的伟大工程摆在重要战略位置，为新时代奋进新征程保驾护航。其一，在坚持党的领导、全面从严治党的进程中，团结奋斗有助于增强全党范围内的凝聚力、向心力，最大限度凝聚共识，在全党范围内牢固树立共同理想信念并鞭策全体党员始终"团结一致向前看"，为实现共同理想信念而坚持斗争、不懈努力。其二，在坚持党的领导、全面从严治党的进程中，团结奋斗有助于高擎共产党人的精神旗帜，增强全体党员投身于新时代中国特色社会主义建设工作实践的信心。其三，在坚持党的领导、全面从严治党的进程中，团结奋斗有助于广大党员在工作实践中深刻领会并把握"两个确立"、坚定不移做到"两个维护"，确保以习近平同志为核心的党中央始终成为全体党员最可靠的主心骨、确保百年大党始终成为中国人民最坚强的主心骨。其四，在坚持党的领导、全面

---

① 习近平：《高举中国特色社会主义伟大旗帜　为全面建设社会主义现代化国家而团结奋斗——在中国共产党第二十次全国代表大会上的报告》（2022 年 10 月 16 日），人民出版社 2022 年版，第 70 页。

从严治党的进程中，团结奋斗有助于坚定正确方向、克服错误倾向，确保新时代党的建设新的伟大工程始终沿着正确道路行进。当前党内仍然存在一些错误倾向，无论是"四个主义"、好人主义、宗派主义、山头主义、形式主义、官僚主义、享乐主义等错误认知，还是奢靡之风、贪污受贿、腐化堕落、违法乱纪等不良现象，皆起到有损党的形象、破坏党的建设的消极作用。以上错误倾向不仅同党的初心使命、性质宗旨南辕北辙，还成为动摇党的领导核心地位、阻滞党和国家事业发展进程的潜在隐患，需要通过广大党员的团结奋斗廓清错误思潮、持之以恒正风肃纪。

进入新时代，统筹各方建设、实现宏伟目标需要党和人民的团结奋斗。中国特色社会主义进入新时代，凝心聚力打赢脱贫攻坚战、全面建成小康社会的新任务，以及矢志不渝助推中国式现代化"更上一层楼"、坚定不移推进实现中华民族伟大复兴历史进程的新目标，对经济建设、政治建设、文化建设、社会建设、生态文明建设、国防和军队建设等领域提出了新要求、进行了新规划、作出了新指示，需要党和人民的共同团结奋斗才能付诸实践。一方面，团结奋斗为新时代统筹各方建设、实现宏伟目标创造客观条件、奠定物质基础。回望建党百余年的风雨征程，足见党的历史就是一部共产党人的奋斗史：团结奋斗夺取新民主主义革命胜利为实现中华民族伟大复兴创造了根本社会条件；完成社会主义革命、推进社会主义建设为实现中华民族伟大复兴提供了经验借鉴、政治前提、制度框架与物质基础；进行改革开放与社会主义现代化建设为实现中华民族伟大复兴集中准备了快速发展的物质条件。党和人民既往团结奋斗的历史成果为新时代各项建设、实现中华民族伟大复兴的宏伟蓝图准备了充分的物质条件、积累了丰硕的宝贵资源。另一方面，团结奋斗为新时代统筹各方建设、实现宏伟目标凝聚人心共识、汇聚智慧力量。"旗帜鲜明讲政治"，是我们党自成立之日起就一以贯之的独特优势，也蕴含着广大人民群众对党始终发挥坚强领导核心作用、以自我革命引领社会革命的殷切期盼，而人心则是最大的政治。中国特色社会主义进入新时代，国际形势波诡云谲、风云变幻，国内部分领域仍然存在不稳定、不安全因素，世界范围内各类思潮激烈碰撞、交织并存。此种情势下，要如期完成全面建成小康社会的第一个百年奋斗目标、朝着第二个百年奋斗目标持续奋进并最终实现中华民族伟大复兴的共同梦想，需谋求最大共识、凝聚最大民心。只有全党全军全国各族人民心往一处想、劲往一处使、拧成一股绳，同舟共济、集思广益、团结奋斗，才能应对复杂形势、实现共同理想。

团结奋斗不仅是历经百余年征程、依旧风华正茂的中国共产党的显著精神标识，更是新时代十年党和国家事业取得历史性成就、发生历史性变革的磅礴力量。新时代的十年，党、国家和人民面临着前所未有的复杂严峻形势、肩负史所罕见繁重艰巨任务，却依然为实现中华民族伟大复兴提供了更为完善的制度保证、更为坚实的物质基础、更为主动的精神力量，靠的就是举国上下"拧成一股绳"、坚持不懈团结奋斗。习近平总书记在中国共产党第二十次全国代表大会上所作的报告指出："新时代十年的伟大变革，在党史、新中国史、改革开放史、社会主义发展史、中华民族发展史上具有里程碑意义。"① 如果说中国共产党和中国人民是这一里程碑的缔造者，那么党领导下全国各族人民的团结奋斗便当之无愧地成为里程碑脚下坚不可摧的奠基石。

---

① 习近平：《高举中国特色社会主义伟大旗帜　为全面建设社会主义现代化国家而团结奋斗——在中国共产党第二十次全国代表大会上的报告》（2022 年 10 月 16 日），人民出版社 2022 年版，第 15 页。

第四章 团结奋斗，需要确立党的领导核心

　　沧海横流显砥柱，万山磅礴看主峰。深刻理解团结奋斗是中国人民创造历史伟业的必由之路，牢牢把握团结奋斗的时代要求，就必须明确在团结奋斗创造历史伟业的实践进程中党的领导核心的重要意义。于团结奋斗而言，确立党的领导核心是团结奋斗鲜明的政治原则，是新时代团结奋斗的必然选择，也是新征程中团结奋斗的现实需要和时代要求，结合理论与实践，联系历史与现实，"两个确立"有决定性意义。由此，必须更加自觉地维护习近平总书记党中央的核心、全党的核心地位，进一步在思想上行动上与以习近平同志为核心的党中央保持高度

一致，坚定捍卫"两个确立"，在新时代新征程上在党的核心领导下团结一致接续奋斗，创造新的辉煌。

一、确立党的领导核心是团结奋斗鲜明的政治原则

党的领导核心体现出团结奋斗最鲜明的政治原则。其有力彰显了马克思主义建党学说的重大原则，反映了中国革命建设和改革的客观规律，体现了党和人民百余年来团结奋斗的历史经验。中华民族和中国人民取得历史伟业成就的根本前提是中国共产党的领导，在党团结带领人民群众共同奋斗的历史进程中，深深蕴藏着中国共产党作为马克思主义政党确立党的领导核心，对建党原则的践行、对客观规律的反映和对历史经验的总结。通过领导核心的力量真正发挥出无产阶级政党的力量和马克思主义的优势，成为中国人民团结奋斗创造历史的最鲜明的政治原则。中国共产党的领导核心的确立，是中国共产党团结带领中国人民艰苦奋斗，创造历史伟业的应有之义。

（一）确立党的领导核心彰显了马克思主义建党学说的重大原则

《中国共产党章程》的开篇即明确指出，"中国共产党是中国工人阶级的先锋队，同时是中国人民和中华民族的先锋队，是中国特色社会主义事业的领导核心"[①]。党的领导是中国特色社会主义最本质的特征，是中国特色社会主义制度的最大优势，中国共产党

[①] 《中国共产党章程》，人民出版社 2022 年版，第 1 页。

是中国各项事业的领导核心，这一概念早已深入人心。"领导核心"的政治概念在语境之中，最为人熟悉的含义，也是中国共产党在国家政治社会体系下是中国特色社会主义事业的坚强领导核心。但实际上，"领导核心"在党和国家之中，尚有另外两重含义。一方面可以指构成党内决策领导核心的集体，如中央委员会、中央政治局及其常委会；另一方面可以指中央领导集体中的某个核心人物、最高领袖是党中央和全党的领导核心。中国共产党的领导和党中央的决策部署都是中国人民能够通过团结奋斗创造历史伟业的根本性原因，在近代以来百余年的历史之中已成为全体中华儿女的共识。于是在其中，对于党中央和全党的"领导核心"这层意义的进一步深刻理解就更显关键。

中国共产党作为马克思主义政党，在带领人民团结奋斗创造历史伟业的进程中，展现出其天然蕴含着的无产阶级政党的政党属性和政治原则。党的核心的确立在团结奋斗中贯穿和发挥着根本性的作用，彰显出马克思主义建党学说的重大原则，使其成为团结奋斗最鲜明的政治原则。

马克思主义在肯定人民群众的历史作用的同时，认为需要有发挥主导作用的核心人物。马克思主义的领袖权威学说是以唯物史观为基础，既肯定人民群众在推动历史发展中的决定性作用，也承认伟大人物在历史中的关键性角色，与历史唯物主义关于领袖、政党、群众关系的学说相契合。马克思也曾通过引用法国哲学家爱尔维修的名句来肯定英雄人物对于时代的主导作用，"每一个社会时代都需要有自己的大人物，如果没有这样的人物，它就要把他们创造出来"[1]。斯大林也曾强调说："马克思主义一点也不否认卓越人

---

[1] 《马克思恩格斯选集》第1卷，人民出版社1995年版，第432页。

物的作用，或者说，一点也不否认人们创造历史。"① 1901 年在《从何着手?》中，列宁作出了这样的论述，"假如我们集中自己的力量来办共同的报纸，那么，这样的工作不仅可以培养和造就出最能干的宣传员，而且可以培养和造就出最有才干的组织者，最有才能的党的政治领袖，这些领袖在必要的时候，能够提出进行决战的口号并且领导这个决战"②。党的领导核心的确立是党在必要时期提出"决战的口号"和"领导这个决战"的前提。在"革命家"的领导集体中，需要有一个处于支配地位、发挥主导作用的"核心"人物。这个核心人物的"意志"与人们的"服从"，就是权威主体强制性与客体认同度的辩证统一，从而生成了领袖权威。其在关键时刻，往往需要担负起统一全党思想和行动的关键作用。正如恩格斯在《论权威》中所论述的那样，"在危险关头，要拯救大家的生命，所有的人就得立即绝对服从一个人的意志。""推举出自己的善于组织运动和领导运动的政治领袖和先进代表"③ 是任何政党领导集团都应然具备的政治行为条件，而在无产阶级政党的集中统一要求和严密组织纪律下，集体领导的机制形成则需要对领导集体中进行定位，以一个核心地位的力量使党的领导集体更为紧密。

马克思主义政党在民主集中制的组织原则基础上，需要党的领导核心的确立体现党的统一的意志。马克思主义政党在全党团结统一的基础上推进党的建设和国家治理，必须在进行自身建设时关注这样一个基本规律，就是注重在党内建立一个强有力的领导集体。马克思曾对政治权威和领导核心的作用作出过这样的论述"一个

---

① 《斯大林选集》下卷，人民出版社 1979 年版，第 299 页。
② 《列宁全集》第 5 卷，人民出版社 1986 年版，第 9—10 页。
③ 《列宁选集》第 1 卷，人民出版社 2012 年版，第 286 页。

单独的提琴手是自己指挥自己，一个乐队就需要一个乐队指挥"①。恩格斯认为，领导集体的权威具有不以人的意志为转移的客观必然性，"联合活动就是组织起来，而没有权威能够组织起来吗?"②。无产阶级政党组织体系的建设，需要通过确立和维护其领导核心，来形成统一的意志和权威，以凝聚组织力量并发挥于实践。换言之，民主集中制原则组织起来的权威政治力量是马克思主义政党思想力量组织力量的外在体现。19世纪末，关于马克思主义政党的建设，列宁曾集中思考过这样一个问题，即如何在组织上，建立一个统一的、严密的党。在对这一问题的思考中，包含着列宁对党的领袖对于马克思主义政党，对于党的革命运动的意义的思考。在1901—1902年撰写的《怎么办?》一文中，列宁在构想统一的党的组织时，认为这个"集中的组织"需要能够把政治上的表现"汇合"成"总攻击"③，这就意味着，这样的政党组织需要的是"革命家"，需要的是"全体人民的真正的政治领袖"。在《进一步，退两步》中他进一步指出"为了保证党内团结，为了保证党的工作的集中化"，需要有"组织上的统一"④。马克思主义政党需要体现这种统一意志和权威，其建党原则中包含着按民主集中制原则组织起来并实行集体领导的稳定政治集体，这也是由"最有威信、最有影响、最有经验、被选出担任最重要职务而称为领袖的人们所组成的比较稳定的集团"⑤。

马克思主义政党在国际共产主义运动史中的经验和教训证明了党领导的革命运动需要坚强的领袖核心。对于马克思主义政党来

---

① 马克思:《资本论》第1卷，人民出版社2004年版，第384页。
② 《马克思恩格斯全集》第18卷，人民出版社1964年版，第342页。
③ 《列宁选集》第1卷，人民出版社2012年版，第381—382页。
④ 《列宁选集》第1卷，人民出版社2012年版，第499页。
⑤ 《列宁选集》第4卷，人民出版社1995年版，第151页。

说，凡是没有一个坚强的领袖核心或者领袖核心的权威遭到严重削弱，团结奋斗就会归为虚无，党的领导和事业就会被动摇。无产阶级政党领导集体的统一意志和权威的确立，是坚持党的建设和推进党的事业的历史重要规律。巴黎公社之所以失败，一个重要因素就是没有能够一锤定音的领袖核心，革命事业只是一盘散沙；十月革命之所以成功，恰是因为拥有列宁这样一个强有力的领袖核心，在关键时刻说得上话、使得上劲；苏联之所以亡党亡国，也是因为缺少一个把得了关、掌得了舵的领袖核心，动摇了党的领导和核心权威。这些事例从正反两方面，为维护党的核心、保持高度一致提供了鲜活的历史证明。在民主集中制的原则下生成领袖权威，能够帮助无产阶级政党形成革命运动实践中的团结和集中统一。不论是十月革命的成功经验还是苏联解体的失败教训都印证着这一客观规律，从国际共运史得到的历史经验表明，无产阶级党的领导和核心权威在关键时刻是不容动摇的，愈是在革命和建设的历史紧要关头，就愈需要一个坚强的领袖来把关掌舵，稳定和保障党的政治引领力的运行，确保全党上下的统一和一致。

（二）确立党的领导核心反映了中国革命建设和改革的客观规律

中国共产党作为马克思主义政党，党的领导核心的确立与中国近代以来社会历史条件的发展密切相关。党的领导核心的确立所面对的问题，既是中国近现代历史发展中产生的历史问题，也是中国共产党在不同的历史社会条件下必须面对的现实问题。在确立党的领导核心的过程之中，反映出党对中国革命、建设和改革的客观规律的把握，成为中国共产党团结带领人民进行革命建设和改革的历史进程之中，把握中国社会的历史情况和发展规律，顺应客观规律的实践成果。

党的领导核心的确立不是一蹴而就的，是在长期的历史条件中形成和塑造的。中国共产党以马克思列宁主义为指导思想，作为无产阶级政党，天然对组织体系的建设和团结统一有着极高的重视，实际上，中国共产党第一个章程中对于领导和服从的内容就有所论述，即全党党员服从全国大会及中央委员会的决议，下级机关服从上级机关的命令。严密的组织体系和严格的组织纪律，成为党的集中统一领导的外在重要表现之一。从建党初期，中国共产党就指导"一个革命的党"，要使"革命的愿望"真正有力量去促成"革命的运动"，就必须有"严密的集权的有纪律的组织与训练"① 来支撑。民主集中制是中国共产党的组织原则，党的集中统一领导既是革命形势的要求，也是中国共产党政党属性的要求。本质上，对于领导核心的维护，实际上是在通过对于领袖的爱护，表现对于党的利益、阶级的利益、人民的利益的爱护，而不是对于个人的神化。在中国共产党对于组织体系和领导能力由内向外的原则性要求的基础上，长期的实践和经验，特别是遵义会议前党的革命运动的曲折，由外向内地促使着中国共产党进一步促成党内高度的统一和一致，可以说，中国共产党党的领导核心的形成遵循历史逻辑，是以历史积淀为基础，通过长期的实践和经验总结慢慢形成，不断成长的。毛泽东曾用这样的生动比喻来指出建立领导核心的重要性。"一个桃子剖开来有几个核心吗？只有一个核心"，他指出，要实行"统一领导"，因为"一个队伍经常是不大整齐的"，要队伍带得好需要队伍经常看齐，要"实行一元化的领导很重要，要建立

---

① 《中国共产党重要文献汇编（一九二二年）》第 2 卷，人民出版社 2022 年版，第 258 页。

领导核心"①。邓小平对党的领导核心则有着更为具体的论述，他深刻指出了"领导核心"的确立和"团结奋斗"密切相关，"中央要有权威"②，并明确了"没有核心的领导是靠不住的"，领导集体中必须有一个核心。在工作中要让领导集体和领导核心发挥作用，必须要"树立和维护这个集体和这个集体中的核心"③，中国的稳定和发展"最关紧要的是有一个团结的领导核心"，需要的是稳定成熟的领导集体及这一领导集体中领袖核心的确立，这是中国共产党的先驱们在困难的历史时期必要的现实需求，反映出党的百余年奋斗的客观历史规律。

党的领导核心是革命、建设和改革的产物，在党史的不同阶段，党的领导核心承担着不同的历史使命。中国共产党在革命、建设、改革以及新时代的不同历史时段都有一个重要的历史规律，就是每当党的革命、建设、改革进程到达转折点时，必然会出现一个强有力的领导核心，不同时期有不同的风险挑战，也有不同的历史任务。党的发展历程之中，不管是什么时期，面对不同挑战，都有一个坚强有力的领导核心来统一全党意志、应对风险挑战、领导全党渡过难关。纵观百余年党史，党的领导核心在法理上是以党的民主集中制为基础生成的组织体系的一部分，而在情理上，党的领导核心意义也十分重大，在革命、建设、改革和新时代的历史进程起到了关键的实质作用，遵义会议后毛泽东领导核心地位的实际确立，党的十一届三中全会后以邓小平同志为核心的党的第二代中央领导集体的形成，党的十八大以来以习近平同志为核心的党中央的

---

①　《建党以来重要文献选编（1921—1949）》第 20 册，中央文献出版社 2011 年版，第604 页。

②　《邓小平文选》第三卷，人民出版社 1993 年版，第 277 页。

③　《邓小平文选》第三卷，人民出版社 1993 年版，第 310 页。

历史性成就，都极大地团结起全党全国各族人民，以不同阶段的历史成就证明了党的领导核心发挥的重要作用。实际上，不论是革命、建设、改革还是新时代，不同的关键节点上，现实与理想之中都存在着路线的较量和方向的困境，有坎坷和曲折带来的革命低潮。在这种情况下，党的领导下核心的领袖权威的力量，在历史转折之中有其重大的引领力。"实现中华民族伟大复兴"在不同的历史时期，有着契合不同社会历史条件的阶段性使命和任务，中国共产党领导核心的确立，即在应对纷繁复杂的历史局面下，厘清当下历史阶段的历史使命和任务，凝聚全党力量，团结带领人民，实现历史使命的有力支撑和关键一环。团结全党力量，更加牢记"为人民服务"的宗旨。党的领导核心的法理与情理意义相辅相成，在实践的把握和理论的驾驭上塑造和形成党的政治领袖力量，以政治权威的力量在意识形态的博弈和错误路线的干扰中，从理论和实践上凝聚和引领全党，强化深化服从和认同，能够在历史的重要关头更坚定地"旗帜鲜明地讲政治"。通过领导核心的确立，以政治权威的力量引领和凝聚全党的力量去渡过历史转折关头的难关，完成各个时期历史任务。由此，党的领导核心在百余年党史的不同时期承担不同的历史使命，是革命、建设和改革的产物，也把握住党的历史发展主题主线，对我们党一百多年来团结带领人民从胜利走向胜利的伟大历程发挥着深刻作用。

中国共产党的执政地位是在长期革命斗争中逐步形成的，党的领导核心的确立也是在斗争和自我革命之中逐渐形成和完善的。党的领导核心机制在长期斗争和自我革命之中逐步完善，随着中国共产党在长期革命斗争中的形成执政地位的历史进程发展而逐渐完善。保证党的团结和集中统一是中国共产党的生命，这是对中国共产党百余年以来从小到大、从弱到强的认识和把握的客观规律。一方面，党的领导核心在制度规则的基础上通过个人政治素养，推进政治路线的实施和组织工作的实践；另一方面，其能够将党的历史目标理论化，以马克思主义中国化时代化的成果指导实践，巩固和团结全党上下、各族人民。确立党的领导核心能够统一全党意志，能够帮助全党把握方向性原则性问题，发挥出马克思主义的真理光芒和进步力量。

1945 年党的第一个历史决议形成于抗战胜利关头，明确指出了"党在奋斗的过程中产生了自己的领袖毛泽东同志"①，肯定了确立毛泽东在全党的领导地位的重大意义。"文化大革命"结束后的关键节点上，十一届三中全会召开，邓小平在重新确立实事求是的思想路线、全面拨乱反正，实行改革开放等决策中获得全党全国各族人民的拥戴，成为党的"第二代"领导集体"实际上"的"核心"②。党的十八大以来，以习近平同志为核心的党中央领航掌舵，党和国家事业取得历史性成就、发生历史性变革，党确立习近平同志党中央的核心、全党的核心地位成为全党全军全国各族人民共同心愿。党的领导核心机制的平稳长效落实，不仅需要在精神层面、自身层面有所引领有所建设，更在制度层面有所作为，使可操作性能够落地。十一届三中全会后，集体领导和个人分工相结合的制度落实、领导职务终身制的废除，通过制度的改革对党的领导核心生成和运行机制作出了优化。党的十八届六中全会确立了习近平总书记在中央领导集体中的核心地位，十九届二中、三中、四中全会，更是把坚持和加强党的全面领导落实到修改宪法、深化党和国家机构改革、坚持和完善中国特色社会主义制度、推进国家

---

① 《建党以来重要文献选编（1921—1949）》第 22 册，中央文献出版社 2011 年版，第 73 页。
② 《邓小平文选》第三卷，人民出版社 1993 年版，第 310 页。

治理体系和治理能力现代化等重大部署，通过分类别指导、分领域推进党组织建设，通过维护党中央权威和集中统一领导各项制度，规范了清晰了习近平总书记作为党中央和全党核心的地位，十九届六中全会明确强调了党确立习近平同志党中央的核心、全党的核心地位的"两个确立"问题，将马克思主义政党的组织优势、制度优势展现出来，体现了党的领导核心机制的组织力、动员力、号召力。

（三）确立党的领导核心体现了党和人民团结奋斗的历史经验

中国共产党作为马克思主义政党，自 1921 年成立以来已走过百余年的奋斗历程，纵观中国共产党的百余年奋斗史，党的领导核心带领中国人民团结奋斗，在不同的历史阶段获得了不同的成就，取得了令世界瞩目的历史伟业。党的领导核心在历史重要关头对中国革命、建设和改革起到了关键作用。坚强的领导核心是中国共产党永葆生机活力的关键，近现代历史中，中国共产党"团结带领全国各族人民取得革命、建设、改革的伟大胜利"①，关键一环就是始终有一个"最有威信、最有影响、最有经验"② 的领袖作为组织核心。

毛泽东作为第一代中央领导集体的核心，对民主革命的胜利、新中国的成立、社会主义制度的确立、社会的建设等均有伟大历史功绩。党成立之初，既面临着内忧外患的民族危机，又面临着马克思主义原理与中国具体实际的实践张力，在相当一个时期内党内教条主义和机会主义横行，革命道路因此曲折而艰难。党和人民迫切需要一个坚强的领导核心，迫切需要一套科学的理论体系指导，毛

---

① 本书编写组：《中国近现代史纲要》，高等教育出版社 2021 年版，第 1 页。
② 《列宁全集》第 39 卷，人民出版社 2017 年版，第 21 页。

泽东同志在这一过程中展现出的历史担当、战略智慧与领导魄力，赢得了全党全国的高度认同与一致拥护。经过长期的摸索与尝试，党终于"在奋斗的过程中产生了自己的领袖毛泽东同志"①。通过在全党确立毛泽东同志的领导核心地位，确立毛泽东思想的指导思想地位，党找到并确立了中国革命的正确道路，带领全国各族人民实现了民族独立、人民解放，在中华大地上建立起了社会主义制度，实现了中华民族有史以来最为广泛而深刻的社会变革。新中国成立以后，全党全国全军紧密团结在以毛泽东同志为核心的党中央周围，面对新中国成立之初政治、经济、军事等方面一系列严峻挑战，昂扬奋发、勇毅前进，在错综复杂的国内外环境中取得了社会主义革命与建设的伟大胜利，取得了一系列彪炳史册的独创性理论成果和巨大成就。

邓小平作为第二代中央领导集体的核心，对中国特色社会主义道路的开辟、中国特色社会主义的发展方向的确定、使中国人民有巨大获得感等方面有巨大成就。以邓小平同志为主要代表的中国共产党人开道辟路，团结人民开创了中国特色社会主义。20 世纪 70 年代末，面对如何除旧布新，解放思想，切实推进改革开放的主要问题，党内出现了许多分歧倾向，国内外质疑否定声音加剧，一度造成了国内的混乱与动荡，在纷繁复杂的历史形势之中，党和人民热切盼望着适合改革开放新时期的领导核心和指导思想的出现。邓小平同志以其坚韧的政治勇气、长远的战略眼光担负起了第二代领导核心的重任，并在改革开放壮阔的历史实践中，创立了邓小平理论，开创了中国特色社会主义理论体系。习近平总书记指出："如果没有邓小平同志，中国人民就不可能有今天的新

---

① 《毛泽东选集》第三卷，人民出版社 1991 年版，第 952 页。

生活，中国就不可能有今天改革开放的新局面和社会主义现代化的光明前景。"① 在邓小平同志的坚定领导下、在邓小平理论的正确指导下，中国的改革开放创造了独步世界的伟大奇迹，中国特色社会主义焕发出勃勃生机。在此基础上，以江泽民同志为主要代表的中国共产党人，以胡锦涛同志为主要代表的中国共产党人，团结带领全党全国各族人民，坚持和发展了中国特色社会主义，创造了改革开放和社会主义现代化建设伟大成就。

习近平总书记作为新一代中央领导核心，带领百年大党奋进新征程、带领全国人民共同完成中华民族伟大复兴的中国梦，取得了改革开放和社会主义现代化建设的历史性成就，推动党和国家事业发生了历史性变革。党的十八大以来，中国特色社会主义进入新时代，同时，"中国已经进入改革的深水区"，党和国家又到了一个重要关头、关键节点，需要解决的都是难啃的硬骨头，高速发展的遗留问题与国际局势变幻的外部挑战交错叠加，带来了前所未有的风险挑战。② 新时代"需要'明知山有虎，偏向虎山行'的勇气，不断把改革推向前进"，这样的时代需求呼唤着新一代有能力、有定力、有魄力的领导核心和新的马克思主义中国化时代化的指导思想。党的十八大以来，习近平总书记展现出了非凡的政治远见、过硬的政治本领，在惊涛骇浪中坚定把握党和国家前进方向不动摇，领导形成了完整科学的治国理政的理论体系。党的十八大以来，在以习近平同志为核心的党中央的领导下，中国共产党团结带领中国人民，实现中华民族伟大复兴进入了不可逆转的历史进程！以

---

① 习近平：《在纪念邓小平同志诞辰 110 周年座谈会上的讲话》，人民出版社 2014 年版，第 7—8 页。
② 中共中央文献研究室：《习近平关于全面深化改革论述摘编》，人民出版社 2014 年版，第 13 页。

习近平同志为核心的党中央，继往开来，总揽全局、协调各方，领导人民取得了前所未有的历史性成就、实现了前所未有的历史性变革，团结带领人民创造了新时代中国特色社会主义的伟大成就。

团结奋斗与党的领导核心的确立是同样贯通党的历史的重要主线。一百多年来，中国共产党团结带领人民在实践"实现中华民族伟大复兴"这一奋斗主题中，不断发扬光大坚持真理、坚守理想，践行初心、担当使命，不怕牺牲、英勇斗争，对党忠诚、不负人民①的伟大建党精神。中国共产党领导核心的确立，即在应对纷繁复杂的历史局面下，厘清"实现中华民族伟大复兴"在不同历史阶段的使命和任务，凝聚全党力量，团结带领人民，实现历史使命的有力支撑和关键一环。党的十九届六中全会审议通过的《中共中央关于党的百年奋斗重大成就和历史经验的决议》对我们党一百年来从小到大、从弱到强的成长历程作出深刻总结。从党百余年来的奋斗历史中可以看出，党的领导核心的确立与团结奋斗是同样贯通党的历史的重要主线，也是党同人民通过百余年团结奋斗史探索出的重要经验。总结党团结带领人民进行奋斗以及党的建设的历史经验可以发现，对人民群众的凝聚力源于党内部力量的团结，"什么时候坚持正确组织路线，党的组织就蓬勃发展，党的事业就顺利推进；什么时候组织路线发生偏差，党的组织就遭到破坏，党的事业就出现挫折"②。斯大林曾指出"革命无产阶级的意向的真正表达者"和"能运用列宁主义的策略和战略的真正的无产阶级革命领袖"③能够真正地领导革命保证党的团结统一。组织路线的

① 习近平：《在庆祝中国共产党成立100周年大会上的讲话》（2021年7月1日），《人民日报》2021年7月2日。
② 习近平：《贯彻落实新时代党的组织路线　不断把党建设得更加坚强有力》，《求是》2020年第15期。
③ 《斯大林选集》（上卷），人民出版社1979年版，第313页。

正确性是政治路线正确实施的重要保障，而党的领导核心的确立是党的组织路线正确的关键保证，对将党团结凝聚成"一块坚硬的钢铁"，团结一致向前进有重要意义。面对严峻复杂的环境，党的领导核心确立能够通过这一组织体系以科学、严密的组织凝聚党的力量，巩固和团结全党上下、各族人民，将党的全面领导下社会主义制度优越性、马克思主义政党的优势最大程度地发挥出来。

二、确立党的领导核心是新时代
团结奋斗的必然选择

新时代党的领导核心的确立是团结奋斗创造新的伟大成就的必然选择。中国共产党经历百余年奋斗历程，在革命、建设和改革不同历史阶段，在历史检验、革命考验、人格对比的长期历程之中，经历了不同时期先后几代领导核心，组织基础与个人特质有机统一的党的领导核心机制逐步形成和完善。党的十八大以来，以习近平同志为核心的党中央团结带领中国人民，自信自强、守正创新，统揽伟大斗争、伟大工程、伟大事业、伟大梦想，创造了新时代中国特色社会主义的伟大成就。习近平总书记在个人的实践和经历的基础上不断思考和实践，党的十八大以来带领党和人民披荆斩棘、攻坚克难、引领思想、把握实践。习近平总书记成为核心是党和人民选择，是历史的选择。在新时代党的领导核心的团结带领下，中国共产党和中国人民以英勇顽强的奋斗向世界庄严宣告，中华民族迎来了从站起来、富起来到强起来的伟大飞跃。

（一）习近平总书记是党中央的核心、全党的核心

基于马克思主义基本原理和建党学说关于党的组织和领袖等观

点，继承和弘扬中国共产党关于党的领导核心确立和组织的集中统一优良传统，新时代确立习近平同志党中央的核心、全党的核心地位。中国共产党的领导核心在百余年来经历了革命型领袖、建设型领袖以及改革型领袖的转型，最终形成了"源于个人非凡品质、特性、人格"的魅力型权威和"建立在非人格化规则基础上的"的法理型权威的有机统一。

2016 年 10 月，党的十八届六中全会正式明确了"以习近平同志为核心的党中央"，正式确立习近平同志党中央的核心、全党的核心地位，号召全党同志紧密团结在以习近平同志为核心的党中央周围，牢固树立政治意识、大局意识、核心意识、看齐意识，坚定不移维护党中央权威和集中统一领导，确保党团结带领人民不断开创中国特色社会主义事业新局面。党的十九大把习近平总书记党中央的核心、全党的核心地位写入党章，明确要求全党上下必须保持团结统一和行动一致，维护党的领导核心，把"两个维护"作为党的最高政治原则和根本政治规矩，保证党的决定得到迅速有效的贯彻执行。党的二十大报告中也指明在党和国家事业的前进中要"确保党中央权威和集中统一领导，确保党发挥总揽全局、协调各方的领导核心作用"①。只有坚定维护以习近平同志为核心的党中央权威和集中统一领导，才能在思想上更加统一、政治上更加团结、行动上更加一致，党的政治领导力、思想引领力、群众组织力、社会号召力才会进一步显著增强。

成为党的领导核心，发挥领袖核心的力量，离不开习近平同志的成长经历和实践积累。中国共产党先后几代领导核心之中，

---

① 习近平：《高举中国特色社会主义伟大旗帜　为全面建设社会主义现代化国家而团结奋斗——在中国共产党第二十次全国代表大会上的报告》（2022 年 10 月 16 日），人民出版社 2022 年版，第 7 页。

习近平同志是第一位出生和成长在中华人民共和国的党的领导核心。从农村大队党支部书记到党的领导核心，他在各个领导层级、各个地区、各个岗位上都有过历练和经验，通过个人的成长经验和实践积累的基础上，他的个人艰苦奋斗促使他继往开来，担当起团结带领党中央、全党和全国各族人民开创中国特色社会主义事业新局面的重任。习近平同志早期的奋斗经历为其深邃的思考奠定了基础，在少年到青年的成长过程中，习近平同志在梁家河度过了七年知青岁月，在艰苦的环境中，从北京来的他也有过不适，也有过迷茫，从体力到生活上受到的苦并没有打垮他，而是让他更深切地思考。他更加贴近这一片土地，开始下定决心扎根农村，改变他知青地梁家河的面貌。他并没有寄希望于可以有一个安稳舒适的工作，甚至移民国外享受高福利，而是选择走一条又苦又累的基层路，选一条需要担当和责任需要踏实和毅力的路，成为他"读懂人生、读懂中国、读懂中国共产党的重要起点"①的同时，也展现了他个人的胸怀天下的担当责任和坚韧不拔的毅力品格。其后，清华大学的求学，军委机关的历练，正定、福建、上海等地的经验，进一步丰富了他的阅历，曾任上海市委常委、组织部部长的沈红光同志在接受采访时曾这样描述习近平，他说初上任上海市委书记的习近平，面对当时还在审理陈良宇违纪案的上海，在复杂敏感的情况下，沉着冷静，气定神闲，工作布置得井井有条，"一心为公、一切唯实、一身正气"，成为习近平同志给他们留下的深刻印象。成长于苦难和曲折，确立于新的伟大斗争，习近平同志的个人的非凡经历映照于为党和人民事业奋斗的非凡经历，确立为党的领导核心在新时代党和国家事业的发展之中进一步发挥重要意义。

---

① 何毅亭：《学习马克思主义中国化最新成果》，人民出版社 2017 年版，第 236 页。

成为党的领导核心，发挥领袖核心的力量，离不开习近平总书记对理论和实践的把握。党的十八大以来，习近平新时代中国特色社会主义思想在宏观层面上明确了方位方向立场和目标战略，在治国方略上既作出了科学完整的部署又切入各个具体方面；在管党治党上，提出了党的建设新要求促进新发展；在世界治理上，更是提出了构建人类命运共同体的大格局大视野，习近平新时代中国特色社会主义思想实现了马克思主义中国化新的飞跃，引领了时代发展和团结人民群众，为实现中华民族伟大复兴提供了指导思想和行动指南。新时代中国特色社会主义世界观和方法论，帮助全党在面对错综复杂的历史形势和多元化的思想舆论等干扰因素时看清历史脉络，夯实思想根基，强化政治认同。在习近平新时代中国特色社会主义思想的引领下，全党全国各族人民团结奋斗，新时代党和国家事业取得历史性成就、发生历史性变革。

习近平总书记作为党的新一代领导核心以其政治领袖的作用，在民主集中制的组织原则基础上最大限度地体现出组织路线的指向与力量。实际上，从党的百余年斗争历史到新时代具有许多新的历史特点的伟大斗争，在统合力量为实现政治路线而奋斗的动态平衡中，促成了制度规定下的领导核心职位与党的领导核心个人形象的效果集成，这反映在斗争和发展之中，即从三个维度上对全党进一步发展了政治权威可持续的统合力量：在理论引领上，通过经典理论与现实实际问题的结合，生发不同时代马克思主义理论结晶，使全社会从精神层面上进一步凝聚团结在党的周围，认识到中国共产党的纯洁性和先进性；在身份认知上，通过领导核心形象的政治素养和人格魅力，带动全体党员强化自我价值认识，认识到党员应创造的组织伟力；在代际传承上，以更为鲜活的领袖的感召力号召全体青年进一步了解中国共产党百余年奋斗的光辉历程和新时代强国复兴的现实需要，争相将青春投入党的事业，去做对党忠诚、不负人民的坚定青年马克思主义者。

（二）确立新时代党的领导核心是历史的选择

习近平总书记是在新时代中国实践中确立的坚强领导核心，是当下的时代需求和现实需要，亦是历史的选择。在党的百余年实践经验中，党的领导核心确立在党的组织体系内的定位至关重要，牵动着党中央、全党上下、国家治理与社会发展之间的关系，一直有着极为重要的地位。将历史充分结合现实，新时代党的领导核心确立，同样关系着党的方向能否保持正确、党的路线能否正确实施、党的工作能否有效推进，习近平总书记成为党的领导核心是时代诉求也是历史选择。

习近平总书记曾指出"和平年代，生死考验少了，但考验也无处不在"。党的先驱们在艰难和困苦中创建了中国共产党，在百余年奋斗历程中，在不同历史阶段党的领导核心的团结和凝聚下，一代代中国共产党人不畏艰险、敢于斗争、顽强拼搏、不懈奋斗，完成了一项项历史使命，取得了重大历史成就。2017 年 10 月在党的十九大上，习近平总书记作出了"中国特色社会主义进入新时代"[①] 的重要论断。在党的二十大报告中他进一步指出，新时代以来，党中央团结带领全党全军全国各族人民"义无反顾进行具有许多新的历史特点的伟大斗争"[②]。随着"中国特色社会主义进入

[①] 习近平：《决胜全面建成小康社会　夺取新时代中国特色社会主义伟大胜利——在中国共产党第十九次全国代表大会上的报告》（2017 年 10 月 18 日），人民出版社 2017 年版，第 11 页。

[②] 习近平：《高举中国特色社会主义伟大旗帜　为全面建设社会主义现代化国家而团结奋斗——在中国共产党第二十次全国代表大会上的报告》（2022 年 10 月 16 日），人民出版社 2022 年版，第 6 页。

了新时代"①，我国的发展走到了新的历史方位上，同时，随着世界进入百年未有之大变局，国际政治秩序和经济格局重塑，我国国际影响力日益提高的同时，既处于重要机遇期，又要面对各方面的风险挑战。在这一历史社会条件下，以习近平同志为核心的党中央团结带领全国各族人民不懈奋斗，十年来，"党和国家事业取得历史性成就、发生历史性变革，推动我国迈上全面建设社会主义现代化国家新征程"②。不论是中国共产党的政党属性，抑或党百余年奋斗以来掌握的历史规律和历史经验，都意味着党的领导核心确立有其必要性。在此基础上，在中国特色社会主义进入新时代这一关键时间节点，面对中华民族伟大复兴战略全局和世界百年未有之大变局的两个大局，新一代党的领导核心在民族、主义、历史与时代的紧迫需求中，在十年以来作出了"在党史、新中国史、改革开放史、社会主义发展史、中华民族发展史上具有里程碑意义"③ 的伟大变革。这些新时代党和国家事业的发展实践，既是具有重大现实意义的变革，也是具有深远历史意义的成就，反证出以习近平同志为核心的党中央是历史的选择。

党的十八大以来，以习近平同志为主要代表的中国共产党人接续奋斗，团结带领全国人民不懈奋斗，开创了党和人民事业发展的新局面。在以习近平同志为核心的党中央的领导下，中国共产党不

---

① 习近平：《决胜全面建成小康社会　夺取新时代中国特色社会主义伟大胜利——在中国共产党第十九次全国代表大会上的报告》（2017 年 10 月 18 日），人民出版社 2017 年版，第 10 页。

② 习近平：《高举中国特色社会主义伟大旗帜　为全面建设社会主义现代化国家而团结奋斗——在中国共产党第二十次全国代表大会上的报告》（2022 年 10 月 16 日），人民出版社 2022 年版，第 6 页。

③ 习近平：《高举中国特色社会主义伟大旗帜　为全面建设社会主义现代化国家而团结奋斗——在中国共产党第二十次全国代表大会上的报告》（2022 年 10 月 16 日），人民出版社 2022 年版，第 15 页。

忘初心，以继续推进实现中华民族伟大复兴为历史使命，创造了伟大历史成就。

在中国共产党百余年来的历史视野中，新时代以习近平同志为核心的党中央推动全面从严治党，在风高浪急之中真正强大自己，切实解答"建设什么样的长期执政的马克思主义政党、怎样建设长期执政的马克思主义政党"。一方面，面对党的十八大之前党内出现的问题，以习近平同志为核心的党中央正视问题、刀刃向内，集中整饬党风，严厉惩治腐败，净化党内政治生态，使得党在革命性锻造中更加坚强。提出的一系列关于加强和改进党的建设的原创性新思想、新观点、新论断。另一方面，新时代在新的历史方位下巩固强化党的领导核心地位，中国共产党坚持和加强党的全面领导特别是党中央集中统一领导，以习近平同志为核心的党中央着力提高党的执政能力和领导水平，从党的自身、政治性和思想性、根本性和长期性问题入手，从党的建设、理论创新和制度完善等方面发力，提高党的政治领导力、思想引领力、群众组织力、社会号召力。锻造了始终走在时代前列的中国共产党。

在中华人民共和国七十余年的历史视野中，以习近平同志为核心的党中央切实解答"建设什么样的社会主义现代化强国、怎样建设社会主义现代化强国"，对新时代党和国家事业发展作出科学完整的战略部署，从新时代社会主要矛盾的变化入手，为满足人民对美好生活的需求着力奋斗，以人民为出发点和落脚点统筹国家发展全局，极大促进了国家各项事业发展水平的提高，进一步推动中国人民命运深刻改变，应对世界经济衰退、全球气候变化、新冠疫情等全球性挑战，提升了国家的整体实力，使我们迈上了全面建设社会主义现代化国家的新征程。在改革开放四十余年的历史的视野中，党的十八大以来，以习近平同志为核心的党中央立足更高起点推动全面深化改革、全面扩大开放向广度和深度，续写了经济快速发展和社会长期稳定的两大奇迹，开辟出社会主义现代化建设的崭新局面，使党和国家事业焕发出新的生机活力。在社会主义发展五百余年的历史视野中，以习近平同志为核心的党中央切实解答了"新时代坚持和发展什么样的中国特色社会主义、怎样坚持和发展中国特色社会主义"，习近平新时代中国特色社会主义思想实现了马克思主义中国化新的飞跃，对科学社会主义理论的创新发展作出诸多原创性贡献，与此同时，党的十八大以来，成功推进和拓展了中国式现代化，中国式现代化是人口规模巨大、全体人民共同富裕、物质文明和精神文明相协调、人与自然和谐共生、走和平发展道路的现代化。其是中国共产党领导的，既基于中国国情，又符合社会主义发展规律的现代化。中国式现代化，在西方式现代化式微和苏联式现代化破灭的现实困境之中，为人类实现现代化提供了新的选择，使科学社会主义在 21 世纪的中国焕发出新的蓬勃生机；在中华民族五千余年发展的历史视野中，党的十八大以来，在以习近平同志为核心的党中央牢牢把握住中华民族伟大复兴的历史主题，打赢脱贫攻坚战，历史性地解决了困扰中华民族几千年的绝对贫困问题。创造了人类文明新形态。在新民主主义革命的伟大成就、社会主义革命和建设的伟大成就和改革开放和社会主义现代化建设的伟大成就的历史积淀基础上，我们从落后、追赶到引领时代，取得从强调社会生产到追求美好生活的巨大进步。党的十八大以来创造的新时代中国特色社会主义的伟大成就，是中华民族进一步走向民族振兴的时代新路。中华民族迎来了从站起来、富起来到强起来的伟大飞跃。由此，在新时代以习近平同志为核心的党中央，团结带领人民取得里程碑意义的伟大成就，进一步印证了其成为新一代党的领导核心的历史必然性。

（三）确立新时代党的领导核心是人民的选择

团结带领人民不懈奋斗，其中最为重要关键词实际上是"人民"。中国共产党的领导是历史和人民的选择，其以"为中国人民谋幸福、为中华民族为复兴"作为自己的初心使命。中国在近代历史上经历了屈辱和磨难，不仅给民族也给人民带来了挫折创伤。"思变"以"振兴"，太平天国、戊戌变法、义和团运动和辛亥革命等对民族复兴的探索均以失败告终。中国共产党的"思想引领"和"组织力量"成为中华民族走上"伟大复兴"道路迫切需要的力量，事实证明，中国共产党是中国人民在社会激越变革、激荡发展之中，实现伟大复兴，掌握民族命运的必然选择。中国共产党人团结带领全国各族人民进行了艰苦卓绝的长期奋斗，创造了伟大事业，取得了伟大成就，中国人民迎来了从站起来到富起来、强起来的伟大飞跃。

新时代以来，习近平总书记反复强调为中国人民谋幸福、为中华民族谋复兴是中国共产党的初心使命，中国共产党在新时代，时刻以党的初心使命警醒自己，继续打破政治力量普遍追求自身利益的局限性，以人民为中心对民族梦想和历史任务作出回应。新时代以习近平同志为核心的党中央，进一步担当中华民族强起来的复兴重任。习近平总书记是在众望所归中确立的坚强领导核心，是人民群众对美好生活对新时代的需求和愿望中形成的全体共同意志，亦是人民的选择。

一方面，新时代开创的习近平新时代中国特色社会主义思想，贯穿了人民至上的根本诉求，以习近平同志为核心的党中央在理论上赢得了人民的选择。习近平新时代中国特色社会主义思想实现了马克思主义中国化新的飞跃，习近平新时代中国特色社会主义思想是将马克思主义基本原理同中国具体实际相结合、同中华优秀传统文化相结合，将马克思主义鲜明特征融于中国国情之中，融于时代特色之中。继承了马克思主义关于人民主体的鲜明立场，以人民至上作为理论本身的世界观和方法论，突出地体现出人民性的理论特征。

习近平总书记多次强调"人民是创造历史的动力"，"是决定党和国家前途命运的根本力量"①。在回顾党的革命历史时，他深情地强调人民群众在团结奋斗创造历史伟业的历程中至关重要的地位与作用，中国共产党领导人民取得革命胜利，是赢得了民心，是亿万人民群众坚定选择站在我们这一边。始终把人民利益放在最高位置，是党的革命传统和优良作风，必须坚持和发扬，在新时代始终同人民站在一起、想在一起、干在一起。②在从历史中总结经验和教训的基础上，习近平新时代中国特色社会主义思想强调尊重人民主体地位，始终不忘"为中国人民谋幸福、为中华民族谋复兴"的初心使命，在不懈的努力下，力图使中国人民充满前所未有的获得感、幸福感、安全感。特别是在中国特色社会主义新时代的到来之际，面对世界百年未有之大变局，习近平新时代中国特色社会主义思想站到了中国发展新的历史起点上，结合新的实际以科学的世界观和方法论为基础，强调秉持以人民为中心的发展思想，坚决发挥人民群众的主体作用，以应对新的风险与挑战。习近平总书记指出，党必须紧紧依靠人民创造历史伟业，必须"坚持一切为了人民、一切依靠人民，始终把人民放在心中最高位置、把人民对美好生活的向往作为奋斗目标"③，在各项事业的推进中，面对新时代人民的需要出现了复杂化、多样化的这一主要特点，不断满足人民

① 习近平：《决胜全面建成小康社会　夺取新时代中国特色社会主义伟大胜利——在中国共产党第十九次全国代表大会上的报告》，人民出版社2017年版，第21页。
② 《解放思想改革创新再接再厉　谱写陕西高质量发展新篇章》，《人民日报》2021年9月16日。
③ 习近平：《在党史学习教育动员大会上的讲话》，人民出版社2021年版，第16页。

对于美好生活的需要。

习近平新时代中国特色社会主义思想的根本价值诉求就是以人民为中心，在重视人民在历史中的主体地位的同时，其价值旨归最终是为增进老百姓的福祉、满足人民群众的美好生活愿景的方向而努力。不论是理论中对中国特色社会主义本质和规律的认识提高，还是对党和国家在人民生活中发挥作用的科学完整部署，抑或是"五位一体"总体布局和"创新、协调、绿色、开放、共享"的新发展理念，作为党的指导思想和最新的理论武器，其方方面面对人民群众始终保持着强烈责任感和使命感，着力发挥人民主体作用，成为统一全党思想、意志和行动的理论力量，发挥出强大的理论引领力，成为全国各族人民的在团结奋斗道路上的郑重选择。

另一方面，新时代以人民为中心的现代化道路推进实际，贯穿了人民共享的现实要求，以习近平同志为核心的党中央在实践上成为人民的选择。

马克思主义政党最根本的目的极为探求全人类自由解放，人民至上是马克思主义的政治立场，中国共产党身为这样的一个组织，将人民群众的利益放在第一位上，群众路线是中国共产党的根本路线，"立党为公，执政为民"，人民群众是所有政策、方针、路线的动力和根本考虑。新时代以来，以习近平同志为核心的党中央，以人民作为自己的出发点和落脚点统筹国内国外两个大局，不断推进党和国家各项事业发展，着力打造更多更高质量满足人民多样化需求的发展成果。在这一基础上，为人民共享提供了安全稳定的环境、平安健康的生活、公平正义的制度，切实保障人民享有发展成果的安全，切实保障人民安全和利益为应有利益，力求完整地从发展到分配上践行以人民为中心的发展思想，做到以人民共享为核心诉求进行全过程的发展。党的二十大报告指出，"坚持以人民为中心的发展思想"是前进道路上推进中国式现代化道路必须牢牢把握的重大原则。党的十八大以来,以习近平同志为核心的党中央,团结带领全党全国各族人民,成功推进和拓展了中国式现代化。这一中国式现代化道路,在实践中突出体现出以人民为中心的价值理念,真正践行了"发展为了人民、发展依靠人民、发展成果由人民共享"的以人民为中心的发展思想。在共同富裕、共享发展等方面更是直接体现出"让现代化建设成果更多更公平惠及全体人民"①,在整体上统筹协调体现出人民主体的立场和观点。

中国式现代化道路从发展理念到顶层设计再到有效路径上,着力强调人民群众的利益,使人民共享能在社会日常生活和基层治理中真正体现出来和践行下去。在中国之治的治理体系和治理能力中,完整的人民共享社会治理格局使发展成果真正落实到人民群众身上。同时,针对社会公平正义问题,"治天下也,必先公,公则天下平矣"。解决实际和制度设计中不完善的地方,完善公共服务与社会保障体系,为人民共享的社会治理格局提供体系保障。治理格局的构建、机制体制的运行、社会公平正义问题的解决、基层行政中的落实,促使更多人民群众的日常生活受益,真正让人民群众在日常生活中享受便利,体会到改革发展成果的惠及。惠及人民群众的发展成果中,最举世瞩目的无疑是全面小康目标的实现。小康生活是中华民族千百年来的愿望,摆脱贫困是 14 亿中国人民的共同期盼。中国从饥饿、温饱到全面小康,中国共产党领导人民实现伟大历史的跨越,在两个一百年交汇的历史节点上,"使全体人民共享改革发展的成果,使全体人民朝着共同富裕的方向稳步前

---

① 习近平:《高举中国特色社会主义伟大旗帜 为全面建设社会主义现代化国家而团结奋斗——在中国共产党第二十次全国代表大会上的报告》(2022 年 10 月 16 日),人民出版社 2022 年版,第 27 页。

进"，为迈向全面建设社会主义现代化国家的新目标奠定了物质条件和社会基础。"让人民群众真真切切感受到共同富裕不仅仅是一个口号，而是看得见、摸得着、真实可感的事实。"① 党的十八大以来，坚持以人民为中心的发展思想，把脱贫攻坚作为全面建成小康社会的底线目标。在中国共产党的领导下，我国稳定解决十几亿人民的温饱问题，带领世界上人口最多的发展中大国摆脱绝对贫困，这是中华民族发展史、社会主义发展史、人类文明史上具有标志性意义的重大事件。为广大发展中国家和地区提供了脱贫致富、实现现代化的优秀榜样和可行路径。打赢脱贫攻坚战，全面建成小康社会，与此同时，以习近平同志为核心的党中央还实施乡村振兴，发展以人为核心的城镇化，聚焦社会痛点，着力解决医疗、教育、就业、养老、住房等民生难题，在发展中保障和改善民生，努力使全体人民学有所教、劳有所得、病有所医、老有所养、住有所居。扎实推动共同富裕，促进人民共享发展成果。用实践证明新时代党的领导核心的确立，是党和人民做出的正确历史选择。

三、确立党的领导核心对实现
团结奋斗具有决定性意义

党的领导核心的确立对新时代实现以团结奋斗继续创造历史伟业，推进中华民族伟大复兴的历史进程具有决定性意义。《中共中央关于党的百年奋斗重大成就和历史经验的决议》深刻指出，党确立习近平同志党中央的核心、全党的核心地位，确立习近平新时代中国特色社会主义思想的指导地位，对新时代党和国家事业发

---

① 《中共中央国务院关于支持浙江高质量发展建设共同富裕示范区的意见》，人民出版社 2021 年版，第 2 页。

展、对推进中华民族伟大复兴历史进程具有决定性意义。把握新时代党和国家所处的社会背景和历史条件，深刻认识新征程党的中心任务和党带领人民群众团结奋斗的历史使命，在向着第二个百年奋斗目标进军的进程中进一步捍卫党的领导核心，是在团结奋斗创造历史的伟业中进一步发挥其主心骨作用，确保全党全国各族人民在全面建设社会主义现代化国家、全面推进中华民族伟大复兴的进程中持续发力的决定性因素。

（一）把握新时代团结奋斗的历史环境和历史使命

明确团结奋斗的时代含义是明确党的领导核心对于团结奋斗的意义的重要前提。中华民族的复兴的伟大梦想需要落脚于社会主义初级阶段的基本国情，需要落脚于中国特色社会主义新时代的历史站位，需要看清世界百年未有之大变局带来的形势变幻。新时代党的领导核心确立是全党全国各族人民的共同心愿的反映，更是时代要求和现实需求在党的组织体系之中的外在体现。由此，在新征程中，习近平同志党中央、全党核心地位的确立，是新时代团结奋斗的历史环境和历史使命所要求的，是新征程中结合新的历史特点所要求的，对实现团结奋斗认识新征程下有紧迫性和必要性。

新时代党的领导核心确立是新时代中国特色社会主义的社会需要。2017 年 10 月，在党的十九大上，习近平总书记指出，十八大以来"中国特色社会主义进入新时代，我国社会主要矛盾已经转化为人民日益增长的美好生活需要和不平衡不充分的发展之间的矛盾"① 的论断，同时，他强调，"必须认识到，我国社会主要矛盾

---

① 习近平：《决胜全面建成小康社会　夺取新时代中国特色社会主义伟大胜利——在中国共产党第十九次全国代表大会上的报告》（2017 年 10 月 18 日），人民出版社 2017 年版，第 11 页。

的变化，没有改变我们对我国社会主义所处历史阶段的判断，我国仍处于并将长期处于社会主义初级阶段的基本国情没有变，我国是世界最大发展中国家的国际地位没有变"①。在中国特色社会主义进入新时代的历史关头，以习近平同志为核心的党中央面对时势的变化作出了重要判断，为党和国家的事业发展的战略部署明确了时代站位。其中，最为重要的是明确了社会主要矛盾的变化和基本国情与国际地位的不变。社会主要矛盾从"人民日益增长的物质文化需要同落后的社会生产之间的矛盾"②变为"人民日益增长的美好生活需要和不平衡不充分的发展之间的矛盾"③，而我国社会主义初级阶段的基本国情和最大的发展中国家的国际地位没有变。这一判断是"关系全局的"④，是整体性、历史性的体现。改革开放40年以来，我国飞速发展，各方面实力都有了很大的提升，取得的成就有目共睹，人民的幸福感和获得感前所未有。生产力的飞速发展，使得我国的经济、科技、军事等实力显著提高。2010年，中国GDP超过日本，一跃成为全球第二大经济体。近些年来，中国更是在很多领域都进入了世界前列。人民的需要已经从广度和层次上有了更高的要求。随着经济基础的不断发展，生活质量的日益提高，在广度上，除了物质文化需要，人民还有对于"民主、法

① 习近平：《决胜全面建成小康社会 夺取新时代中国特色社会主义伟大胜利——在中国共产党第十九次全国代表大会上的报告》（2017年10月18日），人民出版社2017年版，第12页。
② 胡锦涛：《坚定不移沿着中国特色社会主义道路前进 为全面建成小康社会而奋斗——在中国共产党第十八次全国代表大会上的报告》（2012年11月8日），人民出版社2012年版，第16页。
③ 习近平：《决胜全面建成小康社会 夺取新时代中国特色社会主义伟大胜利——在中国共产党第十九次全国代表大会上的报告》（2017年10月18日），人民出版社2017年版，第11页。
④ 习近平：《决胜全面建成小康社会 夺取新时代中国特色社会主义伟大胜利——在中国共产党第十九次全国代表大会上的报告》（2017年10月18日），人民出版社2017年版，第11页。

治、公平、正义、安全、环境等方面的要求"① 等，这些需求日益增长且呈现出多样化特征。以此为基础，党的领导核心对新时代党和国家事业的发展顶层设计，作出了科学完整的战略部署，通过统揽伟大斗争、伟大工程、伟大事业、伟大梦想，围绕社会主要矛盾推进工作，引导全党全国各族人民在正确的方向上团结奋斗创造成就。

新时代党的领导核心的确立是中华民族伟大复兴的国情需要。改革开放 40 余年以来，在生产力水平不断发展的情况下，人民群众物质文化需要的标准进一步提高，层次上有了进一步的发展，呈现出高标准特征。但全国发展水平仍受制于各区域各领域的发展不够平衡、一些地区和领域仍有发展不足等问题。党的十三大报告中，基于对历史和现实的分析，作出了从"社会主义改造基本完成，到社会主义现代化的基本实现，至少需要上百年时间，都属于社会主义初级阶段"② 的判断。新时代，社会主要矛盾虽然发生了一定的变化，但总体的目标还是建立社会主义现代化强国，社会主义初级阶段的目标并未完成，如今中国仍旧处于社会主义初级阶段的基本国情自然不会改变，在全球范围内这一基本国情的国际体现即中国是世界上最大的发展中国家的国际地位自然也不会改变。着眼于这一基本国情，可以发现，我国改革发展稳定面临不少深层次矛盾躲不开、绕不过，来自外部的打压遏制随时可能升级，进入战略机遇与风险挑战并存、不确定难预料因素增多的时期，各种"黑天鹅""灰犀牛"事件随时可能发生。要在这一情况下真正发

---

① 习近平：《决胜全面建成小康社会 夺取新时代中国特色社会主义伟大胜利——在中国共产党第十九次全国代表大会上的报告》（2017 年 10 月 18 日），人民出版社 2017 年版，第 11 页。
② 《中国共产党第十三次全国代表大会文件汇编》，人民出版社 1987 年版，第 12 页。

挥出中华民族全体儿女团结奋斗的力量，必须发挥中国特色社会主义制度的最大优势，坚持党中央集中统一领导，系统完善党的领导制度体系，通过确立和捍卫党的领导核心的地位进一步巩固中国共产党在全国人民团结奋斗进程中的主心骨作用。

新时代党的领导核心确立是百年未有之大变局的世情和风险考验下永葆本色的党情需要。从国际背景看，世界百年未有之大变局加速演进，俄乌冲突等局部冲突和动荡频发，逆全球化思潮抬头，单边主义、保护主义明显上升，世界经济复苏乏力，全球性问题加剧，世界进入新的动荡变革期。从党内环境看，党的建设特别是党风廉政建设和反腐败斗争不少顽固性、多发性问题在党的十八大以来已得到一定解决，但仍存在一些不足，面临着困难和问题，在改革攻坚和西方遏制之中，党面临的执政考验、改革开放考验、市场经济考验、外部环境考验仍将长期存在，精神懈怠危险、能力不足危险、脱离群众危险、消极腐败危险也将长期存在，应对这些前所未有的风险和挑战、解决这些比以往更加错综复杂的矛盾和问题。要"在严峻复杂的国际形势和接踵而至的巨大风险挑战之中"时刻保持解决大党独有难题的清醒和坚定，以奋发有为的精神带动全党全国各族人民，担当历史重任把新时代中国特色社会主义继续推向前进，必须有定于一尊的党的领导在风高浪急之中统一意志。

在把握上述历史环境的基础上，深刻把握新时代新征程党的中心任务，党的二十大报告明确指出了中国共产党在新时代新征程上的中心任务，即"团结带领全国各族人民全面建成社会主义现代化强国、实现第二个百年奋斗目标，以中国式现代化全面推进中华民族伟大复兴"。在新时代的历史站位变化基础上，经过十年来的团结奋斗，第一个百年奋斗目标已经完成。新时代新征程，全党全国各族人民迈上了全面建设社会主义现代化国家的新征程，需要继续为全面推进中华民族伟大复兴而团结奋斗。在新时代的历史环境下，面对风险和挑战，面对由第一个百年奋斗目标转向第二个百年奋斗目标实现的关键时刻，更应团结统一于党的领导核心的带领下，把握新时代党的历史任务进一步接续奋斗。

（二）在团结奋斗中深刻领悟"两个确立"的决定性意义

深刻理解"两个确立"的决定性意义是实现团结奋斗的政治基础和思想基础，深刻领悟"两个确立"的决定性意义，自觉做到"两个维护"，是中国共产党团结带领全国各族人民在新时代新征程坚持和发展中国特色社会主义的根本保障。新时代新征程的团结奋斗中，最重要的政治和思想前提就是，坚定捍卫"两个确立"，即确立习近平同志党中央的核心、全党的核心地位，确立习近平新时代中国特色社会主义思想的指导地位。

党的领导核心在严峻复杂局面中能够促使全党坚持正确方向，在历史紧要关头能够发挥主心骨作用。党的十八大以来，中国特色社会主义进入了新时代，面对严峻复杂的国际形势和接踵而至的巨大风险挑战，以习近平同志为核心的党中央团结带领全党全国各族人民，以奋发有为的精神把新时代中国特色社会主义不断推向前进。在两个一百年奋斗目标的历史交汇期，党的十八届六中全会明确习近平总书记的核心地位，正式提出"以习近平同志为核心的党中央"，党的十九大确立了习近平新时代中国特色社会主义思想的指导地位，党的十九届六中全会通过的《中共中央关于党的百年奋斗重大成就和历史经验的决议》明确指出，"党确立习近平同志党中央的核心、全党的核心地位，确立习近平新时代中国特色社会主义思想的指导地位，反映了全党全军全国各族人民共同心愿，对新时代党和国家事业发展、对推进中华民族伟大复兴历史进程具有决定性意义"。十九届六中全会明确强调的"两个确立"问题，反映了全党全军全国各族人民的共同心愿，是创造性地将马克思主义建党学说与新时代中国特色社会主义具体实际相结合重大理论与实践成果，既彰显了马克思主义政党政治的核心原则，又体现了马克思主义政党理论的科学实践。是在中国近现代史的坎坷探索与中国共产党史的百余年奋斗基础上，对历史规律和经验的把握；也是在新时代结合新的历史站位基础上，紧密团结在党的领导核心周围的时代呼唤。

迈上新征程，踏上新的赶考之路，团结带领全国人民以中国式现代化全面推进中华民族伟大复兴而不懈奋斗，必须更加紧密地团结在以习近平同志为核心的党中央周围，这是实现全党全国各族人民共同愿望的必然要求。

更应该在新时代党的领导核心的引领下不懈奋斗，深刻理解"两个确立"的决定性意义。一方面，深刻领悟确立习近平同志党中央的核心、全党的核心地位的决定性意义。以强有力的党的领导核心领航掌舵，能够形成高度统一的意志，在政治、组织和思想上发挥作用，团结凝聚一切可以团结的力量，统筹推进党和国家的各项事业，发挥党总揽全局、协调各方的作用，为实现中华民族伟大复兴的中国梦而不懈奋斗。其整合作用对统筹发展有着决定性作用，从统筹世界百年未有之大变和中华民族伟大复兴战略全局，到统揽伟大自我革命和伟大社会革命，再到统筹推进"五位一体"总体布局、协调推进"四个全面"战略布局，新时代党的领导核心实现了对政党、国家和社会的深刻整合，有效克服了西方政治体制中推诿扯皮、朝令夕改的局面，使国家治理更富效率，国家安全更受保障，人民群众更加团结；其引领作用对统一意志有着决定性作用，不论是实现中华民族伟大复兴的中国梦的发展蓝图，还是社会主义核心价值观的精神构建，在目标和价值中，新时代党的领导核心达到了社会精神与情感的统一，达到了马克思主义意识形态与人民群众共同价值观念的统一，引领时代发展和团结人民群众向着正确方向前进的同时，为实现中华民族伟大复兴凝聚人心、汇聚力量、振奋精神、鼓舞斗志；其凝聚作用对形成合力有决定性作用，党的领导是中华民族伟大复兴的根本保证，新时代中国特色社会主义胜利的夺取，坚决维护习近平总书记党中央的核心、全党的核心地位，坚决维护党中央权威和集中统一领导，才能将全体党组织、广大的人民群众凝聚在党的统一领导下，为党的伟大事业形成强大合力。新时代中国共产党以《中央政治局关于加强和维护党中央集中统一领导的若干规定》为基础，不断强化维护习近平总书记核心地位的制度保障，不断完善党的领导制度体系，切实维护了全党团结统一、行动一致，发挥了组织力量，将全党力量拧成一股绳，形成巨大合力。习近平总书记成为党中央、全党的核心是历史选择、时代呼唤、人民期盼、实践锻造的必然结果，党和国家的全部事业都建立在这个基础之上，这一坚强政治保证为全党全国各族人民统一意志、统一行动、步调一致向前进奠定了坚实基础，促使全党全国各族人民笃定政治方向、保持奋斗姿态，凝聚团结力量。另一方面，深刻领悟确立习近平新时代中国特色社会主义思想的指导地位的决定性意义。以党的百余年奋斗史的历史视角看，党在团结带领全国各族人民革命、建设和改革的历史道路上关于这个问题有经验也有教训，党的思想统一需要有党员干部的政治领悟配合，从而真正达到政治上的团结、行动上的一致的效果，来促成党的事业不断发展壮大。从新时代以来的现实来看，百年未有之大变局之中坚持和发展中国特色社会主义，中国共产党需要应对重大挑战、抵御重大风险、克服重大阻力、解决重大矛盾，这对党的理论指导提出了更高要求。习近平新时代中国特色社会主义思想紧密地将马克思主义基本原理同中国具体实际相结合、同中华优秀传统文化相结合，以全新的视野深化对共产党执政规律、社会主义建设规律、人类社会发展规律的认识，明确坚持和发展中国特色社会主义的基本方略，提出一系列治国理政新思想新战略，实现了马克思主义中国化新的飞跃，为新时代党和国家事业发展提供了根本遵循。习近平新时代中国特色社会主义思想是当代马克思主义，是二十一世纪的马克思主义，既具备问题导向，又具备根本性的思考；既以需求为牵引，又有科学性的积淀；既是对历史经验的总结，又具备时代性的特征。是以"自信自强、守正创新"为精髓，而具备科学性、革命性、人民性、实践性和发展性的理论特质；以"中华民族伟大复兴的中国梦"为历史主题，符合历史选择、历史实践和历史趋势的历史特性；以"新时代坚持和发展中国特色社会主义""建设社会主义现代化强国""建设长期执政的马克思主义政党"为时代课题，内含全局性历史性根本性的成体系的科学判断、深邃思考和顶层设计的科学理论。坚持不懈用这一创新理论武装头脑、指导实践、推动工作，在这一符合中国实际和时代要求的正确回答，在这一符合客观规律的科学认识，在这一与时俱进的理论成果指导下实践，能够促使我们进一步把握历史主动。特别是习近平新时代中国特色社会主义思想世界观和方法论，作为科学的思想方法提供了面对现实中实际问题的立场观点方法。体现了马克思主义的思想光辉的同时，融合了人民群众日用而不觉的共同价值观念的精髓，能够帮助全党全国各族人民在面对错综复杂的历史形势和多元化的思想舆论等干扰因素时看清历史脉络，夯实思想根基，强化政治认同，更加"坚定地在中国共产党坚强领导下为实现中华民族伟大复兴而不懈奋斗"①。

新时代，确立习近平同志党中央的核心、全党的核心地位，确立习近平新时代中国特色社会主义思想的指导地位，有利于发挥领导核心在整合行动、引导思想、凝聚力量上的决定性作用；确立习近平新时代中国特色社会主义思想的指导地位，有利于发挥其在理论前瞻、指导实践、团结人民上的决定性作用。是体现全党意志、反映人民心声的重大政治判断，对新时代党和国家事业发展、对推进中华民族伟大复兴历史进程具有决定性意义。

（三）在团结奋斗中坚定捍卫"两个确立"

进一步坚定捍卫"两个确立"是实现团结奋斗最有效的实践路径。在新的征程上，要实现第二个百年奋斗目标，"赶考"远未结束，不仅国际上外部环境变化带来的许多新的风险挑战尚未平息，而且国内改革发展稳定仍旧面临不少深层次矛盾和问题，在新征程上也会有新的矛盾和问题。新风险新挑战新问题之中，党和国家各项事业既面临难得的发展机遇，也面临许多严峻复杂的风险和挑战，在重大历史关头统一全党思想、意志和行动任重道远，必须在新时代新征程的团结奋斗历程中进一步坚定捍卫"两个确立"，坚持和加强对党的领导核心的维护。

一方面，必须更加紧密地团结在以习近平同志为核心的党中央周围，坚持和完善党的领导制度体系，应对国际形势变化、应对国内的深化改革、进行新的更加复杂的伟大斗争。

将历史与现实充分结合，在党的百余年实践经验中，可以看出党的领导核心确立一直有着极为重要的地位。不同时期的领导核心

---

① 本书编写组：《中国近现代史纲要》，高等教育出版社 2021 年版，第 9 页。

确立，关系着党的方向能否保持正确、党的路线能否正确实施、党的工作能否有效推进。从党的建设历史经验角度看，党的领导核心在党的百余年历史中和党的组织体系内的定位至关重要，党的领导核心制度的基本内涵十分丰富，党的领导核心牵动着党中央、全党上下、国家治理与社会发展之间的关系。中国特色社会主义进入了新时代，中国发展站到了新的历史起点上，中国特色社会主义进入了新的发展阶段。当今发展环境深刻复杂、不断变化，党和国家既处于重要战略机遇期，又要面对各方面的风险挑战，党的领导核心一直以来是党的建设、党的组织体系的重要组成部分，在这样的环境下，更需要加强和完善党的领导核心制度，以制度体系保障领导核心的运行，以领导核心的运行推进中国式现代化，促进国家安全体系的发展和完善，在这一循环系统中得到良性反馈，在实践中整体地、系统地提高党的建设质量和组织力量，确保党的全面领导坚强有力组织群众。进一步提高社会治理水平和国家治理能力，更加广泛地团结社会各界，充分调动各方面积极因素形成强大合力，从而积极参与全球治理，有力发挥世界人民主体创造性，突破地缘政治局限和意识形态偏见。同时，实现中华民族伟大复兴征程漫漫，面对波谲云诡的国际形势、复杂敏感的周边环境、艰巨繁重的改革发展稳定任务，更需要坚决做到"两个维护"，通过了解和把握中国共产党确立党的领导核心的历史经验，进一步深化我们对党的领导核心的必要性和重要性认识，发挥党的领导核心的战略作用和重大意义。立足于把握历史大势、揭示历史规律；立足于统一全党思想、奋力开创未来，

　　另一方面，必须在思想、组织和群众方面共同发力，在具体工作中进一步同党的领导核心保持思想、意志和行动的一致。推动党发挥领导核心的力量和作用，团结带领全国各族人民以史为鉴、开

创未来。

其一，在思想方面，必须用习近平新时代中国特色社会主义思想武装头脑，统一全党认识，习近平新时代中国特色社会主义思想是当代中国马克思主义、二十一世纪马克思主义，是中华文化和中国精神的时代精华，是马克思主义中国化新的飞跃，以习近平新时代中国特色社会主义思想武装全党、教育群众，形成了全党全社会的高度政治认同、思想认同、理论认同和情感认同。

其二，在组织方面，必须加强党的组织建设，做到党的组织体系上传下达的通畅。组织体系是承托着整个组织重要内容的基础，既包括健全的组织架构、宏大的组织队伍，还包括科学的组织功能、完备的组织制度、严格的组织纪律等。组织体系是党的力量和优势所在，有力的组织体系建设能够为新时代党的组织工作提供基础支撑。党的组织体系结构上传下达，担负着党的领导能力的具体实施和传导能力的现实体现。维护党的领导核心，是加强党的组织体系建设的关键部分。从党的领导核心到中央，从地方到基层、从组织到党员到群众，增强"四个意识"，做到"两个维护"，做好"四个服从"，使民主集中制作用得到发挥，使党的领导核心发挥政治权威的有力作用，使党中央决策部署执行有力，使党的组织体系建设到位，党的各级组织层级才能坚强有力、上下贯通，党的领导才能"如身使臂，如臂使指"，全党才能成为一个形神兼备、气血贯通、体魄强健的"生命体"，新时代党的组织工作才能激发党的创造活力、维护党的团结统一，在党的集中统一领导下形成有效合力，完成推动党和国家事业发展的使命。

其三，在群众方面，必须坚持和加强党的执政基础，密切党同人民群众的联系，坚持和加强党对一切工作的领导。习近平总书记指出，"始终与人民心心相印、与人民同甘共苦、与人民团结奋斗，永远保持马克思主义执政党本色，永远走在时代前列，永远做中国人民和中华民族的主心骨！"，中国共产党是中国人民和中华民族的主心骨，党的领导核心的维护必须与党的群众路线和基层相联结，必须"要担负起领导人民进行伟大社会革命的历史责任"①，党的一切工作从出发点上是为保证人民群众的利益，从落脚点上是为保证群众路线的贯彻，中国共产党身为这样的一个组织，将人民群众的利益放在第一位上，人民群众是所有政策、方针、路线的动力和根本考虑。确立党的领导核心，从根本目的上也是为维护民众的利益，新时代以来党的领导核心着力于调动积极因素和组织力量满足人民对美好生活的需要。在人民至上的价值诉求之中，汲取各方面各层群众之力量凝聚，才能促进党的工作持之以恒、步步为营、久久为功，一步一步朝着既定目标奋斗前行，真正在党的领导核心的团结和带领下，促进党的组织坚强有力、发展壮大，促进党的事业繁荣发展，满足广大人民对美好生活的需要。

党的十八大以来，以习近平同志为核心的党中央团结带领中国人民，自信自强、守正创新，统揽伟大斗争、伟大工程、伟大事业、伟大梦想。面对风高浪急的风险挑战，坚定信心、迎难而上，创造了新时代中国特色社会主义的伟大成就。《中共中央关于党的百年奋斗重大成就和历史经验的决议》指出，党确立习近平同志党中央的核心、全党的核心地位，确立习近平新时代中国特色社会主义思想的指导地位，对新时代党和国家事业发展、对推进中华民族伟大复兴历史进程具有决定性意义。这是党在新时代取得的重大政治成果，是推动党和国家事业取得历史性成就、发生历史性变革的决定性因素。

---

① 习近平：《在第十三届全国人民代表大会第一次会议上的讲话（2018 年 3 月 20 日）》，《人民日报》2018 年 3 月 21 日。

　　坚强的领导核心是中国共产党永葆生机活力的关键。从理论逻辑上，确立领导核心是团结奋斗鲜明的政治原则：党的领导核心彰显马克思主义建党学说的重大原则、反映中国革命建设和改革的客观规律、体现党和人民团结奋斗的历史经验；从历史逻辑上，确立领导核心是新时代团结奋斗的必然选择：习近平总书记众望所归、名副其实，当之无愧已经成为党中央的核心、全党的核心，这是时代诉求和历史选择，也是民族共同意志和人民所盼；从实践逻辑上，把握新时代团结奋斗的历史环境和使命，必须深刻领悟"两个确立"的决定性意义，自觉做到"两个维护"。必须更加紧密团结在以习近平同志为核心的党中央周围，发挥其举旗定向、整合行动、凝聚力量的决定性意义。

第五章　团结奋斗，需要思想指引

旗帜指引方向，方向决定道路，道路决定命运。习近平总书记深刻指出："思想就是力量。一个民族要走在时代前列，就一刻不能没有理论思维，一刻不能没有思想指引。"①指导一个政党、一个国家前进的思想理论，就是一面鲜明的旗帜，决定着这个政党、这个国家的前进方向和发展道路，发挥着指南针和定盘星的重要作用。1840年鸦片战争以后，中国内有腐朽没落的封建统治，外有西方列强的大肆侵略，逐步成为半殖民地半封建社会，国家蒙辱，人民蒙难，

① 习近平：《在党史学习教育动员大会上的讲话》，人民出版社2021年版，第15页。

文明蒙尘，中华民族陷于一盘散沙的境地。在种种救国方案均告失败以后，俄国十月革命一声炮响，给中国送来了马克思列宁主义。马克思主义一传入中国，就同中国工人运动紧密结合起来。在此基础上，中国共产党应运而生。有了马克思主义科学理论的指导和中国共产党的坚强领导，中国人民就有了正确的前进方向和发展道路，以团结奋斗凝聚起磅礴力量，彻底改变了中华民族一盘散沙的局面，夺取了革命、建设和改革事业的伟大胜利，开创了中华民族伟大复兴的历史伟业。马克思主义是我们立党立国、兴党兴国的根本指导思想。实践告诉我们，中国共产党为什么能，中国特色社会主义为什么好，归根到底是马克思主义行，是中国化时代化的马克思主义行。党的十八大以来，中国特色社会主义进入新时代。新时代中国人民要继续凝聚起中华民族奋斗前行的磅礴伟力，继续紧密团结、不懈奋斗，创造中华民族伟大复兴新的历史伟业，仍然离不开马克思主义正确思想和科学理论的指引和武装，特别是离不开中国化时代化的马克思主义正确思想和科学理论的指引和武装。习近平新时代中国特色社会主义思想，就是党的十八大以来以习近平同志为主要代表的中国共产党人把马克思主义基本原理同中国具体实际相结合、同中华优秀传统文化相结合，坚持马克思列宁主义、毛泽东思想、邓小平理论、"三个代表"重要思想、科学发展观，深刻总结并充分运用党成立以来的历史经验，从新的实际出发创立的马克思主义中国化时代化的最新理论成果。

一、正确的思想指引，是团结奋斗的必要条件

思想是行动的先导，理论是实践的指南。马克思主义的辩证唯物主义认识论认为，认识对实践具有能动的反作用，而这一反作用

集中地表现为它对实践的指导作用。在不同的社会条件下生活着的人们，受不同思想观念影响，就会在这不同的思想观念指导下作出不同的实践活动。"积力之所举，则无不胜也；众智之所为，则无不成也"，要创造一番彪炳史册的历史伟业，就必须使人民群众团结起来，为一个共同的目标努力奋斗；要使广大人民群众团结奋斗，让大家"劲往一处使"，就必须将众人的思想统一到一种思想上来，使大家"心往一处想"；而要使广大人民群众胜利地通过团结奋斗创造历史伟业，就必须以经过实践检验了其真理性的科学理论来统一众人的思想。

（一）马克思主义经典作家高度重视思想指引

马克思主义的诞生，使全世界无产阶级和劳动人民找到了能够为人类求解放的科学理论。要以团结奋斗创造历史伟业，就离不开马克思主义科学理论的指导。马克思主义经典作家高度重视科学理论对国际共产主义运动的指导作用，多次以论著和斗争强调正确思想指引和科学理论指导对团结奋斗的重大意义。

19世纪40年代，全世界无产阶级和劳动人民的革命导师马克思和恩格斯共同创立了马克思主义科学理论。在革命实践和经验观察的基础上，他们深刻总结了人类社会发展规律，特别是资本主义社会发展规律，得到了历史唯物主义和剩余价值理论两个伟大发现，开创了马克思主义哲学和马克思主义政治经济学。在哲学和政治经济学的基础上，他们阐释了阶级斗争和无产阶级革命及无产阶级专政理论，创立了科学社会主义。马克思主义哲学、马克思主义政治经济学和科学社会主义三个部分，共同构成了科学的理论体系——马克思主义。

早在创立马克思主义以前，马克思就在他"包含着新世界观

的天才萌芽的第一个文献"①《关于费尔巴哈的提纲》中指出了科
学理论对人民革命运动的重大意义："批判的武器当然不能代替武
器的批判，物质力量只能用物质力量来摧毁；但是理论一经掌握群
众，也会变成物质力量。"②马克思主义一经创立，就立刻与欧洲
工人运动结合起来，转变为工人群众改造世界的物质力量，在
1848 年欧洲革命中经受了检验。有了 1848 年欧洲革命的实践经
验，马克思、恩格斯得以发展、完善马克思主义理论，并以领导反
对各种非马克思主义的机会主义思想的实际行动展现了他们对用正
确思想指引国际无产阶级团结奋斗、进行革命斗争的高度重视。

第一国际成立后，伴随着工人运动和民族民主运动的高涨，各
种非马克思主义的错误思想和派别也活跃起来，干扰工人阶级的团
结和斗争。这时，马克思、恩格斯更加重视用马克思主义科学理论
指导国际工人运动，在不同时期指导国际内部开展了针对有重大影
响、危害工人阶级团结斗争的蒲鲁东主义、工联主义和巴枯宁主义
的斗争。通过这些斗争，马克思主义初步确立了其在工人运动中的
指导地位，加强了国际无产阶级的团结，推动了国际无产阶级争取
解放的斗争。特别是 1871 年爆发的伟大的巴黎公社革命，既以革
命实践宣告了布朗基主义和蒲鲁东主义等机会主义思潮的破产，也
宣告了马克思主义的科学性和真理性；又因法国工人运动尚未完全
以马克思主义为指导，从反面以血的教训证明了正确思想指引和科
学理论指导对于革命人民团结奋斗进行斗争的关键意义。

进入 19 世纪 70、80 年代，国际工人运动在复苏的同时混入了
种种非无产阶级思潮。这些思潮鼓吹资产阶级世界观和形形色色的
假社会主义，反对科学社会主义，极大破坏和危害国际工人阶级的

———————

① 《马克思恩格斯文集》第 4 卷，人民出版社 2009 年版，第 266 页。
② 《马克思恩格斯文集》第 1 卷，人民出版社 2009 年版，第 11 页。

团结斗争。马克思、恩格斯高度警惕这种现象，他们同各国马克思主义者一起，与种种资产阶级、小资产阶级的思潮进行了坚决的斗争，再次用行动向国际无产阶级强调了正确思想指引对革命人民团结奋斗进行斗争的重要意义。特别是在面对"哥达纲领"所表现的拉萨尔主义、欧根·杜林鼓吹的杜林主义和"苏黎世三人团"为代表的右倾机会主义这三个具有很大迷惑性而造成严重思想混乱的马克思主义的敌人时，马克思、恩格斯以对正确思想指引和科学理论指导重要意义的高度自觉，写下了《哥达纲领批判》《反杜林论》《给奥·倍倍尔、威·李卜克内西、威·白拉克等人的通告信》等光辉的马克思主义经典著作，对错误思想进行了坚决斗争，捍卫了马克思主义，提高了工人阶级的理论水平，也因此进一步确立了马克思主义在国际工人运动中的指导地位，进一步团结了国际无产阶级，推动了国际工人运动的发展。

1883 年，马克思逝世；1895 年，恩格斯逝世。全世界无产阶级和劳动人民失去了他们的伟大领袖与导师。从马克思、恩格斯创立马克思主义到他们逝世的数十年间，他们始终高度重视，并不断用著作和斗争教导国际无产阶级正确思想指引和科学理论指导的重要性。在恩格斯的重要著作《德国农民战争》中，留下了这样的名言："社会主义自从成为科学以来，就要求人们把它当做科学来对待，就是说，要求人们去研究它。必须以高度的热情把由此获得的日益明确的意识传播到工人群众中去，必须不断增强党组织和工会组织的团结"，① 为"团结奋斗，需要思想指引"这一命题作了最好的，也是最权威的注脚。

19 世纪 80 年代到 20 世纪 20 年代，以列宁为主要代表的俄国

---

① 《马克思恩格斯文集》第 2 卷，人民出版社 2009 年版，第 219 页。

马克思主义者，将马克思主义与俄国工人运动相结合，坚持和发展了马克思主义，创立了列宁主义，锻造了新型无产阶级政党——俄国布尔什维克党。以列宁为首的布尔什维克党团结带领俄国革命人民为争取解放不懈奋斗，夺取了十月社会主义革命的伟大胜利，建立了世界上第一个无产阶级专政的社会主义国家，开辟了人类历史的新纪元。

俄国革命的历史，就是马克思主义在与种种非马克思主义思想的斗争中取得胜利并掌握群众的历史。十月社会主义革命的一举成功和此前四十余年间俄国工人运动的多次失败从正反两方面证明了用马克思主义科学理论武装革命人民的极端重要性。在波澜壮阔的俄国革命实践中成长为国际无产阶级伟大领袖与导师的列宁，与马克思、恩格斯同样，始终强调正确的思想指引对革命人民团结奋斗的重要意义。

俄国工人运动产生于 19 世纪 60 年代初，在 19 世纪 60 年代到 80 年代的 20 余年间，俄国工人阶级多次起来斗争，然而却不断遭到失败，究其根本原因，在于广大无产阶级和贫雇农在思想上没有马克思主义科学理论的指导，反而受到种种小资产阶级社会主义和机会主义思想的影响。没有正确的思想，没有明确的纲领，更没有统一的领导，这就使得俄国工人运动不可能夺取胜利。因此，从俄国工人运动一开始，用马克思主义武装俄国工人阶级，为俄国革命提供正确的思想指引，并在此基础上将革命力量团结起来为共同目标努力奋斗，就成为俄国马克思主义者最重要的任务。

民粹主义、"合法马克思主义"、经济主义等思想，阻碍工人阶级认识自己的先进作用，阻碍工人阶级建立自己集中统一的政党，阻碍工人阶级团结起来为实现自身解放而奋斗，是俄国革命史上对俄国工人运动干扰严重、危害很大的几个思想派别。以列宁为主要代表的俄国马克思主义者，就起来反对这些小资产阶级思潮和资产阶级思潮，留下了《什么是"人民之友"以及他们如何攻击社会民主党人?》《怎么办?》《唯物主义和经验批判主义》等重要理论著作。特别是在《怎么办?》一书中，列宁写下了指出思想指引和科学理论重大意义的不朽名言："没有革命的理论，就不会有革命的运动。"① 正是通过思想上理论上坚决的斗争，革命的马克思主义才得以战胜种种资产阶级和小资产阶级的错误思潮，最终确立了自己在俄国工人运动中的指导地位。

马克思主义与俄国工人运动紧密结合的结果，是列宁主义的产生。列宁以马克思主义的立场、观点和方法分析国际资本主义和俄国资本主义，写下了《帝国主义是资本主义的最高阶段》《无产阶级革命的军事纲领》《国家与革命》等著作，创立了帝国主义理论和社会主义可以在一国或数国首先胜利理论，发展了马克思主义国家学说和无产阶级专政理论。正是有了适合俄国革命具体实际的科学理论——列宁主义的指导，俄国无产阶级才得以在布尔什维克党的革命红旗下团结起来，为共同的革命目标不懈奋斗，最终取得十月社会主义革命的伟大胜利。

十月革命胜利后，列宁也丝毫没有放松思想理论工作。他以极大的精力研究民族和殖民地问题、各国无产阶级政党革命的策略问题、社会主义经济文化建设问题等重大理论和实践问题，撰写了《民族和殖民地问题提纲》《共产主义运动中的"左派"幼稚病》《论粮食税》等著作，为苏俄（联）社会主义建设乃至国际共产主义运动提供了宝贵的理论指导。在马克思列宁主义科学理论指导下，苏俄（联）人民团结在马克思列宁主义光辉旗帜下，迅速医

---

① 《列宁选集》第1卷，人民出版社2012年版，第311页。

治战争创伤，恢复国民经济，取得了社会主义建设的伟大成就。国际共产主义运动也在马克思列宁主义指导下高涨起来。马克思列宁主义迅速向全世界，特别是向殖民地半殖民地国家传播，以科学理论和思想引领的力量极大地推动了这些国家人民团结起来、为争取独立和解放而斗争。

在这样的历史背景下，马克思列宁主义传入中国，并与中国工人运动结合起来。在马克思列宁主义同中国工人运动相结合的这一伟大历史进程中，中国共产党应运而生。中国共产党的成立，使中国革命的面貌焕然一新。有了科学理论指导和正确思想指引的中国人民，紧密团结在中国共产党周围，为实现民族独立、人民解放和国家富强、人民幸福而不懈奋斗，共同创造了中华民族伟大复兴的历史伟业。

（二）党始终注重思想指引对党领导人民团结奋斗的重要作用

中国共产党，是具有高度理论自觉的党。从诞生之日起，中国共产党就以马克思列宁主义科学理论武装起来。在团结带领中国人民进行新民主主义革命、社会主义革命和建设、改革开放和社会主义现代化建设与新时代坚持和发展中国特色社会主义的百余年奋斗历程中，中国共产党一以贯之，高度重视思想指引的重要作用，不仅坚持马克思主义，以马克思主义科学理论指导广大人民团结奋斗，共同创造中华民族伟大复兴的历史伟业，而且高度重视实现马克思主义中国化时代化，以不断发展着的中国化时代化马克思主义指导不断发展着的中国实践。

中国共产党一成立，就立刻投入了中国人民的革命斗争。在进行新民主主义革命的斗争中，以毛泽东同志为主要代表的中国共产党人，把马克思列宁主义基本原理同中国具体实际相结合，对中国革命经过艰苦探索、付出巨大牺牲积累的一系列独创性经验作了理论概括，开辟了适合中国国情的农村包围城市、武装夺取政权的正确革命道路，实现了马克思主义中国化的第一次历史性飞跃，创立了毛泽东思想。

在大革命时期，幼年的中国共产党在思想理论上尚不成熟。在大革命的烈火熊熊燃烧的同时，党内以陈独秀为代表的右倾思想发展为右倾机会主义错误，并在党的领导机关中占据统治地位，导致共产党人和革命人民在国民党内反动集团叛变革命的生死关头未能组织有效抵抗，党和人民受到十分严重的损失，大革命遭到惨痛失败。土地革命战争时期，毛泽东同志提出并深入阐述了"农村包围城市、武装夺取政权"的思想，但由于当时党在思想上理论上的不成熟，王明"左"倾教条主义在党的领导机关中占据了统治地位。王明"左"倾教条主义对党内有不同意见的同志实行"残酷斗争、无情打击"，严重破坏党的团结，而且导致中央革命根据地第五次反"围剿"斗争遭受失败，红军被迫放弃根据地进行战略转移，革命遭到极大挫折与损失。1935年1月遵义会议后，事实上确立了以毛泽东同志为代表的马克思主义正确路线在党中央和红军的领导地位，大大加强了党和红军的团结统一，为战胜张国焘分裂主义，胜利完成长征，打开中国革命新局面奠定了坚实的基础。土地革命战争后期和全民族抗日战争时期，新民主主义理论形成，毛泽东思想得到系统总结和展开，达到成熟，为夺取新民主主义革命胜利指明了正确方向。通过延安整风运动，中国共产党确立了一条实事求是的辩证唯物主义的思想路线，使干部在思想上大大地提高一步；通过制定《关于若干历史问题的决议》，全党对中国革命基本问题的认识达到一致；通过召开党的七大，将毛泽东思想确立为党的指导思想，使全党在思想上政治上组织上达到了空前统一和团结。在毛泽东思想指导下，广大革命人民紧密团结在中国共产党周围，在党的领导下为争取民族独立、人民解放不懈奋斗，打败了日本帝国主义侵略者，取得中国人民抗日战争完全胜利；推翻了国民党反动统治，推翻了帝国主义、封建主义、官僚资本主义三座大山，建立了中华人民共和国。经过28年的浴血奋斗，中国共产党带领全国人民团结奋斗，夺取新民主主义革命伟大胜利，为中华民族伟大复兴创造了根本社会条件。

新中国成立后，面对着这个满目疮痍、人口众多、经济文化落后、地区间发展极不平衡的东方大国，如何向社会主义过渡，如何建设社会主义，成为摆在中国共产党和中国人民面前的重大理论和实践问题。不解决这一问题，就不能为实现中华民族伟大复兴奠定根本政治前提和制度基础。在这个时期，以毛泽东同志为主要代表的中国共产党人，结合新的实际丰富和发展了毛泽东思想，提出了以过渡时期总路线、"第二次结合"和探索适合中国国情的社会主义建设道路、关于社会主义社会矛盾的学说、关于"三个世界划分"的战略思想等为代表的一系列重要思想。在毛泽东思想指导下，中国人民紧密团结在中国共产党周围，以战天斗地的英雄气概不懈奋斗，完成了社会主义革命，取得了社会主义建设的巨大成就。

毛泽东同志多次告诫我们思想指引对中国人民团结奋斗夺取革命胜利的重要意义："中国的民主革命，没有共产主义去指导是决不能成功的，更不必说革命的后一阶段了"[1]；"谢谢马克思、恩格斯、列宁和斯大林，他们给了我们以武器。这武器不是机关枪，而是马克思列宁主义"[2]。新中国成立后，他又反复强调科学理论的

---

① 《毛泽东选集》第二卷，人民出版社1991年版，第686页。
② 《毛泽东选集》第四卷，人民出版社1991年版，第1469页。

重要地位："指导我们思想的理论基础是马克思列宁主义"①"我们敢想、敢说、敢做、敢为的理论基础是马列主义"②。有了马克思列宁主义和毛泽东思想的指引，全国人民团结奋斗，完成了社会主义革命，实现了中华民族有史以来最为广泛而深刻的社会变革，取得了独创性理论成果和巨大成就，为中华民族伟大复兴历史伟业奠定了坚实的基础。

进入改革开放和社会主义现代化建设新时期，党和人民面临着为实现中华民族伟大复兴提供充满新的活力的体制保证和快速发展的物质条件的重大任务。党的十一届三中全会以后，以邓小平同志为主要代表的中国共产党人，继承和发展了马克思列宁主义、毛泽东思想，科学回答了什么是社会主义、怎样建设社会主义的根本问题，创立了邓小平理论。有了邓小平理论的科学指导，党领导全国人民解放思想、实事求是，从"文化大革命"造成的困境中摆脱出来，形成了安定团结的政治局面，并在此基础上团结奋斗，成功开创了中国特色社会主义。

党的十三届四中全会以后，在国内外形势十分复杂、世界社会主义出现严重曲折的严峻考验面前，以江泽民同志为主要代表的中国共产党人，继承和发展了马克思列宁主义、毛泽东思想、邓小平理论，进一步回答了什么是社会主义、怎样建设社会主义的问题，创造性地回答了建设什么样的党，怎样建设党的问题，创立了"三个代表"重要思想。在"三个代表"重要思想的科学指导下，党领导全国各族人民团结奋斗，在我国社会主义事业发展面临空前巨大困难和压力的重大历史关头捍卫了中国特色社会主义，并成功

---

① 《毛泽东文集》第六卷，人民出版社 1999 年版，第 350 页。
② 《毛泽东年谱（一九四九——一九七六）》第三卷，中央文献出版社 2013 年版，第 350 页。

把中国特色社会主义推向 21 世纪。

党的十六大以后，在全面建设小康社会进程中，以胡锦涛同志为主要代表的中国共产党人，继承和发展了马克思列宁主义、毛泽东思想、邓小平理论、"三个代表"重要思想，深刻认识和回答了新形势下实现什么样的发展、怎样发展等重大问题，形成了科学发展观。在科学发展观指导下，全国各族人民紧密团结在中国共产党周围，抓住重要战略机遇期，聚精会神搞建设，一心一意谋发展，以不懈奋斗在新形势下坚持和发展了中国特色社会主义。

关于思想指引的重大作用，邓小平同志、江泽民同志和胡锦涛同志都曾作过重要论述。邓小平同志指出，"如果我们不是马克思主义者，没有对马克思主义的充分信仰，或者不是把马克思主义同中国自己的实际相结合，走自己的道路，中国革命就搞不成功，中国现在还会是四分五裂，没有独立，也没有统一"。① 江泽民同志指出，"一个党，一个民族，一个国家，特别是像我们这样的大党，这样十多亿人口、由五十六个民族组成的多民族大国，必须有正确的理论指导和强大的精神支柱"。② 胡锦涛同志指出，"总结90 年的发展历程，我们党保持和发展马克思主义政党先进性的根本点是：坚持解放思想、实事求是、与时俱进，以科学态度对待马克思主义，用发展着的马克思主义指导新的实践，坚持真理、修正错误，坚定不移走自己的路，始终保持党开拓前进的精神动力"。③ 正是有了马克思主义科学理论，特别是马克思主义中国化时代化的

---

① 《邓小平文选》第三卷，人民出版社 1993 年版，第 63 页。

② 《毛泽东　邓小平　江泽民论党的建设》，中央文献出版社、中共中央党校出版社1998 年版，第 613 页。

③ 胡锦涛：《在庆祝中国共产党成立九十周年大会上的讲话》，人民出版社 2011 年版，第 9 页。

重要创新成果邓小平理论、"三个代表"重要思想和科学发展观的指导，中国人民统一思想，以钢铁团结和不懈奋斗凝聚起中华民族的磅礴力量，走出了一条中国特色社会主义的康庄大道，为中华民族伟大复兴历史伟业添上了浓墨重彩的一笔。

（三）新时代开创历史伟业，需要思想指引

党的十八大以来，以习近平同志为核心的党中央团结带领全国各族人民勠力同心、艰苦奋斗，推动党和国家事业取得全方位、开创性历史成就，发生深层次、根本性历史变革。我国社会主要矛盾发生深刻变化，中国特色社会主义进入了新时代。

中国特色社会主义进入新时代，我国发展站在新的历史起点，面临着实现第一个百年奋斗目标，开启实现第二个百年奋斗目标新征程，朝着实现中华民族伟大复兴的宏伟目标继续前进的重大历史任务。同时，世界百年未有之大变局加速演进，世界之变、时代之变、历史之变的特征更加明显；国际形势复杂严峻，来自政治、经济、意识形态、自然界等方面的风险挑战接踵而至；国内一系列长期积累及新出现的突出矛盾和问题亟待解决。新时代创造中华民族伟大复兴的历史伟业，可谓任重而道远。

新的社会实践呼唤新的理论指导。进入中国特色社会主义新时代，中国人民要以团结奋斗开创历史伟业，就更不能缺少适合新时代中国具体实际、能够切实指导新时代坚持和发展中国特色社会主义伟大实践的新的科学理论，更要以这种科学理论指引团结奋斗的正确方向、激发团结奋斗的精神动力、解决团结奋斗的种种难题。习近平新时代中国特色社会主义思想，就是在新时代中国共产党团结带领全国各族人民坚持和发展中国特色社会主义的伟大社会实践中应运而生的新的科学理论。

二、新时代呼唤中国化时代化的
马克思主义科学理论指导

思想是行动的先导，理论是实践的指南。科学理论就像一面旗帜，旗帜立起来了，团结奋斗才有目标和方向；否则，就如同一艘航船没有导航仪，很容易迷失在茫茫大海中。全面推进中华民族伟大复兴，必须用习近平新时代中国特色社会主义思想统一意志和行动，激发团结奋斗的精神动力，解决团结奋斗的各种难题。

（一）坚持和加强党的全面领导，为团结奋斗提供根本政治保证

习近平新时代中国特色社会主义思想明确中国特色社会主义最本质的特征是中国共产党领导，中国特色社会主义制度的最大优势是中国共产党领导，中国共产党是最高政治领导力量，全党必须增强"四个意识"、坚定"四个自信"、做到"两个维护"。在新时代新征程上，必须坚持党对一切工作的领导。

领导我们事业的核心力量是中国共产党。中国特色社会主义最本质的特征是中国共产党领导，中国最大的国情是中国共产党的领导，中国共产党是最高政治领导力量，党政军民学，东西南北中，党是领导一切的。中国特色社会主义制度具有多方面优越性，但最大的优越性，是中国共产党领导。党的领导是全面的、系统的、整体的，党发挥总揽全局、协调各方的领导核心作用，是千百万人民团结统一、共同奋斗的重要先决条件。中国共产党百余年光辉历程用事实告诉我们，没有共产党，就没有新中国，就没有中华民

族伟大复兴。什么时候坚持党的全面领导，党和人民事业就健康发展；什么时候弱化甚至放弃党的全面领导，党和人民事业就受到挫折甚至失败。有了中国特色社会主义事业的坚强领导核心——中国共产党，广大人民群众才有为团结统一所必需的核心依靠，才有为共同奋斗指引方向的领导力量，才有创造历史伟业的现实可能。

坚持和加强党的全面领导，决不能有丝毫动摇。中国人民团结奋斗创造历史伟业，前提条件是作为中国特色社会主义事业领导核心的党的团结统一。事在四方，要在中央，坚持党中央集中统一领导是最高政治原则；坚持和加强党的全面领导，首先是坚持和加强党中央集中统一领导。必须旗帜鲜明讲政治，保证全党服从中央，保证党的团结统一，保证全党在政治立场、政治方向、政治原则、政治道路上同党中央保持高度一致。

一个桃子剖开来，只有一个核心。一个国家、一个政党，领导核心至关重要。坚持和加强党中央集中统一领导，必须坚决维护习近平总书记党中央的核心、全党的核心地位。坚决维护习近平总书记党中央的核心、全党的核心地位，坚决维护党中央权威和集中统一领导，是新时代重大政治成果和宝贵经验，是全党在革命性锻造中形成的共同意志，符合党、国家、军队、人民根本利益，对于更好凝聚全党全国各族人民力量，推进中国特色社会主义伟大事业和中华民族伟大复兴历史伟业具有决定性意义。有了坚强有力的领导核心，有了成熟权威的领导集体，就能发挥中国共产党领导的巨大制度优势，为中国人民团结奋斗提供根本的政治保证，让中国人民在全面建设社会主义现代化国家、全面推进中华民族伟大复兴的新征程上紧密团结在以习近平同志为核心的党中央周围，勠力同心、不懈奋斗，创造新的历史伟业。

（二）提出新时代坚持和发展中国特色社会主义总任务，为团结奋斗确定主题目标

习近平新时代中国特色社会主义思想明确坚持和发展中国特色社会主义，总任务是实现社会主义现代化和中华民族伟大复兴，在全面建成小康社会的基础上，分两步走在本世纪中叶建成富强民主文明和谐美丽的社会主义现代化强国，以中国式现代化全面推进中华民族伟大复兴。

奋斗目标，具有引领方向、团结队伍、统一思想、凝聚力量的重大作用。习近平总书记深刻指出，围绕明确奋斗目标形成的团结才是最牢固的团结，依靠紧密团结进行的奋斗才是最有力的奋斗。[①] 奋斗目标是千百万人民团结统一、共同奋斗的重要思想基础。"志合者，不以山海为远"，有了共同的奋斗目标，全社会就能够心往一处想、劲往一处使，调动各方面积极因素，共同迈上为全面建设社会主义现代化国家、全面推进中华民族伟大复兴而团结奋斗的新征程。因此，深刻把握我国国情，根据我国目前的基本情况和所处的历史方位科学制定未来党和国家的奋斗目标，对中国人民团结奋斗至关重要。

中国共产党善于长远谋划。将长远战略目标与阶段性目标任务相结合，是中国共产党革命斗争和治国理政一贯的优良传统，也是社会主义制度巨大优越性的充分体现。中国特色社会主义进入新时代以来，以习近平同志为核心的党中央，根据世情国情党情的变化与新时代坚持和发展中国特色社会主义的伟大实践，在全面建成小康社会、圆满完成党的第一个百年奋斗目标基础上，以"一张蓝

---

① 习近平：《在二〇二二年春节团拜会上的讲话》，《人民日报》2022 年 1 月 31 日。

图绘到底"的强大定力，聚焦实现第二个百年奋斗目标、实现中华民族伟大复兴的中国梦，提出以中国式现代化全面推进中华民族伟大复兴，明确擘画了新时代党的奋斗目标：到 2035 年基本实现社会主义现代化，到本世纪中叶把我国建成富强民主文明和谐美丽的社会主义现代化强国。为中国共产党领导中国人民团结奋斗创造历史伟业确定具体的奋斗目标，充分彰显了中国共产党强烈的历史担当和崇高的使命追求。有了科学制定的明确奋斗目标，就能够在思想上形成牢固的团结，为中国人民提供共同奋斗的强大精神支撑，凝聚起全党全国各族人民续写新时代中国发展伟大历史、创造中华民族伟大复兴历史伟业的坚定意志和磅礴力量。

（三）以人民为中心的发展思想，为团结奋斗确定价值导向

习近平新时代中国特色社会主义思想明确新时代我国社会主要矛盾是人民日益增长的美好生活需要和不平衡不充分的发展之间的矛盾，必须坚持以人民为中心的发展思想，坚持和发展全过程人民民主，推动人的全面发展、全体人民共同富裕取得更为明显的实质性进展。在新时代新征程上，必须坚持以人民为中心，坚持人民当家作主。

马克思主义哲学认为，矛盾是事物发展的源泉和动力。善于把握社会主要矛盾，在正确认识社会主要矛盾的基础上确定中心任务，是中国共产党的突出优势。社会主要矛盾的变化，是关系全局的历史性变化，反映新时代我国发展实际状况，为新时代中国人民团结奋斗、解决发展主要问题指明了根本的着力点。新时代我国社会主要矛盾是人民日益增长的美好生活需要和不平衡不充分的发展之间的矛盾，发展不平衡不充分问题突出。新时代坚持和发展中国特色社会主义，必须扭住"牛鼻子"，找准发力点，着力满足人民

在物质文化生活、民主、法治、公平、正义、安全、环境等多方面的美好生活需要，在继续推动发展基础上着力解决发展不平衡不充分问题，更好兼顾效率与公平，推动人的全面发展、社会全面进步。

习近平总书记曾经强调："必须牢记我们的共和国是中华人民共和国，始终要把人民放在心中最高的位置，始终全心全意为人民服务，始终为人民利益和幸福而努力工作。"① 马克思恩格斯指出："无产阶级的运动是绝大多数人的，为绝大多数人谋利益的独立的运动。"② 人民立场是马克思主义政党的根本政治立场。新时代坚持和发展中国特色社会主义，根本上要明确"为什么人"的问题。解决发展不平衡不充分问题，归根结底，为的是满足广大人民群众的美好生活需要。必须"把屁股端端地坐在老百姓的这一面"，牢固树立以人民为中心的发展思想。以人民为中心的发展思想，为坚持人民主体地位，增进人民福祉，促进人的全面发展，推进实现全体人民共同富裕，发展全过程人民民主，维护社会公平正义，保障人民平等参与、平等发展权利，充分调动人民积极性、主动性、创造性提供了重要思想遵循和价值导向。

人民当家作主，是中国民主的初心。没有民主，就没有社会主义，就没有社会主义现代化。习近平总书记指出，我国社会主义民主是维护人民根本利益的最广泛、最真实、最管用的民主。③ 全过程人民民主，是中国特色社会主义民主政治理论与实践的重大创新发展。新时代中国人民团结奋斗，必须坚定不移走中国特色社会主

---

① 习近平：《在第十三届全国人民代表大会第一次会议上的讲话》，《人民日报》2018年3月21日。
② 《马克思恩格斯文集》第2卷，人民出版社2009年版，第42页。
③ 习近平：《决胜全面建成小康社会　夺取新时代中国特色社会主义伟大胜利——在中国共产党第十九次全国代表大会上的报告》，人民出版社2017年版，第35—36页。

义政治发展道路，坚持党的领导、人民当家作主、依法治国有机统一；必须通过全过程人民民主，体现人民意志，保障人民权益，激发人民创造活力，坚持人民当家作主，以主人翁姿态积极踊跃踏上新时代新征程。发展全过程人民民主，也是中国式现代化的本质要求之一。发展全过程人民民主，保障人民当家作主，就要加强人民当家作主制度保障，全面发展协商民主，积极发展基层民主，巩固和发展最广泛的爱国统一战线。发展全过程人民民主，激励全党全国各族人民将民主价值和理念进一步转化为科学有效的制度安排和具体现实的民主实践，以实践续写新时代保证人民当家作主和发展全过程人民民主的伟大历史。中国共产党坚持以人民为中心的发展思想，坚持人民当家作主，不仅成为广大中国人民追求美好生活的十足信心和最大底气，而且能够以对人民群众历史创造者、国家主人翁的主体地位的确认，激发广大人民群众创业创新、干事成事的主观能动性，激励中国人民为追求更加美好的生活、发展全过程人民民主、实现全体人民共同富裕而进一步紧密团结起来，以不懈奋斗创造新的历史伟业。

（四）"五位一体"总体布局和"四个全面"战略布局，为团结奋斗确定战略部署

习近平新时代中国特色社会主义思想明确中国特色社会主义事业总体布局是经济建设、政治建设、文化建设、社会建设、生态文明建设"五位一体"，战略布局是全面建设社会主义现代化国家、全面深化改革、全面依法治国、全面从严治党"四个全面"。在新时代新征程上，必须坚持新发展理念，进行社会主义经济建设；必须坚持人民当家作主，进行社会主义政治建设；必须坚持社会主义核心价值体系，进行社会主义文化建设；必须坚持在发展中保障和

改善民生，进行社会主义社会建设；必须坚持人与自然和谐共生，进行社会主义生态文明建设；必须坚持全面建设社会主义现代化国家、全面深化改革、全面依法治国、全面从严治党。

要领导中国这样一个幅员辽阔、人口众多的东方大国实现高质量发展，中国共产党面临的问题涵盖广阔社会生活的方方面面，可谓繁芜丛杂、千头万绪。然而，中国共产党是具有卓越战略眼光和全局思维的党，对发展作出高度科学的战略规划和部署，是中国共产党领导的突出优势之一。中国特色社会主义进入新时代，中国共产党执其荦荦大端，形成并统筹推进"五位一体"总体布局。"五位一体"各方面相互联系、相互促进、不可分割，共同构筑起中国特色社会主义事业的全局。在为新时代坚持和发展中国特色社会主义作总的谋篇布局之余，新时代中国发展的现实需要、人民的热切期待和我们面临的突出矛盾与问题，还要求为新时代坚持和发展中国特色社会主义的几个重要战略问题做出抉择。"四个全面"战略布局就是在新的历史起点上形成的。"四个全面"战略布局，以全面建设社会主义现代化国家为总的战略目标，以全面深化改革、全面依法治国、全面从严治党为重要战略举措，"四个全面"有机统一，相辅相成、相互促进。

新时代中国人民要以团结奋斗开创历史伟业，就要按照"五位一体"总体布局的整体性目标要求，坚持以经济建设为中心，促进经济、政治、文化、社会、生态文明建设各方面相协调，实现经济平衡协调可持续高质量发展、社会主义民主政治制度化规范化程序化全面推进、意识形态领域形势发生全局性根本性转变、社会长期稳定和人民生活全方位改善、美丽中国建设迈出重大步伐；就要推动生产关系与生产力、上层建筑与经济基础相适应，推进中国特色社会主义事业全面发展、全面进步；就要按照"四个全面"

战略布局作出的重大战略抉择，紧紧扭住全面建设社会主义现代化国家这个战略目标，以全面深化改革、全面依法治国、全面从严治党为全面建设社会主义现代化国家提供重要保障。新时代中国人民要深刻认识"五位一体"总体布局与"四个全面"战略布局的战略意义，进而将个人奋斗同新时代坚持和发展中国特色社会主义的全局性战略规划和部署结合起来，同实现中华民族伟大复兴的宏伟目标结合起来，实现各行业各领域人民群众大联合大团结，在不懈奋斗中创造新的历史伟业。

（五）提出全面深化改革，为团结奋斗打造制度保障

习近平新时代中国特色社会主义思想明确全面深化改革总目标是完善和发展中国特色社会主义制度、推进国家治理体系和治理能力现代化。在新时代新征程上，必须坚持全面深化改革。

习近平总书记指出："改革开放是决定当代中国命运的关键一招，也是决定实现'两个一百年'奋斗目标、实现中华民族伟大复兴的关键一招。"[1] 经过波澜壮阔的改革历程，我国取得了举世瞩目、彪炳史册的伟大发展成就。随着改革进入攻坚期和深水区，一些深层次体制机制问题和利益固化藩篱日益显现。以习近平同志为核心的党中央深刻认识到实践发展永无止境，解放思想永无止境，改革开放永无止境，以巨大政治勇气全面深化改革，打响改革攻坚战，突破利益固化藩篱，坚决破除各方面体制机制弊端，基本建立起各领域基础性制度框架，全面完成了新一轮党和国家机构改革。中国特色社会主义制度更加成熟更加定型，国家治理体系和治理能力现代化水平明显提高，党和国家事业焕发出新的生机活力。

---

[1] 《习近平关于全面深化改革论述摘编》，中央文献出版社2014年版，第3页。

不论全面深化改革改什么，怎么改，改到哪一步，前提是坚持改革的社会主义方向。习近平总书记强调："我们的方向就是不断推动社会主义制度自我完善和发展，而不是对社会主义制度改弦易张。"① 全面深化改革，必须坚持党对改革的集中统一领导，必须坚持完善和发展中国特色社会主义制度、推进国家治理体系和治理能力现代化的总目标，必须坚持以人民为中心的改革价值取向。全面深化改革，要敢于突进深水区，敢于啃硬骨头，敢于涉险滩，敢于面对新矛盾新挑战。要以促进社会公平正义、增进人民福祉为出发点和落脚点，创造更加公平的社会环境，为广大人民群众带来实实在在的利益，充分保证人民平等参与和平等发展权利，还要解决一批结构性矛盾，扎实推进关键领域改革，补齐重大制度短板，巩固拓展改革成果，提升人民群众获得感，以更加科学的制度和更加高超的执行能力，为广大群众追求美好生活激发干事创业强大动力，在经济、政治、文化、社会、生态文明、党的建设等各领域为中国人民团结奋斗提供制度保障。

（六）提出全面依法治国，为团结奋斗提供法治保障

习近平新时代中国特色社会主义思想明确推进全面依法治国总目标是建设中国特色社会主义法治体系、建设社会主义法治国家。在新时代新征程上，必须坚持全面依法治国。

法者，治之端也。法治是治国理政的重要手段。习近平总书记多次强调："什么时候重视法治、法治昌明，什么时候就国泰民安；什么时候忽视法治、法治松弛，什么时候就国乱民怨。"② 全面依法治国，是解决党和国家事业发展面临的重大问题，促进社会

---

① 《习近平关于全面深化改革论述摘编》，中央文献出版社2014年版，第15页。
② 《习近平关于全面依法治国论述摘编》，中央文献出版社2015年版，第8页。

公平正义，确保党和国家长治久安的根本要求，是国家治理的一场深刻革命，关系党执政兴国，关系人民幸福安康，关系党和国家长治久安。特别是随着时代和实践的发展，人民群众也对法治提出了更高的要求。要在中国这样一个大国实现前所未有的伟大社会变革，必须坚持和贯彻全面依法治国，以法治规范社会生活，促进国家的改革发展、社会的和谐稳定、司法的公平正义。

全面依法治国，依法维护人民群众合法权益，为新时代中国人民团结奋斗提供了重要法治保障。调动人民团结奋斗的积极性，必须切实保护人民群众合法权益，维护和谐稳定的社会秩序，增强人民群众的幸福感、获得感。要坚持走中国特色社会主义法治道路，建设中国特色社会主义法治体系，建设社会主义法治国家，全面推进国家各方面工作法治化。坚持依法治国首先要坚持依宪治国，必须不折不扣贯彻实施宪法，保证人民依法享有广泛的权利和自由。全面依法治国，必须全面推进科学立法。要推进科学立法、民主立法、依法立法，统筹立改废释纂，增强立法系统性、整体性、协同性、时效性，以良法促进发展、保障善治。新时代科学立法的重要代表、新时代社会主义法治建设的重大成果《中华人民共和国民法典》，调整民事主体间人身关系和财产关系，平等保护全体人民生命健康、财产安全、交易便利、生活幸福、人格尊严等各方面权利，使调整民事关系有法可依，发挥了维护人民权益、化解矛盾纠纷、促进社会和谐稳定的重要作用。全面依法治国，必须全面推进严格执法。中国特色社会主义进入新时代，广大人民群众对法治政府建设和公共安全保障提出了更高要求。要加快建设法治政府，推动各级政府全面依法履职、利企便民，为广大人民群众团结奋斗提供更大便利。还要全面推进严格规范公正文明执法，加大关系群众切身利益的重点领域执法力度，打击震慑社会面违法犯罪，防控人民群众身边安全隐患，守护好群众"深夜撸串的安全感"，为广大人民群众团结奋斗提供安全保障。全面依法治国，必须全面推进公正司法。习近平总书记经常引用《韩非子》名句："国无常强，无常弱。奉法者强则国强，奉法者弱则国弱。"从良法到善治，离不开司法机关公正司法。公正司法是维护社会公平正义的最后一道防线，要严格公正司法，努力让人民群众在每一个司法案件中感受到公平正义。全面依法治国，必须全面推进全民守法。要加快建设法治社会，以社会主义法治为中国人民团结奋斗的坚强后盾，引导全体人民自身成为社会主义法治的忠实崇尚者、自觉遵守者和坚定捍卫者，自觉尊法、信法、守法、用法、护法，使尊法学法守法用法在全社会蔚然成风，营造全社会守法的良好氛围，为新时代以团结奋斗创造历史伟业强化法治保障。

（七）实现中国特色社会主义政治经济学理论创新，为团结奋斗提供发展依托

习近平新时代中国特色社会主义思想明确必须坚持和完善社会主义基本经济制度，使市场在资源配置中起决定性作用，更好发挥政府作用，把握新发展阶段，贯彻创新、协调、绿色、开放、共享的新发展理念，加快构建以国内大循环为主体、国内国际双循环相互促进的新发展格局，推动高质量发展，统筹发展和安全。在新时代新征程上，必须坚持新发展理念，必须坚持总体国家安全观。

恩格斯曾经指出，无产阶级政党的"全部理论来自对政治经济学的研究"。[①] 中国特色社会主义进入新时代以来，以习近平同志为核心的党中央作出我国已由高速增长阶段转向高质量发展阶段

---

① 《马克思恩格斯文集》第 2 卷，人民出版社 2009 年版，第 596 页。

的重要判断，实现了社会主义基本经济制度的重大发展，提出了创新、协调、绿色、开放、共享的新发展理念，致力构建以国内大循环为主体、国内国际双循环相互促进的新发展格局，高度重视为我国经济发展创造国家安全保障，创立了习近平新时代中国特色社会主义经济思想，开拓了中国特色社会主义政治经济学的新境界。

社会主义基本经济制度在经济发展中具有基础性和决定性的地位，规定了我国的生产资料所有制结构、分配方式和资源配置方式，是中国特色社会主义制度的重要支柱。新发展理念是引领新时代实现高质量发展，科学回答新时代实现什么样的发展、怎样实现发展问题的关键理论创新。构建新发展格局，适应我国发展阶段、条件、环境变化，特别是基于我国比较优势变化，明确了我国经济现代化新的路径选择。

改革开放以来，我国经济经历了长期的高速增长，创造出了经济快速发展的中国奇迹。但同时，经过长期积累，我国经济结构性体制性矛盾显现，发展不平衡、不协调、不可持续问题突出，增长速度换挡期、结构调整阵痛期、前期刺激政策消化期"三期叠加"的复杂局面。经济发展进入新常态，传统发展模式难以为继，要求我国坚持和贯彻创新、协调、绿色、开放、共享的新发展理念。要贯彻新发展理念，构建高水平社会主义市场经济体制，建设现代化产业体系，全面推进乡村振兴，促进区域协调发展，推进高水平对外开放，构建新发展格局。贯彻新发展理念，是实现我国转向创新成为第一动力、协调成为内生特点、绿色成为普遍形态、开放成为必由之路、共享成为根本目的的高质量发展的深刻变革。

进入新时代，我国面临更为严峻的国家安全形势。统筹发展与安全，贯彻总体国家安全观，有力应对来自方方面面的风险挑战考验，是实现高质量发展，推动"中国号"航船行稳致远的重要保障。国家安全是民族复兴的根基，社会稳定是国家强盛的前提。必须坚定不移贯彻总体国家安全观，健全国家安全体系，增强维护国家安全能力，提高公共安全治理水平，完善社会治理体系，建设更高水平的平安中国，以新安全格局保障新发展格局。统筹发展和安全，增强忧患意识，做到居安思危，是我们党治国理政的一个重大原则，是以习近平同志为核心的党中央立足我国发展新阶段、国家安全新形势作出的重大战略选择，也是贯彻总体国家安全观的必然要求。

新时代中国人民团结奋斗，追求美好生活，就要在社会主义基本经济制度下坚持新发展理念，共同构建新发展格局，"八仙过海，各显神通"，通过在不同所有制经济、不同经济部门中的合法经营和诚实劳动使一切创造社会财富的源泉充分涌流，创造每一个中国人自己的美好生活，同时有效应对风险挑战，维护广大人民团结奋斗的辛劳成果，汇聚成中华民族伟大复兴的浩荡洪流。

（八）建设世界一流的现代化革命军队，为团结奋斗提供国防保障

习近平新时代中国特色社会主义思想明确党在新时代的强军目标是建设一支听党指挥、能打胜仗、作风优良的人民军队，把人民军队建设成为世界一流军队。在新时代新征程上，必须坚持党对人民军队的绝对领导。

强国必须强军，军强才能国安。中国人民解放军是执行党的政治任务的武装集团，是人民民主专政的坚强柱石，是中国特色社会主义的坚强柱石。新时代人民军队担负着为巩固中国共产党领导和我国社会主义制度提供战略支撑，为捍卫国家主权、统一、领土完整提供战略支撑，为维护我国海外利益提供战略支撑，为促进世界

和平与发展提供战略支撑的重大使命任务。实现中华民族伟大复兴，全面建成社会主义现代化强国，必须贯彻习近平强军思想，贯彻新时代军事战略方针，建设一支听党指挥、能打胜仗、作风优良的世界一流军队，实现国防和军事现代化。

军队是无产阶级夺取和保持国家政权的主要强力工具，马克思指出，"建立无产阶级专政，其首要条件就是无产阶级的大军。"[①]要保障中国共产党长期执政、国家政治稳固、社会秩序稳定，要保证人民军队保持强大凝聚力、向心力、创造力、战斗力，就必须坚持党对人民军队的绝对领导，确保枪杆子永远听党指挥；有了党对人民军队的绝对领导，人民军队才能军魂不变、本色不改，敢打硬仗、善打硬仗。坚持党对人民军队的绝对领导，必须坚持党指挥枪的重大政治原则，坚持人民军队最高领导权和指挥权属于党中央和中央军委，全面深入贯彻军委主席负责制，建强人民军队党的组织体系，推进政治整训常态化制度化，持之以恒正风肃纪反腐，以党的坚强领导为实现国防和军事现代化奠定坚实基础。

实现国防和军事现代化，把人民军队建设成为听党指挥、能打胜仗、作风优良的世界一流军队，必须坚持中国共产党对人民军队的绝对领导，必须坚持政治建军、改革强军、科技强军、人才强军、依法治军，必须坚持边斗争、边备战、边建设。要以现代化的强大人民军队保卫社会主义，巩固国防，捍卫国家主权、安全、发展利益，以军事手段作为进行伟大斗争的战略支撑手段，有效应对各类打压遏制、风险挑战，塑造安全态势，遏控危机冲突，打赢局部战争，为中国人民团结奋斗提供强大国防保障，为以中国式现代化全面推进中华民族伟大复兴提供有力战略支撑。

---

① 《马克思恩格斯文集》第 3 卷，人民出版社 2009 年版，第 619 页。

（九）开展中国特色大国外交，为团结奋斗营造良好国际环境

习近平新时代中国特色社会主义思想明确中国特色大国外交要服务民族复兴、促进人类进步，推动建设新型国际关系，推动构建人类命运共同体。在新时代新征程上，必须坚持推动构建人类命运共同体。

习近平总书记指出："实现中华民族伟大复兴，不仅需要安定团结的国内环境，而且需要和平稳定的国际环境。"① 当前，世界之变、时代之变、历史之变正以前所未有的方式展开，全球发展深层次矛盾突出，人类面临严峻挑战。党的十八大以来，以习近平同志为核心的党中央深刻把握新时代中国和世界发展大势，在对外工作上进行一系列重大理论和实践创新，形成了习近平外交思想。

在习近平外交思想指导下，我们开展中国特色大国外交，奉行独立自主的和平外交政策，维护国际关系基本准则，维护国际公平正义；在和平共处五项原则基础上同各国发展友好合作，推动构建新型国际关系；坚持对外开放基本国策，更好惠及各国人民；积极参与全球治理体系改革和建设，推动全球治理朝着更加公正合理的方向发展；弘扬和平、发展、公平、正义、民主、自由的全人类共同价值，构建人类命运共同体。

新时代中国外交办成了不少大事要事，大大加强了我国国际影响力，全面维护了我国国家利益，为中国人民团结奋斗、实现中华民族伟大复兴营造了和平稳定的国际关系，同时为人类进步事业作出了较大贡献。今天，中国外交不仅为国内坚持和发展中国特色社会主义伟大事业提供保障，而且坚持外交为民的服务宗旨，时刻牵

---

① 习近平：《在纪念辛亥革命 110 周年大会上的讲话》，人民出版社 2021 年版，第 9—10 页。

挂海外侨胞冷暖安危，让海外国人生命财产更加安全，尊严荣誉更有保障，成为新时代中国人民向世界各地走出去、在更广阔天地以团结奋斗创造历史伟业的可靠后盾。

（十）坚持"一国两制"和推进祖国统一，全体中华儿女共同团结奋斗

习近平新时代中国特色社会主义思想提出，在新时代新征程上，必须坚持"一国两制"和推进祖国统一。

习近平总书记指出，"'一国两制'是中国特色社会主义的伟大创举"①。保证香港、澳门实现长治久安和长期繁荣稳定，符合国家根本利益和广大港澳同胞根本利益。必须全面准确贯彻落实"一国两制"方针，坚持"港人治港"、"澳人治澳"、高度自治，坚持依法治港治澳，维护宪法和基本法确定的特别行政区宪制秩序，坚持和完善"一国两制"制度体系，落实中央对特别行政区全面管治权，坚定落实"爱国者治港""爱国者治澳"原则，坚决防范和遏制外部势力干预港澳事务。同时要支持香港、澳门发展经济、改善民生、破解经济社会发展中的深层次矛盾和问题，支持香港、澳门更好融入国家发展大局，为实现中华民族伟大复兴贡献港澳力量。

把中国建设成为富强民主文明和谐美丽的社会主义现代化强国，实现中华民族伟大复兴的中国梦，是包括台湾同胞在内的全体中华儿女的共同愿望和共同事业。解决台湾问题，实现祖国完全统一，是实现中华民族伟大复兴的必然要求。必须坚持贯彻新时代党

---

① 习近平：《高举中国特色社会主义伟大旗帜 为全面建设社会主义现代化国家而团结奋斗——在中国共产党第二十次全国代表大会上的报告》，人民出版社2022年版，第57页。

解决台湾问题的总体方略，牢牢把握两岸关系主导权和主动权，坚持一个中国原则和"九二共识"，坚决反对和打击"台湾独立"，坚决反对外部势力干涉，以最大诚意、尽最大努力争取按照"和平统一、一国两制"方针实现两岸和平统一，但绝不承诺放弃使用武力。中华民族伟大复兴已经进入不可逆转的历史进程，新时代中国人民更有条件、更有信心、更有能力完成祖国统一大业。实现祖国完全统一的时与势始终在我们一边，祖国完全统一一定要实现！

维护港澳长期繁荣稳定，实现祖国完全统一，实现中华儿女大团结大联合，凝聚包括港澳台同胞在内的全体中华儿女共同奋斗的强大力量，中国人民就一定能够团结统一，不懈奋斗，创造中华民族伟大复兴的不朽历史伟业。

（十一）提出全面从严治党，以伟大自我革命引领伟大社会革命

习近平新时代中国特色社会主义思想明确全面从严治党的战略方针，提出新时代党的建设总要求，全面推进党的政治建设、思想建设、组织建设、作风建设、纪律建设，把制度建设贯穿其中，深入推进反腐败斗争，落实管党治党政治责任，以伟大自我革命引领伟大社会革命。

党的十八届六中全会审议通过的《关于新形势下党内政治生活的若干准则》开篇明确指出："办好中国的事情，关键在党，关键在党要管党、从严治党。"① 打铁还须自身硬，必须时刻保持解决大党独有难题的清醒和坚定。全面从严治党是党团结带领人民实

---

① 《习近平关于全面从严治党论述摘编》，中央文献出版社2016年版，第14页。

现民族复兴伟业的前提条件，是党永葆生机活力、走好新的赶考之路的必由之路；自我革命是中国共产党跳出治乱兴衰历史周期率的第二个答案。全面从严治党永远在路上，自我革命永远在路上。

全面从严治党，深入推进新时代党的建设新的伟大工程，必须以加强党的长期执政能力建设、先进性和纯洁性建设为主线，以党的政治建设为统领，以坚定理想信念宗旨为根基，以调动全党积极性、主动性、创造性为着力点，不断提高党的建设质量，把党建设成为始终走在时代前列、人民衷心拥护、勇于自我革命、经得起各种风浪考验、朝气蓬勃的马克思主义执政党。"浇风易渐，淳化难归"，全面从严治党必须持之以恒正风肃纪，全面贯彻落实中央八项规定，以钉钉子精神纠治"四风"，党性党风党纪一起抓。反腐败是最彻底的自我革命，全面从严治党必须把反腐败斗争进行到底，把权力关进制度的笼子里，实现不敢腐、不能腐、不想腐一体推进，惩治震慑、制度约束、提高觉悟一体发力；必须坚决防止政商勾连、资本向政治领域渗透等破坏政治生态和经济发展环境，坚决防止领导干部成为利益集团和权势团体的代言人、代理人；特别是高度警惕政治问题和经济问题交织的腐败，严肃查处周永康、薄熙来、孙政才、令计划等严重违纪违法案件，防止党内形成利益集团，防范化解政治风险。

通过全面从严治党，中国共产党推动管党治党由一度宽松软走向严紧硬，政治生态风清气正持续向好，开辟了百年大党自我革命新境界。中国人民团结奋斗创造历史伟业，就是要推进新时代坚持和发展中国特色社会主义、全面建成社会主义现代化强国、实现中华民族伟大复兴的伟大社会革命。勇于自我革命，是夺取历史主动、引领社会革命的一着妙手。中国共产党以伟大自我革命引领伟大社会革命，在革命性锻造中更加坚强有力，坚守初心使命，始终走在时代前列，始终成为全国人民的主心骨，始终成为中国特色社会主义事业的坚强领导核心，以新时代党的建设新的伟大工程为坚持和加强党的全面领导提供了重要支撑。

习近平新时代中国特色社会主义思想深化了对共产党执政规律、社会主义建设规律和人类社会发展规律的认识，系统回答了新时代坚持和发展什么样的中国特色社会主义、怎样坚持和发展中国特色社会主义，建设什么样的社会主义现代化强国、怎样建设社会主义现代化强国，建设什么样的长期执政的马克思主义政党、怎样建设长期执政的马克思主义政党等重大时代课题，是当代中国马克思主义、二十一世纪马克思主义，是中华文化和中国精神的时代精华，实现了马克思主义中国化新的飞跃，在当代中国和二十一世纪的世界高高举起了马克思主义的光辉旗帜，指明了新时代中国特色社会主义的前进方向和发展道路，为新时代全党全国各族人民为全面建设社会主义现代化国家、全面推进中华民族伟大复兴而团结奋斗奠定了思想根基，确定了正确方向，提供了根本遵循。

三、用党的创新理论武装全党

党的十八大以来的十年，极不寻常，极不平凡。以习近平同志为核心的党中央团结带领全党全国各族人民，坚持和贯彻习近平新时代中国特色社会主义思想，有效应对严峻复杂的国际形势和接踵而至的巨大风险挑战，以奋发有为的精神把新时代中国特色社会主义不断推向前进，迎来中国共产党成立一百周年，推动中国特色社会主义进入新时代，完成脱贫攻坚、全面建成小康社会的历史任务，实现了第一个百年奋斗目标，以团结奋斗夺取了彪炳中华民族发展史册、对世界具有深远影响的历史性胜利。

在习近平新时代中国特色社会主义思想指导下，我们全面贯彻党的基本路线、基本方略，采取一系列战略性举措，推进一系列变革性实践，实现一系列突破性进展，取得一系列标志性成果，经受住了来自政治、经济、意识形态、自然界等方面的风险挑战考验，党和国家事业取得了涵盖坚持党的全面领导、全面从严治党、经济建设、全面深化改革开放、政治建设、全面依法治国、文化建设、社会建设、生态文明建设、国防和军队建设、维护国家安全、坚持"一国两制"和推进祖国统一、外交工作等十三个方面的历史性成就，推动我国迈上全面建设社会主义现代化国家新征程。

靡不有初，鲜克有终。实现第一个百年奋斗目标，取得十三个方面历史性成就，不仅不意味着我们可以躺在"功劳簿"上，可以松松劲、歇歇脚，而且要求我们以"路漫漫其修远兮，吾将上下而求索"的饱满精神状态把各项工作做得更好。新征程上，全党全国各族人民要继续全面贯彻习近平新时代中国特色社会主义思想，在党的旗帜下团结成"一块坚硬的钢铁"，心往一处想，劲往一处使，自信自强、守正创新，踔厉奋发、勇毅前行，以团结奋斗推动中华民族伟大复兴号巨轮乘风破浪、扬帆远航。与此同时，全党全国各族人民还要在团结奋斗创造历史伟业的伟大社会实践中继续进行理论探索和创新，不断科学回答中国之问、世界之问、人民之问、时代之问，形成与时俱进的理论成果，推动马克思主义不断实现中国化时代化，实现习近平新时代中国特色社会主义思想的新的发展，更好指导新时代中国实践。

在新征程上进一步团结奋斗，创造新的历史伟业，中国人民要继续全面贯彻习近平新时代中国特色社会主义思想，坚持不懈用习近平新时代中国特色社会主义思想凝心铸魂。新时代十年实践取得的伟大成就、发生的伟大变革充分证明，习近平新时代中国特色社会主义思想是当代中国马克思主义、二十一世纪马克思主义，是中华文化和中国精神的时代精华，是马克思主义中国化新的飞跃，是当代中国共产党人观察时代、把握时代、引领时代的思想武器。全党全国各族人民要深刻领悟"两个确立"决定性意义，增强"四个意识"、坚定"四个自信"、做到"两个维护"，切实把思想和行动统一到党的二十大和习近平总书记系列重要讲话精神上来，在共同思想基础上围绕共同奋斗目标团结成"一块坚硬的钢铁"，巩固和发展各民族大团结、全国人民大团结、全体中华儿女大团结。"单则易折，众则难摧"；"事必有法，然后可成"。习近平总书记指出，明天的中国，力量源于团结。中华儿女团结起来，在习近平新时代中国特色社会主义思想科学理论指导下，就将凝聚起创造历史伟业的磅礴力量，在新征程上继续坚持和加强党的全面领导，以中国式现代化全面推进中华民族伟大复兴，统筹推进"五位一体"总体布局、协调推进"四个全面"战略布局，坚持新发展理念，坚持以人民为中心，坚持社会主义核心价值体系，坚持在发展中保障和改善民生，坚持人与自然和谐共生，以全面深化改革、全面依法治国、全面从严治党保障全面建设社会主义现代化国家，把人民军队建设成为世界一流军队，推动构建人类命运共同体，坚持"一国两制"、推进祖国统一，以伟大自我革命引领伟大社会革命，夺取全面建设社会主义现代化国家、全面推进中华民族伟大复兴的新的历史性成就，创造中华民族伟大复兴新的历史伟业。

在新征程上进一步团结奋斗，创造新的历史伟业，中国人民还要理解好、把握好习近平新时代中国特色社会主义思想的世界观和方法论，坚持好、运用好贯穿其中的立场观点方法。世界观是人们对整个世界的总的看法和根本观点，方法论是人们认识和改造世界所遵循的根本方法的学说和理论体系，有什么样的世界观，就有什么样的方法论。世界观和方法论辩证统一于人的实践。习近平新时代中国特色社会主义思想，既回答新时代坚持和发展什么样的中国特色社会主义、建设什么样的社会主义现代化强国、建设什么样的长期执政的马克思主义政党的问题，又回答新时代怎样坚持和发展中国特色社会主义、怎样建设社会主义现代化强国、怎样建设长期执政的马克思主义政党的问题；既讲是什么、为什么，又讲怎么看、怎么办，是马克思主义世界观和方法论的统一。党的二十大报告中指出，习近平新时代中国特色社会主义思想的世界观和方法论，以及贯穿其中的立场观点方法，就是"六个必须坚持"，即必须坚持人民至上、必须坚持自信自立、必须坚持守正创新、必须坚持问题导向、必须坚持系统观念、必须坚持胸怀天下。这"六个必须坚持"，逻辑缜密，内在统一，是一个有机的理论体系，蕴含深厚的道理学理哲理，不仅是把握习近平新时代中国特色社会主义思想的关键，而且是在新征程上不断谱写马克思主义中国化时代化新篇章，继续发展习近平新时代中国特色社会主义思想的关键。必须坚持人民至上，坚持马克思主义的人民性，站稳人民立场、把握人民愿望、尊重人民创造、集中人民智慧，形成来自人民、为了人民、造福人民的，为人民所喜爱、认同和拥有的科学理论。必须坚持自信自立，牢记"从来就没有什么救世主，也不靠神仙皇帝"，始终从中国基本国情出发解答中国问题，坚定中国特色社会主义道路自信、理论自信、制度自信、文化自信。必须坚持守正创新，坚持马克思主义基本原理不动摇，坚持中国特色社会主义不动摇，同时善于发现和鉴别新的社会实践中出现的新生事物，细心照料、热情扶植新生事物，不盲从本本，不迷信前人，以高度的历史自觉和理论勇气实现理论创新。必须坚持问题导向，承认矛盾、分析矛盾、解决矛盾，增强问题意识，以理论创新回应实践遇到的新问题、改革发展稳定存在的深层次问题、人民群众急难愁盼问题、国际变局中的重大问题、党的建设面临的突出问题。必须坚持系统观念，以普遍联系的、全面系统的、发展变化的观点观察事物，把握事物发展规律，通过历史看现实，透过现象看本质，处理好全局和局部、当前和长远、宏观和微观、主要矛盾和次要矛盾、特殊和一般的关系，注重系统性、整体性和协同性。必须坚持胸怀天下，始终心系人类进步事业和国际共产主义运动，以世界眼光洞察人类发展进步潮流，解决人类面临共同问题，借鉴吸收一切人类文明优秀成果，以一个马克思主义政党高度的世界历史自觉性为人类谋进步、为世界谋大同。

习近平总书记参加党的二十大广西代表团讨论时强调，团结才能胜利，奋斗才会成功。他强调，当前最重要的任务，就是撸起袖子加油干，一步一个脚印把党的二十大作出的重大决策部署付诸行动，见之于成效。[①] 我们相信，新征程上，全党全国各族人民将在习近平新时代中国特色社会主义思想指引下，紧密团结在以习近平同志为核心的党中央周围，贯彻落实党的二十大精神，深入践行新发展理念，坚决贯彻党中央决策部署，在实现高质量发展上展现更大作为，在构建新发展格局上取得更大突破，在发展社会主义民主政治上取得更大成果，在推动绿色发展上实现更大进展，在实现建军一百年奋斗目标上迈出更大步伐，在维护国家安全上取得更大成就，在推进全面从严治党上取得更大成效，在全面建设社会主义现代化国家、全面推进中华民族伟大复兴的时代征程上创造新的不朽历史伟业！

---

① 《心往一处想劲往一处使　推动中华民族伟大复兴号巨轮乘风破浪扬帆远航》，《人民日报》2022 年 10 月 18 日。

在习近平新时代中国特色社会主义思想科学理论的指导下，中国共产党团结带领全国各族人民，夺取了全面建成小康社会伟大胜利，取得了中国特色社会主义事业举世瞩目的重大成就，正以昂扬姿态奋进在全面实现社会主义现代化、以中国式现代化全面推进中华民族伟大复兴的全新征途之上。行百里者半九十。中华民族伟大复兴，绝不是轻轻松松、敲锣打鼓就能实现的。习近平总书记在省部级主要领导干部"学习习近平总书记重要讲话精神，迎接党的二十大"专题研讨班上的重要讲话中深刻指出：当前，世界百年未有之大变局加速演进，世界之变、时代之变、历史之变的特征更加明显。我国发展面临新的战略机遇、新的战略任务、新的战略阶段、新的战略要求、新的战略环境，需要应对的风险和挑战、需要解决的矛盾和问题比以往更加错综复杂。面临种种风险挑战和各色矛盾问题，在全面建设社会主义现代化国家新征程上，我们必须继续时刻高度重视思想指引在全党全国各族人民团结奋斗创造历史伟业过程中的重要作用，要在全党全国各族人民中继续深入开展习近平新时代中国特色社会主义思想宣传教育工作，推动广大党员干部群众真学、真懂、真信、真用习近平新时代中国特色社会主义思想这一党的最新理论创新成果，让中国化时代化马克思主义在中国人民团结奋斗创造历史伟业的伟大实践中释放出强大真理力量。

第六章　团结奋斗，应对复杂形势

习近平总书记指出："能团结奋斗的民族才有前途，能团结奋斗的政党才能立于不败之地。"①站在第一个百年奋斗目标胜利实现的历史节点上，党的二十大开启了向第二个百年奋斗目标进军的号角。在全面建成社会主义现代化强国的新征程上，我们的使命更加光荣，任务更加艰巨，我们比历史上任何时期都更加需要团结奋斗。团结奋斗是我们实现宏伟目标的必然要求，社会主义现代化、中华民族伟大复兴的恢弘前路唯有通过全党全国人民团结奋斗才可到达光辉彼岸；

① 《习近平谈治国理政》第四卷，外文出版社 2022 年版，第 554 页。

团结奋斗是我们完成艰巨任务的必然要求，面对着世界百年未有之大变局与中华民族伟大复兴战略全局的叠加共振，唯有团结奋斗方能克服荆棘挑战；团结奋斗是我们应对风险挑战的必然要求，唯有团结奋斗，才能经受住风高浪急甚至惊涛骇浪的重大考验。

一、团结奋斗是实现宏伟目标的必然要求

习近平总书记强调："围绕明确奋斗目标形成的团结才是最牢固的团结，依靠紧密团结进行的奋斗才是最有力的奋斗。"① 新征程上，团结奋斗是党和国家事业不断前进，实现党和人民宏伟目标的必然要求，当十四亿人民紧密团结在党中央周围，心往一处想、劲往一处使，所能迸发出的能量足以取得任何事业的胜利。全面建成社会主义现代化强国、实现民族伟大复兴、推进中国特色社会主义事业，这些宏伟的历史目标需要全党全国各族人民团结奋斗所形成的合力，中华民族伟大梦想的实现要由每一位中华儿女同心协力铸就。

（一）团结奋斗开辟社会主义现代化强国光明前景

社会主义现代化强国的目标需要团结奋斗。党的二十大报告庄严宣告："从现在起，中国共产党的中心任务就是团结带领全国各族人民全面建成社会主义现代化强国、实现第二个百年奋斗目标，以中国式现代化全面推进中华民族伟大复兴。"② 实现社会主义现

---

① 《习近平谈治国理政》第四卷，外文出版社 2022 年版，第 554 页。
② 习近平：《高举中国特色社会主义伟大旗帜　为全面建设社会主义现代化国家而团结奋斗——在中国共产党第二十次全国代表大会上的报告》，人民出版社 2022 年版，第 21 页。

代化是党和人民孜孜以求的奋斗方向，经过百余年的接续奋斗，党领导人民创造了一个又一个历史伟业，在新时代前所未有地接近了全面建成社会主义现代化强国的目标。新征程上，全党全国的团结奋斗为社会主义现代化强国的奋斗征程鼓舞斗志、凝聚力量，开辟社会主义现代化强国的光明前景。

全面建成社会主义现代化强国，是一项团结奋斗的伟大事业。自工业革命以来，现代化事业就成为世界各民族共同的追求方向，后发国家追赶现代化的努力从未停止，但少有国家成功。究其原因，很大程度在于它们的现代化道路是少数人的现代化，发展归根结底是为了少数人的利益，把大多数的百姓排除在外，甚至当作剥削的对象。这样的现代化没有人民群众的支持，产生不了内生的现实力量，不足以支撑一个国家和民族的现代化腾飞，最终只能要么遗憾失败，要么沦为某些霸权主义国家的附庸。而从淮海战役的"小推车"到小岗村的"契约书"，中国共产党从来了解蕴藏在团结奋斗中间最深沉的动力，从来重视与人民群众一道矢志奋斗。习近平总书记指出："中国经济社会的更好发展，归根结底要激发十四亿多人民的力量。"① 而激发这股强大力量的根本，就在于与最广大的人民群众同向同行——中国共产党没有任何自身特殊的利益，人民对美好生活的向往就是我们的奋斗目标。我们即将要实现的中国式现代化，是人口规模巨大的现代化，是全体人民共同富裕的现代化，是物质文明和精神文明相协调的现代化，是人与自然和谐共生的现代化，是走和平发展道路的现代化。这其中任何一条，都浸透着对于人民福祉的深沉关怀，都表达了对人民群众最崇高的敬意，都展现出为了人民、依靠人民的历史底气。也惟其如此，人

---

① 习近平：《在亚太经合组织工商领导人峰会上的书面演讲》，《人民日报》，2022 年 11 月 18 日。

民群众才会真心实意地跟随中国共产党，不遗余力地投入社会主义现代化事业之中，成为我们最大的优势。

积力之所举，则无不胜也；众智之所为，则无不成也。中国人民拥有团结奋斗的文化传统与文明追求，社会主义现代化道路上，团结奋斗更是我们奋进的底气与力量。通过团结奋斗，现代化的事业一定能够实现，这种底气从载人航天事业的发展中可窥一斑。2022 年 11 月 29 日 23 时 8 分，"神舟十五号"载人飞船在酒泉卫星发射中心成功发射升空，中国"天宫"的"最后一棒"终于冲过终点，这意味着中国完全自主地在太空建成了目前国际一流技术水平的空间站，我国载人航空事业已经领跑世界，走在了高新技术现代化的前列。而仅仅在三十年前，当载人航天工程刚刚启动之时，新中国的载人航天事业还处于"一张白纸"的情形。因为起步晚，我国的载人航天事业和西方发达国家有着几十年的发展差距，面对着巨大的技术空白和薄弱的产业基础，几乎形成了技术的代差，而中国人民决心用更短的时间迎头赶上世界先进水平。

1993 年，中国的载人航天工程选定了"神舟"作为中国人自己的宇宙飞船的名字。之所以叫"神舟"，既是取"神奇的天河之舟"之意，更取其"神州"的谐音，象征着中国的载人航天事业是神州大地五湖四海、各行各业、各族同胞同心协力推进的伟大工程，中国人民为建造中华民族的飞船团结一致，共同奋斗。据统计，全国有 110 个研究院、基地、工厂直接参加了中国载人航天工程的研制和建设，还有三千余家单位承担了协作配套和保障任务。一艘"神舟"飞船需要十几万个元器件，每一个元器件都有相关的生产企业负责制造，很多单位甚至不知道自己生产的部件要用在何处，为着"将我们自己的飞船送上天"的目标，成千上万的工人、战士和研究员以高度的责任心与使命感投入工作之中。神舟飞船首任总设计师戚发轫院士曾说："把每个人的岗位工作做好了，拼起来就是中国航天，就是伟大祖国。"撑起载人航天一砖一瓦的，不仅有在发射场连续工作 70 小时的科学家、坚持高强度训练16 年的航天员，更还有在打造的一千个零件中精益求精挑出最精密元件的制造匠师、为通信线路奔走在山岭之间的技术工人和无数坚守在自己岗位上的平凡劳动者，中国航天事业的推进，依靠的正是新型举国体制的巨大优势、万众一心的拼搏力量。正是全国人民的团结奋斗，创造了中国航天事业从"追跑"到"并跑"再到"领跑"的辉煌征程，实现了"可上九天揽月，可下五洋捉鳖"的世纪愿景。航天的高度就是国家的高度，载人航天工程正是在社会主义现代化道路上全中国万众一心、共同奋斗的壮丽画卷。中国载人航天事业的发展历程雄辩地证明了，有全国人民团结奋斗汇聚起的无上伟力，中国的社会主义现代化事业一定能够取得成功。

向社会主义现代化强国进军的新征程是充满光荣和梦想的新的远征。无数的建设者们立足岗位、提高本领、作出自己的贡献，在平凡的岗位上做出属于自己的不平凡的业绩，这些涓涓细流汇成的，便是社会主义现代化国家坚实的地基。

（二）团结奋斗推动中华民族伟大复兴进入不可逆转历史进程

中华民族伟大复兴的历史进程呼唤团结奋斗。在庆祝中国共产党成立 100 周年大会上，习近平总书记代表中国共产党向世界庄严宣告："今天，中华民族向世界展现的是一派欣欣向荣的气象，正以不可阻挡的步伐迈向伟大复兴。"① 中国共产党和中国人民以英勇顽强的团结奋斗，使实现中华民族伟大复兴进入了不可逆转的历

---

① 习近平：《在庆祝中国共产党成立 100 周年大会上的讲话》，人民出版社 2021 年版，第 22 页。

史进程；而在新时代向着伟大复兴胜利前进的历史进程中，团结奋斗也是我们最强大的推动力所在。

习近平总书记曾指出："世界上最大的幸福莫过于为人民幸福而奋斗。"① 中华民族伟大复兴是中华儿女肩负的伟大使命，是全体中国人民团结一致、戮力前行的伟大事业。"中国人民将会看见，中国的命运一经操在人民自己的手里，中国就将如太阳升起在东方那样，以自己的辉煌的光焰普照大地。"② 近代以来，中国人民吃苦了一百多年、斗争了一百多年，也就盼望了伟大复兴一百多年。实现中华民族伟大复兴的中国梦，是近代以来中国人民最伟大的梦想，凝聚了几代中国人的夙愿，经历了近代以来的苦苦探索，中国人民憋足了一口劲儿，要在本世纪实现中华民族的伟大复兴。伟大复兴已成为这个时代最强的旋律、这个民族最大的期盼。我们干事业，只要是为了老百姓的利益，就能得到老百姓的拥护，也就能够最终办成。习近平总书记强调："只要全党全国各族人民团结一心、苦干实干，中华民族伟大复兴的巨轮就一定能够乘风破浪、胜利驶向光辉的彼岸。"③ 在伟大复兴中国梦的指引下，全党全国人民团结在以习近平同志为核心的党中央周围，汇聚起复兴的磅礴力量，推动中华民族伟大复兴进入了不可逆转的历史进程。

团结奋斗是中华民族最质朴的精神风貌，中华民族伟大复兴的前路要靠中华民族团结奋斗精神的复兴来开拓。"积力之所举，则无不胜也；众智之所为，则无不成也。"中国人民是具有伟大团结精神的人民、中国人民是具有伟大奋斗精神的人民。从大禹治水到

① 《习近平谈治国理政》第四卷，外文出版社 2022 年版，第 554 页。
② 《毛泽东选集》第四卷，人民出版社 1991 年版，第 1467 页。
③ 中共中央党史和文献研究院、中央"不忘初心、牢记使命"主题教育领导小组办公室编：《习近平关于"不忘初心、牢记使命"论述摘编》，党建读物出版社、中央文献出版社 2019 年版，第 239 页。

辛亥革命，每逢民族存亡发展的关键时期，中华民族总能激发出强大的凝聚力，以万众一心、众志成城的伟大奋斗精神，冲破艰难险阻。中华民族在数千年的团结奋斗中早已形成了休戚与共的命运共同体，团结奋斗深深镌刻于每一位中国人的血脉与骨髓之中。但近代以来，伴随着半殖民地半封建化的沦落，面对西方帝国主义、殖民主义的入侵，中华民族千年以来的文明共同体与共同体精神被西方的坚船利炮轰成了"四万万人一盘散沙"。缺失了团结奋斗的精神，中华民族再难以集聚起曾经使大河变道、使沧海成田的强大力量，堕落为挨打的"东亚病夫"。

是中国共产党"唤起工农千百万，同心干"，唤醒人民、带领人民在马克思列宁主义的旗帜之下再度建构起中华民族团结奋斗的精神状态，在 20 世纪重现了那个曾经创造无数历史奇迹的伟大民族的形象，更创造了新世界的伟大奇迹。世界惊讶地看到，曾经那个"人情淡薄，世态炎凉"的病恹恹的中国人，突然成为"一不怕苦、二不怕死"的迸发出无限创造力的中华民族。这"摇身一变"，正是在中国共产党领导下的中国人民团结奋斗精神风貌的伟大复兴。习近平总书记指出，"每个人的力量是有限的，但只要我们万众一心、众志成城，就没有克服不了的困难"①。全党全国团结奋斗、万众一心，我们实现梦想的力量就会无比强大，实现梦想的前景就会无比光明。团结奋斗是中华民族伟大复兴深沉持久的现实动能，更是在复兴道路上继续凯歌行进的保障。

（三）团结奋斗确保中国特色社会主义事业行稳致远

中国特色社会主义事业的内在要求在于团结奋斗。党的二十大

---

① 习近平：《论把握新发展阶段、贯彻新发展理念、构建新发展格局》，中央文献出版社 2021 年版，第 23 页。

报告庄严宣告："从现在起，中国共产党的中心任务就是团结带领全国各族人民全面建成社会主义现代化强国、实现第二个百年奋斗目标，以中国式现代化全面推进中华民族伟大复兴。"共产主义是最大多数人的事业，中国特色社会主义事业为了最广大人民的福祉，需要最广大人民的团结奋斗，才能到达社会主义事业的光辉彼岸。

习近平总书记指出："历史是人民创造的，英雄的人民创造英雄的历史。"[①] 马克思主义从诞生开始就带着坚定的人民立场和深厚的人民情怀，人民性是马克思主义最鲜明的品格。在沸腾的工人运动浪潮中，马克思充满热情地讴歌"最大多数的人"，他写道："历史活动是群众的活动，随着历史活动的深入，必将是群众队伍的扩大。"[②]《共产党宣言》指出："过去的一切运动都是少数人的或者为少数人谋利益的运动。无产阶级的运动是绝大多数人的、为绝大多数人谋利益的独立的运动。"[③] 这是具有时代意义的总结，也是开创时代的序曲。马克思主义率先发现了现实的人应有的地位，揭示了"人民群众是历史的创造者"的历史规律。

"火车谁开的，机器谁造的，工厂谁盖的，布谁织的，哪一样东西不是工人造的。"是人民从事物质生产劳动，发明新的劳动工具，生产满足人类社会生存和发展需要的物品，将非人的自然改造为"人化的自然"，创造了社会赖以生存的物质财富。是人民在生产交往中，建立起的社会关系和制度体系，形成了日益完善的人类政治经济制度，创造了复杂的人类社会。是人民在生产劳动中创造出丰富璀璨的精神文明，创造出共同的科学文化。人民是历史上任何一次社会革命的主体力量，是推动社会历史发展变革的动力和指

① 《习近平谈治国理政》第二卷，外文出版社 2017 年版，第 48 页。
② 《马克思恩格斯文集》第 1 卷，人民出版社 2009 年版，第 287 页。
③ 《马克思恩格斯选集》第 1 卷，人民出版社 1995 年版，第 283 页。

向。马克思之前的学者并非完全没有看到人民的力量，但他们高高在上，往往不屑于人民的表达，畏惧于人民的力量，斥人民为"愚民""暴民"，甚至如牛羊一般看待。而马克思恩格斯在工业革命的年代真正深入到工人群众之中，感受他们的生存境况，了解他们的所思所想，他们不仅开创了属于群众的历史哲学，更将毕生投入到了人民解放的实际斗争之中。马克思、恩格斯、列宁，无数革命者前赴后继地努力，就是为了将全人类带入自由全面发展的理想社会之中；而这个理想社会的一砖一瓦，都是由团结奋斗的人民群众搭建而成的。

毛泽东曾热情洋溢地赞颂团结奋斗的力量："军民团结如一人，试看天下谁能敌？"在救国、兴国、富国、强国的历史奋斗之中，中国共产党为什么能够不断从胜利走向胜利？就在于党能够团结带领广大的人民群众、凝聚各方面力量投入到国家和民族的事业之中去；为什么百余年来，人民群众愿意真心实意团结在中国共产党的周围，形成浩荡的历史合力？就在于党的事业就是最大多数人民的事业，党的奋斗是团结奋斗，是全体人民共同努力、也共同分享的奋斗。江山就是人民，人民就是江山。中国共产党始终深知，人民是历史发展的动力。中国共产党在发展的各个阶段都始终坚持人民立场，与人民心连心、同呼吸、共命运；都始终坚持全心全意为人民服务的根本宗旨，实现好、维护好、发展好最广大人民根本利益；都始终把人民拥护不拥护、赞成不赞成、高兴不高兴、答应不答应作为衡量一切工作得失的根本标准。2012 年 11 月 15 日，刚刚当选中共中央总书记的习近平同中外记者见面时庄严地向世界宣告："人民对美好生活的向往，就是我们的奋斗目标。"[①] 正是因

---

① 《习近平谈治国理政》第一卷，外文出版社 2018 年版，第 4 页。

为中国共产党人时刻将最广大的人民群众放在心里，中国共产党才能够成为团结全国各族人民不断奋斗的坚强领导核心。新时代以来，中国共产党坚守"为中国人民谋幸福，为中华民族谋复兴"的初心使命，始终与人民群众想在一起、干在一起，形成了全国上下心往一处想、劲往一处使的生动局面，用事实再次证明了中国共产党就是团结奋斗最可靠的主心骨。

毛泽东曾说："我们一定要坚持下去，一定要不断地工作，我们也会感动上帝的。这个上帝不是别人，就是全中国的人民大众。全国人民大众一齐起来和我们一道挖这两座山，有什么挖不平呢？"[①] 中国特色社会主义事业是一个前无古人的伟大事业，将会面临着许多风高浪急甚至惊涛骇浪的重大考验，而有中国共产党坚强领导下团结起来的十四亿中国人民的共同奋斗，有什么"山"挖不平，有什么艰难险阻不能克服呢？团结奋斗是中国特色社会主义事业最深沉、最强大的力量来源。

二、团结奋斗是完成艰巨任务的必然要求

过去十年，党带领人民团结奋斗取得了彪炳史册的伟大历史功绩，党采取一系列战略性举措，推进一系列变革性实践，实现一系列突破性进展，取得一系列标志性成果，党和国家事业取得历史性成就、发生历史性变革，我国发展具备了更为坚实的物质基础、更为完善的制度保证，实现中华民族伟大复兴进入了不可逆转的历史进程。但中国共产党人清醒地认识到：中华民族伟大复兴绝不是轻轻松松、敲锣打鼓就能实现的，前进道路上仍然存在可以预料和难

---

① 《毛泽东选集》第三卷，人民出版社 1991 年版，第 1102 页。

以预料的各种风险挑战，开启全面建设社会主义现代化国家新征程，我们仍有大量改革难题、发展课题、矛盾问题需要破解，任务极其艰巨，难度世所罕见。在伟大复兴的道路上不只有鲜花和掌声、也有荆棘与坎坷，团结奋斗是我们披荆斩棘的利刃，更是我们戮力前行的力量。

（一）应对深化改革难题

习近平总书记指出，"改革永远在路上，改革之路无坦途。当前，改革又到了一个新的历史关头，很多都是前所未有的新问题，推进改革的复杂程度、敏感程度、艰巨程度不亚于 40 年前"①。改革只有进行时、没有完成时，改革为解决问题而产生，又在不断解决问题中深化。党的十八大以来，中国特色社会主义进入新时代，一方面，党团结带领全国各族人民，经过四十余年的改革开放，取得了举世瞩目的重大成就，拥有了前所未有的发展机遇，我国的综合国力实现了历史性跃升，中国改革进入了新的阶段；另一方面，高速发展的遗留隐患与国际局势变幻的外部挑战交错叠加，一些深层次体制机制问题和利益固化的藩篱也日益显现，我国发展仍然面临一系列突出矛盾和问题，给党和国家事业带来了前所未有的风险挑战。正如习近平总书记所说，中国改革已经进入深水区，容易的改革已经完成了，现在需要解决的都是难啃的硬骨头，这个时候更需要我们以"明知山有虎，偏向虎山行"的勇气，不断把改革推向前进。全面深化改革是一个长期的过程，更是一个不断克服困难、奋勇前进的过程。

新征程上推进全面深化改革在广度上提出了高要求。习近平总

① 习近平：《在深圳经济特区建立 40 周年庆祝大会上的讲话》，人民出版社 2020 年版，第 8 页。

书记强调："全面深化改革，全面者，就是要统筹推进各领域改革，就需要有管总的目标，也要回答推进各领域改革最终是为了什么、要取得什么样的整体结果这个问题。"① 改革开放之初，党在改革事业中以局部探索引领整体效能提高，取得了改革的伟大突破；而进入新时代，改革得到极大深化，党和国家事业形成了"五位一体"总体布局和"四个全面"战略布局，涵盖经济、政治、文化、社会、生态文明和党的建设等多个方面。数十年来，改革的广度大大扩展，从开始的以经济改革为主，逐步深入至党和国家政治体制改革，不断扩展深化；党的十八大以来，党更是扎实推进党和国家机构改革、行政管理体制改革、依法治国体制改革、司法体制改革、外事体制改革、社会治理体制改革、生态环境督察体制改革、国家安全体制改革、国防和军队改革、党的领导和党的建设制度改革、纪检监察制度改革等一系列重大改革。改革从曾经的"杀出血路"到"系统集成"，实现了全面深化。由此也对改革过程中统筹兼顾、协调推进提出了极高要求，带来了全面深化改革新的发展难题。

新征程上推进全面深化改革在深度上提出了高要求。习近平总书记指出："要有强烈的问题意识，以重大问题为导向，抓住重大问题、关键问题进一步研究思考，找出答案，着力推动解决我国发展面临的一系列突出矛盾和问题。"② 党的十八大以来，以习近平同志为核心的党中央以伟大的历史主动精神、巨大的政治勇气、强烈的责任担当，将全面深化改革上升到关系党和国家事业成败兴

① 中共中央文献研究室：《习近平关于全面深化改革论述摘编》，中央文献出版社 2014 年版，第 26 页。
② 中共中央文献研究室：《习近平关于全面深化改革论述摘编》，中央文献出版社 2014 年版，第 38 页。

衰、中国特色社会主义事业长久发展、中华民族伟大复兴宏伟蓝图的历史高度，汇集党的最新理论成果、集体智慧，提出一系列具有科学性、系统性、实践性的重要思想和重大论断，回答了在新时代为什么要全面深化改革、怎样全面深化改革等一系列重大理论和实践问题，极大扩展了改革的深度。新时代的全面深化改革，一个极其关键的特点是把顶层设计放在十分突出的位置上。改革开放之初，党和国家面临的各方面问题千头万绪，亟须破冰突围，因此党"摸着石头过河"，创造了改革发展的历史奇迹；进入新时代，改革事业从夯基垒台、立柱架梁到全面推进、积厚成势，再到系统集成、协同高效，更加需要建立更高层面的领导机制，更加需要总揽全局、协调各方的顶层设计与整体规划，带来了改革发展新的推进难题。

应对全面深化改革的难题尤其需要团结奋斗。习近平总书记强调："改革开放之所以得到广大人民群众衷心拥护和积极参与，最根本的原因在于我们一开始就使改革开放事业深深扎根于人民群众之中。"① 党推行改革开放是回应人民呼声、为了人民福祉，而人民也是改革开放的主要参与者、关键推动者、重要检验者。人民首创精神是改革开放的"启动力量"，邓小平曾说，改革开放的乡镇企业等伟大创造"那不是我们领导出的主意，而是基层农业单位和农民自己创造的"。改革开放的洪流中，不论是小岗村的田间地头还是深圳特区的街头巷尾，人民群众迸发出的凝聚力和创造力都是党推进改革的巨大力量。在前进道路上，面临着全面深化改革的各方面难题，在新的历史征程中继续坚持深化改革开放，深入推进改革创新，着力破解深层次体制机制障碍，彰显中国特色社会主义

---

① 中共中央文献研究室：《习近平关于全面深化改革论述摘编》，中央文献出版社 2014 年版，第 141 页。

制度优势，我们更是需要尊重人民主体地位，发挥群众首创精神，紧紧依靠人民推动改革深化，凝聚起全国人民团结奋斗的巨大力量。正如习近平总书记所言："没有人民支持和参与，任何改革都不可能取得成功。无论遇到任何困难和挑战，只要有人民支持和参与，就没有克服不了的困难，就没有越不过的坎。"[1]

（二）面向创新发展课题

中国特色社会主义进入新时代，中国经济社会发展也迈上了新的台阶，我国经济已由高速增长阶段转向高质量发展阶段。所谓高质量发展，是能够很好满足人民日益增长的美好生活需要的发展，是体现新发展理念的发展，是创新成为第一动力、协调成为内生特点、绿色成为普遍形态、开放成为必由之路、共享成为根本目的的发展。这是中国经济社会发展进入新时代后，从"有没有"转向"好不好"的过程中，中国社会所显露出的重要特征决定的。时代为我们提出了新时代我们继续实现高质量发展的待解决的发展课题，这也是当代中国最为重要也最为急迫的时代课题之一，高质量发展成为全面建设社会主义现代化国家的首要任务。习近平总书记强调："只有聆听时代的声音，回应时代的呼唤，认真研究解决重大而紧迫的问题，才能真正把握住历史脉络、找到发展规律，推动理论创新。"[2] 发展课题的答案就在时代中、就在实践中、更在人民中，只有紧紧团结、深入凝聚起十四亿人民的积极性、主动性、创造性，才能够找到发展课题的时代答案。

创新发展课题是在世界经济巨大波动的形势下保持发展宏观稳

---

① 中共中央文献研究室：《习近平关于全面深化改革论述摘编》，中央文献出版社 2014 年版，第 141 页。

② 习近平：《在哲学社会科学工作座谈会上的讲话》，人民出版社 2016 年版，第 14 页。

定的课题。纵观历史，经济增长往往伴随着周期性的波动，考验着经济体的抗风险能力和社会稳定能力。第二次世界大战后，许多国家在经济发展中不断经历"大起大落"，发展陷入停滞甚至倒退，引发剧烈的经济危机和社会危机，这些前车之鉴不能不以为教训。如今，在世界面临百年未有之大变局，疫情、战乱、孤立主义和保护主义大行其道的背景下，世界经济的不确定因素继续积累、世界经济的不稳定性更加凸显，给深度介入全球化进程的中国经济保持宏观稳定发展提出了前所未有的时代难题。要在世界经济下行的风险加大、国内疫情局势变化迅速、极端高温天气等多重超预期因素的反复冲击下，继续保持发展的高质量，更加需要更加注重从供给侧发力，通过优化经济结构提升经济稳定性。以习近平同志为核心的党中央提出加快构建以国内大循环为主体、国内国际双循环相互促进的新发展格局，这是保持中国经济宏观稳定、推动高质量发展的重大战略。要发挥超大市场规模优势、促进产业创新升级，尤其需要全党全国团结一致，克服结构性改革中的各种复杂因素与矛盾困难，去除粗放式发展所遗留下的"病灶"。有的地方和有的产业，在过去曾经起到过非常积极的推进发展的作用，但是随着中国特色社会主义进入新时代，这些生产方式已经不适应新发展理念的目标要求。面对这种情况，就不能犹豫不定，被地方的、部门的短期利益束缚双手，而是要以全国一盘棋的觉悟，以壮士断腕的勇气改进不合理的发展方式。只有全国在新发展理念的指引下团结一致、共同奋斗，才能构建起新发展格局。

创新发展课题是在经济转型升级的过程中激发内生发展活力的课题。历史证明，世界上主要国家的发展史都会遇到一个明显的"瓶颈期"，这个"瓶颈"即与发展内生动力息息相关。在发展初期，许多国家尤其是后发国家是在有利的外部环境之下取得了发展的"原动力"，在短时间内可以迎来惊人的腾飞；而一旦发展的外部条件有变化，而自身的发展模式并不足以支撑发展动力的平稳转换，就会导致发展的停滞，甚至诱使发展积累下来的危机集中爆发。因此，一个经济体长久稳定地高质量发展，最终要依靠强大的内生动力。而中国共产党人从来知道，发展的内生动力只有一个：那就是人民。"只要我们深深扎根人民、紧紧依靠人民，就可以获得无穷的力量，风雨无阻，奋勇向前。"① 满足人民需要是社会主义生产的根本目的，也是推动高质量发展的根本力量。我国经济的新增长点、新动力蕴含在解决好人民群众普遍关心的突出问题中，产生于人民群众的积极性、主动性、创造性充分发挥的过程中。社会主义生产归根到底是要满足人民物质文化生活的需要，发展的本质就是为了人民、依靠人民、发展成果与人民共享。14 亿中国人民是我国最大的消费主体；同时，14 亿中国人民所蕴含的创造能量，是当代中国最深沉强大的生产要素。因此，要为中国发展注入强大的内生动力，就是要激发蕴含于人民群众中的发展活力。习近平总书记强调："在我们这么一个有着14 亿人口的国家，每个人出一份力就能汇聚成排山倒海的磅礴力量，每个人做成一件事、干好一件工作，党和国家事业就能向前推进一步。"② 怎样将14 亿中国人民的力量汇聚成发展的磅礴伟力，是新时代新征程上我们围绕团结奋斗的基本要求所需要去解决的重要发展课题。

（三）破解复杂矛盾问题

毛泽东曾明确指出："许多人不承认社会主义社会还有矛盾，因而使得他们在社会矛盾面前缩手缩脚，处于被动地位，不懂得在

① 《习近平谈治国理政》第三卷，外文出版社 2020 年版，第 67 页。
② 《习近平谈治国理政》第四卷，外文出版社 2022 年版，第 61 页。

不断地正确处理和解决矛盾的过程中，将会使社会主义社会内部的统一和团结日益巩固。"① 矛盾无处不在、无时不有，矛盾的普遍存在是社会发展的客观规律。中国共产党人在百余年的革命事业中，都注重通过发现矛盾并解决矛盾来推动事物发展、推动社会进步。面向新时代新征程，今天我们所面临矛盾的复杂程度、解决矛盾的艰巨程度明显加大，为当代共产党人提出了破解复杂矛盾问题的艰巨任务。面对错综复杂的矛盾，唯有团结奋斗才能在纷繁的局势中抽丝剥茧，才能在正确处理矛盾问题的过程中将民族复兴伟业与中国特色社会主义事业不断推向前进。

新时代我国社会的主要矛盾是解决其他一切社会矛盾的基础。习近平总书记强调："党和人民事业能不能沿着正确方向前进，取决于我们能否准确认识和把握社会主要矛盾、确定中心任务。"② 中国特色社会主义进入新时代，我国社会主要矛盾已经转化为人民日益增长的美好生活需要和不平衡不充分的发展之间的矛盾。社会主要矛盾的变化意味着，经过长期努力，我国社会生产力水平显著提高，在很多方面已经跃居世界前列，长期困扰我国的物质资源匮乏短缺情况得到根本性转变，现阶段更加突出的问题是发展不平衡不充分。所谓发展不平衡，主要是各区域各领域各方面存在失衡现象，制约了整体发展水平提升；发展不充分，主要是我国全面实现社会主义现代化还有相当长的路要走，发展任务仍然很重。人民日益增长的美好生活需要和不平衡不充分的发展之间的矛盾，绝不是一个能轻易解决的短期问题。过去我们的主要矛盾关键词是"落后"，需要的是迅速实现发展，尽快改变孱弱落后的生产力状况；而现在我们取得了傲人的发展成就，矛盾就变成了两个层面的协调

---

① 《毛泽东文集》第七卷，人民出版社 1999 年版，第 213 页。
② 习近平：《更好把握和运用党的百年奋斗历史经验》，《求是》2022 年第 13 期。

问题了。新时代我们既要继续不断提高社会生产力水平，深化供给侧结构性改革，大力解放和发展生产力；又要完善发展的体制机制，不断调整改善发展过程中不平衡的地方，维护社会公平正义。因此，新时代我国社会主要矛盾的解决，十分考验统筹兼顾、协调发展的能力。社会主要矛盾在社会矛盾中起着领导和决定的作用，它贯穿于经济社会发展的方方面面、党和国家各项工作的方方面面，解决复杂矛盾问题必须时刻紧紧把牢社会主要矛盾这一圆心，在解决社会主要矛盾的过程中推进各项矛盾的正确处理与解决。

坚定信心直面矛盾问题，团结奋斗破解矛盾问题。习近平总书记指出："如果对矛盾熟视无睹，甚至回避、掩饰矛盾，在矛盾面前畏缩不前，坐看矛盾恶性转化，那就会积重难返，最后势必造成无法弥补的损失。"[①] 在社会主要矛盾的支配下，社会的各种矛盾问题必然在一个时期逐渐向复杂化、深度化、尖锐化发展。中国特色社会主义进入新时代，我国经济发展进入新常态，在改革全面深化的大背景下，高速发展遗留下的矛盾问题浮出水面，成为新时代新征程上必须重视应对的现实挑战。经过长期的努力，我们解决了许多在过去时代突出的或难以解决的经济政治社会矛盾问题，但矛盾总是接续出现的，在新时代，一些新的矛盾和过去并不突出的矛盾逐步变得显著、突出。当前，我们的工作仍然存在着一系列矛盾和问题，党的二十大总结为：发展不平衡不充分问题仍然突出，推进高质量发展还有许多卡点瓶颈，科技创新能力还不强；确保粮食、能源、产业链供应链可靠安全和防范金融风险还需解决许多重大问题；重点领域改革还有不少硬骨头要啃；意识形态领域存在不

---

① 习近平：《辩证唯物主义是中国共产党人的世界观和方法论》，《求是》2019 年第 1 期。

少挑战；城乡区域发展和收入分配差距仍然较大；群众在就业、教育、医疗、托育、养老、住房等方面面临不少难题；生态环境保护任务依然艰巨；一些党员、干部缺乏担当精神，斗争本领不强，实干精神不足，形式主义、官僚主义现象仍较突出；铲除腐败滋生土壤任务依然艰巨；等等。面对着复杂的矛盾问题、艰巨的困难形势，全党同志唯有团结奋斗，敢下"有病必医"的决心，拿出"刮骨疗毒"的勇气，不打"马虎眼"、不涂"马赛克"，科学分析矛盾产生的根源、寻找解决矛盾的办法，带动全国各族人民一道团结奋斗，才能破解时代给出的矛盾问题，并在不断解决矛盾的过程中推动时代的进一步发展。

三、团结奋斗是应对风险挑战的必然要求

党的二十大报告指出："我国发展进入战略机遇和风险挑战并存、不确定难预料因素增多的时期，各种'黑天鹅'、'灰犀牛'事件随时可能发生。我们必须增强忧患意识，坚持底线思维，做到居安思危、未雨绸缪，准备经受风高浪急甚至惊涛骇浪的重大考验。"[①] 站在实现第二个百年奋斗目标新征程的历史新起点，世界百年变局加速演进、国际国内风险挑战形势加速演化，党和国家再次走到一个历史的关键节点、紧要关头。一方面，中国从来没有如此接近民族复兴梦想，中国发展仍然面临着重要战略机遇期；另一方面，形势环境变化之快、改革发展稳定任务之重、矛盾风险挑战之多都前所未有。在新征程上应对困境危局、风浪考

---

① 习近平：《高举中国特色社会主义伟大旗帜　为全面建设社会主义现代化国家而团结奋斗——在中国共产党第二十次全国代表大会上的报告》，人民出版社 2022 年版，第 21 页。

验，尤其需要全党的团结一致、全国的团结奋斗、全体中华儿女的团结向前。

（一）团结奋斗应对国际风云变幻

习近平总书记强调，当前，坚持和发展中国特色社会主义理论和实践提出了大量亟待解决的新问题，世界百年未有之大变局加速演进，世界进入新的动荡变革期，迫切需要回答好"世界怎么了"、"人类向何处去"的时代之题。人类历史上，总是会出现一个大变革、大发展、大重构的变局年代，来开启新的时代发展的先声。党的十八大以来，习近平总书记深刻把握世界发展脉搏，高屋建瓴地提出了"百年未有之大变局"的重要论断。事实证明，"世界百年未有之大变局"是以习近平同志为核心的党中央对于国际局势和世界发展的科学预见。当前，世界百年未有之大变局继续加速演变，新冠疫情大流行影响深远，国际格局正在深刻调整，国际环境更趋复杂多变。当今国际局势风云变幻，概括起来有三个变局正在世界展开：一是国际格局和国际体系的深刻调整，二是国际力量对比的革命性变化，三是全球治理体系的深刻变革。由此，十分需要全党全国在变局中把握大局，抓住机遇，顺势而为，乘势而上，在实现中华民族伟大复兴的道路上矢志奋进。

1. 世界百年未有之大变局带来国际社会不稳定因素增加

几百年来，世界格局可以被大致分为三个阶段。公元1500年前的世界是一个多中心的世界，有中华、印度、中东、欧洲文明等四个核心文化圈，各个文化圈中都产生了辉煌灿烂的人类文明形态，都创造出人类文明共有的璀璨文明成果。在漫长的文明发展史中，由于地理的阻隔和技术的落后，各地区彼此之间相互隔绝，甚至都不知道对方的存在，世界并未形成真正意义上的"国际格局"。转折发生在16世纪，欧美西方文明主导的大航海时代到来，殖民扩张、两次工业革命推动了近代世界体系的出现，也因此契机，西方文明逐渐获得了经济、科技、文化上的优势，在多文明的世界中，西方开始赶超并领先全球，并随着世界市场的扩张将自己的影响播撒到世界各个角落。自此以后，数个世纪以来，无论是一战前欧洲的一枝独秀，两战间美、苏、欧三足鼎立，冷战时期美苏两极对峙，还是冷战结束后美国塑造一超多强，世界格局一直都是西强东弱。以美国为首的西方阵营在政治、经济、文化上都以领导者自居，以西方文明为主导建立起了所谓的"现代世界秩序"。

而在过去几十年间，世界发生了沧海桑田般的巨大变化，使世界格局不可阻挡地向下一个阶段演进。全球殖民体系土崩瓦解，冷战对峙最终结束，国家之间相互联系、相互依存的情况日益加深，和平、发展、合作、共赢成为国际有识之士的共识，西方中心论逐渐丧失了市场，资本主义全球化下的西方单边主义、霸权主义强权政治与世界各国之间多边主义和平发展之间的矛盾日趋激化。这些历史现象都说明，以西为尊的国际格局和国际体系需要且正在进行影响深远的结构性调整，世界格局的变化已经在我们眼前发生。这些"百年未有"的格局的变化可以概括为：新兴市场国家和发展中国家的崛起前所未有；新一轮科技革命和产业变革带来的新陈代谢和激烈斗争前所未有；全球治理体系与国际形势变化的不适应、不对称前所未有。虽然支撑全球治理的一系列核心机制和价值规范没有被其他机制规范所替代，但其核心机制和价值规范正在遭遇来自各方面的挑战。在政治上，在西方政坛上，民粹主义、右翼保守主义甚至是极端右翼政治力量纷纷登台亮相。在经济上，去全球化、反一体化和贸易保护主义最终演变成政治行动、演变成政府行为。在价值导向上，世界各地出现了各种极端主义、排外主义甚至仇恨主义的价值潮流，过去奉行的、被视为普遍的价值观念，如普遍权利、文明兼容、多样包容、自由开放等价值的地位正在动摇。

国际格局和国际体系深刻调整必然会增加国际社会的不稳定因素。在新旧世界体系交替的过程中，国家之间的竞争更加激烈，文明的冲突更加凸显，加速累积着我国发展的外部风险。世纪疫情影响深远，逆全球化思潮抬头，单边主义、保护主义明显上升，世界经济复苏乏力，以俄乌冲突为代表的局部冲突和动荡频发，以环境污染为主要表现的全球性问题加剧，以美西方为首的国家集团针对打压中国发展，这些动荡因素驱动着世界格局的航船在风浪中曲折航行，也极大影响着我国发展的外在环境。这些层出不穷、形式多样的风险考验着我们党和国家的抗风险、抗打压能力，考验着中国人民"不信邪、不怕鬼、不怕压"的坚强意志。

2. 世界百年未有之大变局带来国际力量对比转换的重大考验

党的二十大报告庄严宣布："今天，我们比历史上任何时期都更接近、更有信心和能力实现中华民族伟大复兴的目标。"① 当今国际的一个共识便是，中国的和平发展是现代世界变局最大的"自变量"和"生长点"。进入新时代，中国以伟大民族复兴事业开辟前路，创造了一系列举世瞩目的历史性成就与历史性变革，我国的综合国力不断跃上新的台阶，成为当之无愧的域内大国、正在

---

① 习近平：《高举中国特色社会主义伟大旗帜　为全面建设社会主义现代化国家而团结奋斗——在中国共产党第二十次全国代表大会上的报告》，人民出版社 2022 年版，第 15 页。

向世界性现代化强国的奋斗目标迈进，世界从过去的美国一家独大，变成了两个中心，中国由落后世界潮流的追赶者，变成今天迅速走近世界舞台中央的参与者和领跑者。而在不久的将来，当我们完成了全面建成社会主义现代化强国的第二个百年奋斗目标，中国将会成为世界上人口规模最大的现代化大国，将会彻底改变冷战以来的世界政治经济格局。同时不仅仅是中国，第二次世界大战以后，第三世界国家纷纷获得独立并不断发展，逐渐成为一支影响世界政治经济发展的举足轻重的力量，东方的发展中国家不断壮大，按预测，到本世纪中叶，发展中国家的经济总量可能占到世界经济总量的百分之六十以上，到那时，西方力量不再是世界上唯一的话事人，以美国为代表的西方世界的相对衰落，以中国为代表的东方世界的相对发展，国际力量对比正在发生近代以来最具革命性的变动，世界秩序即将迎来彻底重构。

历史上，国际主导力量的转换往往伴随着战争。古希腊历史学家修昔底德曾这样描述公元前 5 世纪的伯罗奔尼撒战争："使得战争无可避免的原因是雅典日益壮大的力量，还有这种力量在斯巴达造成的恐惧"。后世学者将这句话总结为著名的"修昔底德陷阱"，即是说，一个新崛起的大国必然要挑战现存大国，而现存大国也必然来回应这种威胁，这样战争变得不可避免。诚然，16 世纪以来，世界力量对比发生巨大转换、新兴大国赶超守成大国的先例一共有 15 次，其中发生战争的就有 11 次，其中也包括给世界造成巨大灾难的第一次世界大战。根据"国强必霸"的逻辑，一旦国家力量对比变化，需要重构国际秩序时，国家间的冲突就成为了唯一可能的选择。但"国强必霸"并不是国际政治的固有规律，和平与发展仍然是世界的主流。习近平总书记指出："世界上本无'修昔底德陷阱'，但大国之间一再发生战略误判，就可能自己给自己造成

'修昔底德陷阱'。"① 国际政治新秩序的转变与形成，应该跳出战争必然的模式，以合作共赢作为世界迈入新时代的动力。然而目前，美国等西方国家依然坚持"零和博弈"的旧有逻辑，恐惧于中国的发展，大肆渲染"中国威胁论"，对中国以及世界其他进步力量进行无端的指责与打压，试图通过阻碍中国的发展来维护自身的地位，这是在中国发展进程中必然遭遇到的重大考验。这意味着我们不仅要自身保持团结奋斗的奋进姿态，也要以团结一致的精神风貌影响世界各国人民，克服猜疑对立、防止战略误判，共同走向"世界大同"的彼岸。

3. 世界百年未有之大变局需要世界治理体系的深度变革

长期以来，国际秩序都围绕着国家中心主义的治理模式运转，形成了民族国家的世界治理体系。进入新世纪，随着全球化的深入推进，许多世界问题都具有了全球性特征。和平赤字、发展赤字、安全赤字、治理赤字，每一个问题都牵动着全世界人民的心，都影响着国际社会中的每一个国家。面对 21 世纪日益严峻的全球性问题，人类已不可能再退回到民族国家领土范围内来解决问题。全球问题和人类公共事务治理的价值导引，不可能再次立基于传统的国家中心主义价值基点上。各种情况表明，立基于国家中心主义基础上的治理机制和措施，也已经丧失了独立应对挑战的能力和效力。因此，需要有一个具有更宽广的视野、更科学的机制的全新治理体系来应对全球性问题的严峻挑战。党的十八大以来，以习近平同志为核心的党中央以胸怀天下的精神提出了"人类命运共同体"的伟大构想，为世界治理体系变革提供了全新选择。党的二十大报告

---

① 《习近平在对美国进行国事访问时的讲话》，人民出版社 2015 年版，第 20 页。

指出："中国始终坚持维护世界和平、促进共同发展的外交政策宗旨，致力于推动构建人类命运共同体。"① 中国提出"人类命运共同"概念，这也是中国为"建设一个怎样的世界"贡献的答案，"人类命运共同体"已经提出即得到世界进步人士的广泛认同，并被写入了联合国决议之中。

习近平总书记强调："中国始终是世界和平的建设者、全球发展的贡献者、国际秩序的维护者。"② 我们所努力推动建设的世界治理体系，是和平的、发展的、共赢的，然而，旧治理体系的既得利益者并不会自动敞开胸怀接纳新的开放包容的世界治理体系，以美国为首的西方国家操弄的霸权主义、强权政治仍然在国际舞台上活跃着。维护以联合国为核心的主权国家体系同各种破坏挑战国家主权行为之间的矛盾，构建以交流合作为核心的新型国际关系构想同停留在冷战对抗思维上的旧国际关系实践之间的矛盾，依然是当前世界新治理体系建设面临的主要矛盾。21 世纪的全球治理和国家治理只能立基于全球主义的价值基点上，各种全球问题和人类公共事务的治理也只有放到国家治理与全球治理互动的开放框架上，才有获得解决的可能。在这个过程中，我们所面临的矛盾是复杂的、挑战是巨大的，需要为之付出相当大的努力。为有牺牲多壮志，敢教日月换新天，唯有全党全国各族人民团结一致，我们才能真正推动实现世界体系的伟大变革，开启人类文明发展史上新的时代。

---

① 习近平：《高举中国特色社会主义伟大旗帜 为全面建设社会主义现代化国家而团结奋斗——在中国共产党第二十次全国代表大会上的报告》，人民出版社 2022 年版，第 60 页。

② 习近平：《在庆祝中国共产党成立 100 周年大会上的讲话》，人民出版社 2021 年版，第 16 页。

（二）团结奋斗解决大党独有难题

转眼间，中国共产党已走过百余年风雨。习近平总书记指出："把这么大的一个党管好很不容易，把这么大的一个党建设成为坚强的马克思主义执政党更不容易。"[①] 党的二十大明确提出的"大党独有难题"这一重要命题，展现出以习近平同志为核心的党中央强烈的忧患意识、清醒的政治自觉和坚定的战略自信，充分体现了我们党对于自身性质、形势任务、党情变化的深刻认识。中国共产党是中国共产党领导是中国特色社会主义最本质的特征，是中国特色社会主义事业当之无愧的领导核心。成为"百年大党"既象征着中国共产党彪炳史册的伟大功绩，同时也警醒着我们作为百年大党的风险挑战。在新征程上，"大党独有难题"正是我们党面临的最大时代命题。唯有团结凝聚全党力量、团结汇集全国人民力量，才能筑起应对大党独有难题的铜墙铁壁，让百年大党在新征程上焕发出耀眼的生机与活力。

1. 马克思主义政党的独有难题

马克思主义政党是以先进性为重要特征的政党，本身内嵌有对于先进性、纯洁性的不懈追求，肩负着对于全人类共同事业的伟大使命。习近平总书记曾强调："马克思主义政党具有崇高政治理想、高尚政治追求、纯洁政治品质、严明政治纪律。"[②] 进入新世纪以后，中国共产党成为当今世界硕果仅存的具有生命力的马克思主义大党，也由此需要面对马克思主义政党在当代的独有难题。

如何坚持和发展马克思主义，永葆马克思主义的真理性和马克

---

① 中共中央党史和文献研究院编：《习近平关于防范风险挑战、应对突发事件论述摘编》，中央文献出版社 2020 年版，第 130 页。

② 习近平：《论坚持党对一切工作的领导》，中央文献出版社 2019 年版，第 250 页。

思主义政党的先进性，这是中国共产党作为马克思主义政党的独有难题。马克思主义政党区别于其他一切政党的标志便是马克思主义科学理论的指导。马克思主义深刻揭示了人类社会发展规律，指明了人类寻求自身解放的道路。我们党从诞生之日起就把马克思主义写在自己的光辉旗帜上，马克思主义是我们立党立国、兴党强国的根本指导思想，是党必须始终高举的灵魂和旗帜。毛泽东强调："指导一个伟大的革命运动的政党，如果没有革命理论，没有历史知识，没有对于实际运动的深刻的了解，要取得胜利是不可能的。"① 纵观历史，没有哪个共产党在抛弃甚至歪曲了马克思主义之后，还能保有生命力而不迅速衰朽的。随着马克思主义政党的组织规模和执政基础的扩展，必然会有各种思想思潮进入党内。因此，党越成功、越壮大，就越需要坚持马克思主义的科学指导。同时，马克思主义不是僵死的理论，需要在实践中不断根据时代需求发展充实。在中国特色社会主义进入新时代的今天，马克思主义中国化时代化是一道长效命题。只有坚持和发展马克思主义，才能坚守我们党存在和发展的理论基石，才能激发百年大党强大的理论生机与实践活力。

如何一以贯之地坚守理想信念，磨砺作为革命党、革命者的奋斗意志，这也是中国共产党作为马克思主义政党的独有难题。马克思主义政党有着远大的社会理想和伟大的历史使命，胸怀崇高坚定的理想信念并为之不懈奋斗，是共产党人独特的精神标识。历史告诉我们，马克思主义政党是最能够实现社会变革的政治领导力量，也正因如此，取得一些胜利的马克思主义政党，就更容易陶醉于鲜花掌声，安于现状、不思进取，丧失了曾经的革命精神和斗争意志，

① 《毛泽东选集》第二卷，人民出版社1991年版，第533页。

久而久之，党就会变得暮气沉沉、积重难返，最终万劫不复，苏联和东欧各国共产党的殷鉴不远。丧失了理想和奋进精神的马克思主义政党必然要变质、变色，习近平总书记告诫全党："我们是革命者，不要丧失了革命精神。"① 共产党人始终是革命者，始终要以旺盛的革命精神推进自我革命、引领社会革命，失去此种革命追求和革命斗志，共产党就要退化为只为争夺执政地位的旧式政党，也就彻底失去了先进性。如何在长期执政条件下永葆革命精神，始终保持先进性和纯洁性，不断增强创造力、凝聚力、战斗力，永葆马克思主义政党本色，这是中国共产党作为马克思主义大党的重大课题。

2. 社会主义执政党的独有难题

习近平总书记指出："我们要把中国特色社会主义建设好、建设成，需要一个很长的历史时期。在这个漫长历史进程中，确保中国共产党不垮、中国社会主义制度不倒，是一个极难极大的风险挑战。"② 社会主义制度与党的领导是分不开的，社会主义国家必须有强有力的共产党领导。中国共产党在一百余年的历史中，执政时间已有七十余年，是现存社会主义国家中执政时间最长的共产党。中国共产党有着为人民谋幸福、为民族谋复兴、为世界谋大同的鲜明价值取向，这个价值取向构成了党在中国这样一个社会主义大国中长期执政的执政基础，同时也提出了作为社会主义大国执政党需要解答的独有难题。

如何有效巩固和强化党的执政基础，始终保持同人民群众的血肉联系，这是中国共产党作为社会主义大国执政党的独有难题。共产党作为无产阶级政党，它的执政基础是最广大的人民群众。人民群众是共产党的根基、血脉和力量源泉，党和人民之间的关系是党

---

① 《习近平谈治国理政》第三卷，外文出版社 2020 年版，第 70 页。
② 习近平：《坚持和发展中国特色社会主义要一以贯之》，《求是》2022 年第 18 期。

能否生存、能否长期执政的决定因素。苏共曾经是世界上最大的马克思主义执政党，领导着人类历史上最大的社会主义国家，但这样一个"超级大国"中的"超级大党"，竟在 20 世纪末突然"亡党亡政"，结束了执政 74 年的历史，上演了一出"其兴也浡焉，其亡也忽焉"的历史剧。苏共的失败正是在于失去了执政基础，不再是社会中先进力量的代表，反而变成了一小部分官僚和利益集团的代言人，最终被人民群众所抛弃。人心向背关系到党的生死存亡，在长期执政的背景下，党的执政基础面临着弱化、分化和模糊化的风险；在领导 14 亿人民的过程中，党不断受到官僚主义、形式主义和执政惯性的冲击。正如习近平总书记所说："一个政党最难的就是历经沧桑而初心不改、饱经风霜而本色依旧。"① 如何坚守人民立场，巩固和强化党的执政基础，是中国共产党长期执政所面临的独有难题。

如何提高领导水平和执政水平，推进伟大社会革命，这也是中国共产党作为社会主义大国执政党的独有难题。习近平总书记强调："我们党是世界最大的执政党，领导着世界上人口最多的国家，如何掌好权、执好政，如何更好把 14 亿人民组织起来、动员起来全面建设社会主义现代化国家，是一个始终需要高度重视的重大课题。"② 中国共产党始终把为中国人民谋幸福、为中华民族谋复兴作为自己的初心使命，党领导的中国是一个 14 亿多人口的世界大国，党进行的事业是前无古人的伟大复兴事业，责任极重、挑战极大、影响极广。与资产阶级政党不同，中国共产党将国家和民族的命运担于己肩，要实现共产党人的伟大社会革命目标。治国宜将治圃看，垦除容易整齐难。随着中国特色社会主义进入新时代，

---

① 《习近平谈治国理政》第四卷，外文出版社 2022 年版，第 542 页。
② 《习近平谈治国理政》第四卷，外文出版社 2022 年版，第 287 页。

当代中国人口众多、地域辽阔、不平衡不充分发展问题突出等基本国情，对于党的领导水平和执政水平提出了极高要求。要在执政过程中不断提高执政能力和水平，增强治国理政实效，是中国共产党在社会主义大国执政的独有难题。

3. 世界大党的独有难题

截至 2023 年 12 月 31 日，中国共产党有 9918.5 万名党员、517.6 万个基层党组织，党员人数超过了英国、法国等欧洲国家的人口数量，党组织数量和规模亦为世界之最，是当之无愧的世界大党。习近平总书记指出，"我们党作为世界上最大的政党，大就要有大的样子，大也有大的难处"①。党员人数的增加意味着中国共产党凝聚起越来越强大的力量，但同时，庞大的组织规模也带来了属于世界大党的独有难题，考验着党的集中统一领导和拒腐防变能力。

如何继续坚持和加强党中央集中统一领导，使全党同志步调一致、团结奋斗，这是中国共产党作为世界大党的独有难题。新时代以来，习近平总书记曾指出党内的"七个有之"，深刻揭露了党中央集中统一领导遇到的严重挑战。如何在党的规模扩大的同时确保党的坚强有力，这是时代摆在党新的百年征程上的命题。

如何提高拒腐防变和抵御风险的能力，永葆党的先进性与纯洁性，这也是中国共产党作为世界大党的独有难题。对于一个政党来说，党员数量和质量是相辅相成但又不能完全等同的，党需要有党员数量来保证党的建设质量，但整体数量的增加并不必然带来质量的整体提高。苏共在 20 万党员时取得十月革命的胜利，在近 2000 万党员时却遭遇亡党变色的悲剧，如何在党员数量增加的同时保护

---

① 中共中央党史和文献研究院编：《习近平关于防范风险挑战、应对突发事件论述摘编》，中央文献出版社 2020 年版，第 130 页。

党的先进性与纯洁性，是苏共前车之鉴留给我们的省思。我们要成为打不倒、压不垮的马克思主义政党，根本因素在于党自己的先进性与纯洁性是否能够保持。习近平总书记深刻指出："没有什么外力能够打倒我们，能够打倒我们的只有我们自己。"① 作为世界瞩目的百年大党，中国共产党清醒地认识到，党的先进性与纯洁性既是党得以无往不胜的锐利锋刃，同时也是党需要细心呵护的生命之源。在党员数量迅速扩大的时代背景下，如何继续从严治党、拒腐防变，经受住前所未有、风高浪急甚至惊涛骇浪的重大挑战，是党必须解决的时代课题。

习近平总书记指出，未来一个时期，我们面临的风险挑战只会越来越多、越来越严峻。只有全体人民心往一处想、劲往一处使，同舟共济、众志成城，敢于斗争、善于斗争，才能不断夺取新的更大胜利。② 伟大复兴不会轻松实现，奋进道路必然风雨兼程。新征程上，目标宏伟、任务艰巨、形势复杂，需要全党全国各族人民团结奋斗、踔厉奋进，行动坚决、步调一致，以顽强的拼搏意志开创社会主义现代化建设新的时代奇迹。

---

① 中共中央党史和文献研究院编：《习近平关于防范风险挑战、应对突发事件论述摘编》，中央文献出版社 2020 年版，第 139 页。
② 《习近平在看望参加政协会议的民建工商联界委员时强调 正确引导民营经济健康发展高质量发展》，《人民日报》2023 年 3 月 7 日。

第七章　团结奋斗，凝聚磅礴伟力

"积力之所举，则无不胜也；众智之所为，则无不成也。"党的百余年奋斗历程告诉我们，团结就是力量，奋斗并创未来，党和人民所取得的一切成就都是团结奋斗的结果，团结奋斗是中国共产党和中国人民最显著的精神标识。团结的面越宽、团结的人越多，我们的力量就越强、胜利的把握就越大。只要所有中国人民始终手拉着手一起向未来，中国共产党一定能在新的赶考之路上继续创造令人刮目相看的奇迹！

一、巩固和加强党同人民的团结

党的根基在人民、血脉在人民、力量在

人民。人民是我们党克敌制胜、执政兴国的最大底气。正因为有人民群众支持和拥护，我们党赢得了民心，才能走过辉煌历程，取得伟大成就。党的二十大报告明确指出，"全党要坚持全心全意为人民服务的根本宗旨"，"始终保持同人民群众的血肉联系"，形成同心共圆中国梦的强大合力。新时代新征程上，为把我们党建设为始终走在时代前列，得到人民衷心拥护的马克思主义执政党，必须牢固树立马克思主义群众观点，把人民群众最广泛地团结在党的周围，形成党群一心、同责共担、同舟共济、同甘共苦的生动局面。

（一）不断践行以人民为中心的发展思想

人民对美好生活的向往就是我们党的奋斗目标。党的十八大以来，以习近平同志为核心的党中央面对新的形势变化要求，顺应时代发展潮流和人民期盼，创造性地提出以人民为中心的发展思想，维护人民根本利益，增进民生福祉，让现代化建设成果更多更公平惠及全体人民。人民生活水平显著提高，人民生活质量显著上升，人民切实享有更好的教育、更稳定的工作、更满意的收入、更可靠的社会保障、更高水平的医疗卫生服务、更舒适的居住条件、更优美的环境，共同富裕取得更为明显的实质性进展。如今，我们党正团结带领中国人民意气风发地向着全面建成社会主义现代化强国的第二个百年奋斗目标迈进，实现中华民族伟大复兴进入了不可逆转的历史进程。

不断完善分配制度，在发展中保障和改善民生。分配制度是促进共同富裕的基础性制度，而共同富裕是全体人民的富裕，不是少数人的富裕，也不是整齐划一的平均主义。当前我国中等收入群体规模还不大，低收入群体增收存在困难；全社会的收入、财产差距尚未呈现明显的缩小趋势，少数人群通过不合理甚至非法手段获取不当利益。这些分配领域的问题都阻碍了实现共同富裕的步伐。因此，要推动更多低收入人群迈入中等收入行列，就要坚持按劳分配为主体、多种分配方式并存，构建初次分配、再分配、第三次分配协调配套的制度体系，形成中间大、两头小的橄榄形分配结构，努力提高居民收入在国民收入分配中的比重，提高劳动报酬在初次分配中的比重，坚持多劳多得，鼓励勤劳致富，促进机会公平。此外，还要整顿收入分配秩序，加大税收、社会保障、转移支付等的调节力度。完善个人所得税制度，规范收入分配秩序，规范财富积累机制，保护合法收入，调节过高收入，取缔非法收入，从而，增强均衡性和可及性，扎实推进共同富裕。

实施就业优先战略，在发展中保障和改善民生。就业是最基本的民生。我国就业压力在经济新常态的背景下，在结构性矛盾日益突出的今天依然存在，特别是近几年受到新冠疫情的冲击，就业形势较为严峻。党的十八大以来，以习近平同志为核心的党中央高度重视就业问题，不断强化就业优先政策，健全就业促进机制，促进高质量充分就业，推动城镇新增就业年均 1300 万人以上。新时代新征程，要始终贯彻以人民为中心的发展思想，切实推动就业形势向上向好，首先，要做到不断健全就业公共服务体系，完善重点群体就业支持体系，加强困难群体就业兜底帮扶。其次，要统筹城乡就业政策体系，破除妨碍劳动力、人才流动的体制和政策弊端，消除影响平等就业的不合理限制和就业歧视，使人人都有通过勤奋劳动实现自身发展的机会。再次，要健全终身职业技能培训制度，推动解决结构性就业矛盾。完善促进创业带动就业的保障制度，支持和规范发展新就业形态。最后，要健全劳动法律法规，完善劳动关系协商协调机制，完善劳动者权益保障制度，加强灵活就业和新就业形态劳动者权益保障。

　　健全社会保障体系，在发展中保障和改善民生。社会保障是保障和改善民生、维护社会公平、增进人民福祉的基本制度保障，是促进经济社会发展、实现广大人民群众共享改革发展成果的重要制度安排，是治国安邦的大问题。自党的十八大以来，我国社会保障体系建设进入快车道，制度改革不断突破，服务能力不断提升，人民福祉不断增进，建成了世界上规模最大的社会保障体系，确保人民群众不分城乡、地域、性别、职业，在面对年老、疾病、失业、工伤、残疾、贫困等风险时都有了相应的兜底保障，切实为全民的生命安全与身体健康托底。当前，在广达 960 多万平方公里的土地上，要不断推动我国社会保障体系的建设与发展，就要完善基本养老保险全国统筹制度，发展多层次、多支柱养老保险体系；促进多层次医疗保障有序衔接，完善大病保险和医疗救助制度；加快完善全国统一的社会保险公共服务平台；不断健全分层分类的社会救助体系；保障妇女儿童合法权益、完善残疾人社会保障制度和关爱服务体系；加快建立多主体供给、多渠道保障、租购并举的住房制度，这些都是实现人民对美好生活向往的基本前提。

　　推进健康中国建设，在发展中保障和改善民生。人民健康是民族昌盛和国家强盛的重要标志，也是广大人民群众的共同追求。习近平总书记曾明确提出要"将健康融入所有政策，人民共建共享"，强调"没有全民健康，就没有全面小康，要把人民健康放在优先发展的战略地位"。随着经济社会发展水平和人民生活水平不断提高，人民群众更加重视生命质量和健康安全，健康需要呈现出多样化、差异化的特点。因此，推进健康中国建设必须从宏观层面把握和统筹，并做到多部门协同综合治理，一是要优化人口发展战略。建立生育支持政策体系，降低生育、养育、教育成本，实施积极应对人口老龄化国家战略，发展养老事业和养老产业，优化孤寡老人服务，推动实现全体老年人享有基本养老服务。二是要深化医药卫生体制改革。促进医保、医疗、医药协同发展和治理，促进优质医疗资源扩容和区域均衡布局，坚持预防为主，提高基层防病治病和健康管理能力。三是要创新医防协同、医防融合机制，健全公共卫生体系，提高重大疫情早发现能力，加强重大疫情防控救治体系和应急能力建设。四是要深入开展健康中国行动和爱国卫生运动，倡导文明健康生活方式。坚决深入贯彻以人民为中心的发展思想，让人民群众获得感、幸福感、安全感更加充实、更有保障、更可持续。

（二）积极发展全过程人民民主

人民民主是全人类的共同价值，更是中国共产党、中国人民始终不渝坚持的重要理念。党的二十大报告深刻指出："全过程人民民主是社会主义民主政治的本质属性，是最广泛、最真实、最管用的民主。"民主不是装饰品，也不是用来摆设的，而是实现人民美好生活愿望、推动社会问题解决的重要保障。全过程人民民主是我们党坚持践行人民民主由小及大，由点及面，由部分到全过程的不断发展和推进，其并不是凭空产生，而是继承和完善了我们党百余年来结合中国具体实际进行的民主政治实践，是在新时代背景下对社会主义民主政治的重大理论创新，深刻体现人民利益、传递人民心声、反映人民愿望、实现人民期盼、增进人民福祉，是历史的必然，更是人民的选择。在新的历史条件下，只有始终坚持推进全过程人民民主，使党的决策体现人民整体意志、符合人民根本利益，坚持由群众评判工作得失、检验工作成效，才能切实推进我国民主化进程不断向前发展，巩固和加强党同人民的团结。

一是加强人民当家作主的制度保障。坚持和完善我国根本政治制度、基本政治制度、重要政治制度，拓展民主渠道，丰富民主形式，这是确保人民依法通过各种途径和形式管理国家事务，管理经济和文化事业，管理社会事务的重要途径。因此，要始终支持和保证人民通过人民代表大会行使国家权力，支持和保证人大依法行使立法权、监督权、决定权、任免权，健全人大对行政机关、监察机关、审判机关、检察机关监督制度，维护国家法治统一、尊严、权威。在人大立法工作中，设立基层立法联系点是发展全过程人民民主的生动实践，人民群众的意见建议可以通过基层立法联系点直达国家立法机关，让百姓的想法建议在立法中得到切实体现。基层立法联系点推进了立法精细化，密切了同人民群众的联系，有效展现了我国人民民主的实质内涵。此外，不论是民法典的重磅问世对中国特色社会主义法律体系的不断完善，还是"十四五"规划建议起草过程中"网络问政"，亦或是修改香港选举制度，推动"一国两制"的行稳致远……每一部法律、每一项政策、每一个决议，全过程人民民主都贯穿其中，始终保障着人民当家作主制度优势得到有效发挥，充分转化为治理效能，切实保证每个人都能通过各种途径和形式参与国家和社会治理，使我国民主政治焕发出更澎湃的生机活力。

二是全面发展协商民主。协商民主是实践全过程人民民主的重要形式。党的十八大以来，党坚持和完善中国共产党领导的多党合作和政治协商制度，完善民主党派对重大决策部署贯彻落实情况实施专项监督、直接向中共中央提出建议等制度，加强人民政协专门协商机构制度建设，形成了中国特色协商民主体系。人民政协是我国政治架构中唯一以界别为单位的政治组织，一个界别就是一条民主渠道，通过专门委员会，以专题内容推动更多协商主体共同参与政治协商过程，充分体现了中国社会主义民主有事多商量、遇事多商量、做事多商量的特点和优势，成为国家治理体系的重要组成部分和具有中国特色的制度安排。因此，要坚持完善协商民主体系，统筹推进政党协商、人大协商、政府协商、政协协商、人民团体协商、基层协商以及社会组织协商，健全各种制度化协商平台，推进协商民主广泛多层制度化发展，坚持发扬民主和增进团结相互贯通、建言资政和凝聚共识双向发力，不断提高深度协商互动、意见充分表达、广泛凝聚共识水平，完善人民政协民主监督和委员联系界别群众制度机制。

三是积极发展基层民主。基层民主是全过程人民民主的重要体现。《中共中央、国务院关于加强基层治理体系和治理能力现代化建设的意见》明确提出，要以健全基层群众自治制度为重点，建立健全基层治理体制机制。一方面，要始终坚持问题导向，不断健全党领导下的群众自治制度，做好基层组织换届后的"下半篇文章"，完善村务公开、指导各地结合实际修订村规民约、社区公约和村民自治章程。人民群众在基层党组织的领导和支持下，依法直接行使民主权利，实现自我管理、自我服务、自我教育、自我监督，充分发挥了基层组织民主制度在城乡治理中的积极作用。另一方面，要始终坚持创新创制，不断推动构建自治共治新格局。围绕治理和服务重心向基层下移的目标，聚焦群众关心的民生实事，广泛开展"与人民商量办事""事前的协商和反复的讨论""多元参与，协商共治"等基层治理新模式，使社区居委会回归自治本位，社会组织的专业作用得以发挥，形成了政府行政职能履行、社会组织专业支撑和社区居民自治的良性互动格局。此外，还要不断完善办事公开制度，拓宽基层各类群体有序参与基层治理渠道，保障人民依法管理基层公共事务和公益事业。全心全意依靠工人阶级，健全以职工代表大会为基本形式的企事业单位民主管理制度，维护职工合法权益。

（三）持续推进作风建设，密切党群干群关系

持续改进作风，始终保持同人民群众的血肉联系，这是中国共产党作为社会主义大国执政党巩固和强化党的执政基础的重要举措。我们党为什么能够在近代以后的中国各种政治力量的反复较量中脱颖而出？为什么能够始终走在时代前列、成为中国人民和中华民族的主心骨？根本原因在于我们党始终保持了自我革命精神，保持了承认并改正错误的勇气，一次次拿起手术刀来革除自身的病症，一次次靠自己解决自身问题。而"自我革命成效好坏，从根本上说就是能否得到人民群众的认可和支持"。共产党作为无产阶级政党，它的执政基础是最广大的人民群众。党和人民之间的关系是党能否生存、能否长期执政的决定因素。中国共产党从来不代表任何利益集团、任何权势团体、任何特权阶层的利益，而是始终代表着中国最广大人民的根本利益。始终保持与群众想在一起、干在一起，坚持对上负责与对下负责相统一，坚持以人民为中心，这是党赢得民心的重要原因。毛泽东同志在《论联合政府》中指出："我们共产党人区别于其他任何政党的又一个显著的标志，就是和最广大的人民群众取得最密切的联系。"他用三个"一"精辟地阐述了党同人民之间的紧密关系，即全心全意地为人民服务，一刻也不脱离群众；一切从人民的利益出发，而不是从个人或小集团的利益出发；向人民负责和向党的领导机关负责的一致性。只有全心全意为人民服务，从人民的根本利益出发，做到对党的事业负责和对人民的利益负责，时刻保持风清气正的党内政治生态，我们党才能在不断巩固和加强党同人民的团结的基础上不断地进步与发展。

当前，在长期执政的背景下，党的执政基础面临着弱化、分化

和模糊化的风险；在领导 14 亿人民的过程中，党不断受到官僚主义、形式主义和执政惯性的冲击。党的二十大报告深刻指出，"党面临的执政考验、改革开放考验、市场经济考验、外部环境考验将长期存在，精神懈怠危险、能力不足危险、脱离群众危险、消极腐败危险将长期存在"，"有些党员、干部政治信仰发生动摇，一些地方和部门形式主义、官僚主义、享乐主义和奢靡之风屡禁不止，特权思想和特权现象较为严重，一些贪腐问题触目惊心"，而这些问题的根源本质就在于部分党员干部丧失自身的理想信念，忘记了共产党员的初心与使命。人心向背关系到党的生死存亡。正如习近平总书记所说："一个政党最难的就是历经沧桑而初心不改、饱经风霜而本色依旧。"① 因此，始终坚守人民立场，巩固和强化党的执政基础，持续强化作风建设，便是我们党全面从严治党中的重要部分。

党的十八大以来，以习近平同志为核心的党中央持之以恒正风肃纪，以钉钉子精神纠治"四风"，反对特权思想和特权现象，坚决整治群众身边的不正之风和腐败问题，刹住了一些长期没有刹住的歪风，纠治了一些多年未除的顽瘴痼疾。并且开展了史无前例的反腐败斗争，以"得罪千百人、不负十四亿"的使命担当祛疴治乱，不敢腐、不能腐、不想腐一体推进，"打虎""拍蝇""猎狐"多管齐下，反腐败斗争取得压倒性胜利并全面巩固，消除了党、国家、军队内部存在的严重隐患，确保党和人民赋予的权力始终用来为人民谋幸福，不断凝聚人民群众，增加党的凝聚力和向心力。经过不懈努力，党找到了自我革命这一跳出治乱兴衰历史周期率的第二个答案，自我净化、自我完善、自我革新、自我提高能力显著增

① 《习近平谈治国理政》第四卷，外文出版社 2022 年版，第 542 页。

强，管党治党宽松软状况得到根本扭转。但是必须牢记，全面从严治党永远在路上，党的作风建设永远在路上，决不能有松劲歇脚、疲劳厌战的情绪，必须持之以恒推进全面从严治党，实现党性和人民性相统一。

新时代新征程上，坚持以严的基调强化正风肃纪。党风问题关系执政党的生死存亡。中国共产党办成了许多政党想不到、办不成、干不了的大事，使很多不可能变成了现实，正是由于我们锲而不舍地推动作风建设。一是要弘扬党的光荣传统和优良作风，促进党员干部特别是领导干部带头深入调查研究，扑下身子干实事、谋实招、求实效。二是要锲而不舍落实中央八项规定精神，抓住"关键少数"以上率下，持续深化纠治"四风"，重点纠治形式主义、官僚主义，坚决破除特权思想和特权行为。三是要把握作风建设地区性、行业性、阶段性特点，抓住普遍发生、反复出现的问题深化整治，推进作风建设常态化长效化。四是要全面加强党的纪律建设，督促领导干部特别是高级干部严于律己、严负其责、严管所辖，对违反党纪的问题，发现一起坚决查处一起。五是要坚持党性党风党纪一起抓，从思想上固本培元，提高党性觉悟，增强拒腐防变能力，涵养富贵不能淫、贫贱不能移、威武不能屈的浩然正气，从而真正做到把脚印留在基层，把口碑立在民心。

（四）构筑共有精神家园的文化辉煌之路

团结全国各族人民共同建设社会主义现代化国家、推进中华民族伟大复兴，离不开中华民族共有精神家园提供的强大文化根基和精神支持。2023 年 10 月，习近平总书记在全国宣传思想文化工作会议上强调，要不断巩固全党全国各族人民团结奋斗的共同思想基础，不断提升国家文化软实力和中华文化影响力，为全面建设社会主义现代化国家、全面推进中华民族伟大复兴提供坚强思想保证、强大精神力量、有利文化条件。党的十八大以来，习近平总书记立足为铸牢中华民族共同体意识奠定坚实的精神和文化基础，把构筑中华民族共有精神家园上升为战略任务，围绕建设中华民族现代文明、推动物质文明和精神文明协调发展、加强中华民族共同体理论体系建设、培育和践行社会主义核心价值观、做好各民族历史文化遗产保护传承工作、讲好中华民族故事等提出一系列新思想新观点新论断，形成了习近平文化思想的核心内容。习近平文化思想的形成和提出，在中国式现代化整体逻辑中，在人类文明新形态的整体视野中，在中华文明发展规律的层面上，指明了中华民族现代文明发展方向，把党的历史自信、文化自信推向了新高度，把党在构筑共有精神家园的文化辉煌之路中推进文化创新的历史自觉推向了新高度。

深刻理解习近平文化思想的核心内涵，不断拓展构筑中华民族共有精神家园的实践路径。习近平文化思想，是习近平总书记关于中国特色社会主义文化建设的科学理论体系，其核心是对中国特色社会主义文化建设一般规律的系统阐释。铸牢中华民族共同体意识、构筑中华民族共有精神家园，是党中央着眼于维护中华民族大团结、实现中华民族伟大复兴作出的重大战略决策，是习近平文化思想的一个重要内容，为构筑中华民族共有精神家园的文化辉煌之路指明了前进方向、提供了根本遵循。这要求我们坚持不懈用习近平新时代中国特色社会主义思想凝心铸魂，深入学习贯彻习近平文化思想，全面贯彻落实习近平总书记关于加强和改进民族工作的重要思想。立足中华民族悠久历史，加强中华民族共同体理论体系建设，科学揭示中华民族形成和发展的道理学理哲理，深化中华民族共同体基础理论和重大现实问题研究，加快形成中国自主的中华民族共同体史料体系、话语体系、理论体系。

牢牢把握中华文明多元一体格局，不断深化中华民族文化认同。解决团结问题，形成团结奋斗的局面，离不开文化认同的力量。中华文明长期的大一统传统，形成了多元一体、团结集中的统一性。"向内凝聚"的统一性追求是文明连续的前提和结果。同时，中华文明从来不用单一文化代替多元文化，而是由多元文化汇聚成共同文化，化解冲突，凝聚共识。中华文明的多元一体格局，从根本上决定了中华民族各民族文化融为一体，也决定了中华民族交往交流交融的历史取向，更决定了一个坚强统一的国家是各族人民的命运所系。这些中华文明的突出特性，赋予了中华民族共同体最基本的文化烙印和精神基因，成为中华民族有别于其他民族的独特精神标识，是维系中华民族各民族的精神纽带，也是中华民族各民族文化创新的宝藏。在全面推进强国建设、民族复兴的进程中，要着眼实现物质文明和精神文明相协调的现代化，构建中华文化特征、中华民族精神、中国国家形象的表达体系，树立和突出各民族共享的中华文化符号和中华民族形象。加大各民族优秀文化遗产保护力度，实施重点文物保护工程，在增强对中华文化认同的基础上推动各民族文化创造性转化、创新性发展。打造一批具有中华文化底蕴、充分汲取各民族文化营养、融合现代文明的书籍、舞台艺术作品、影视作品、美术作品等，以文化相通促进心灵相通、命运相通。

立足全党全社会价值共识，培育和践行社会主义核心价值观。精神凝聚力量，社会主义核心价值观是当代中国精神的集中体现，是无数中华儿女共同的行动向导和价值追求。习近平总书记在文艺工作座谈会上指出，核心价值观是一个民族赖以维系的精神纽带，是一个国家共同的思想道德基础。如果没有共同的核心价值观，一个民族、一个国家就会魂无定所、行无依归。社会主义核心价值观以马克思主义为指导，融合了中华优秀传统文化、革命文化和社会主义先进文化的精华，是对新时代要建设什么样的国家、发展什么样的社会、培育什么样的公民这一问题的深刻解答，是以习近平同志为核心的党中央从新时代坚持和发展中国特色社会主义、实现中华民族伟大复兴的目标出发提出的重大战略思想。新征程上，中国特色社会主义需要与其经济基础相适应并且能够得到全社会认同的社会主义核心价值观，要在各民族群众中深入培育和践行社会主义核心价值观，继承和发扬以伟大建党精神为源头的中国共产党人精神谱系，用共同理想信念凝聚人心。加强现代文明教育，深入实施文明创建、公民道德建设、时代新人培育等工程，加强各族群众铸牢中华民族共同体意识教育，创新方式讲好中华民族共同体的故事，引导各族群众在思想观念、精神情趣、生活方式上向现代化迈进。

三、巩固和加强海内外中华儿女大团结

统一战线作为中国共产党总路线总政策的重要组成部分，不仅是党克敌制胜、执政兴国的重要法宝，而且是团结海内外全体中华儿女实现中华民族伟大复兴的重要法宝，是我们党长期坚持的战略方针。1922 年我们党首次提出统一战线概念，自此以后，在革命、建设、改革过程中，统一战线逐渐成为我们党推进伟大事业的重要部分。毛泽东同志指出："有了全民族的统一战线，就有了胜利。"邓小平同志强调："在社会主义现代化建设的新时期，统一战线仍然是一个重要法宝，不是可以削弱，而是应该加强，不是可以缩小，而是应该扩大。2022 年 7 月，习近平总书记在中央统战工作

会议上指出，统一战线呈现出团结、奋进、开拓、活跃的良好局面，推动统战工作取得历史性成就，积累了丰富的经验。新时代要求我们站在新的历史起点上，从伟大成就中深刻把握新时代统战工作的宝贵经验，继续运用好统一战线这一重要法宝，为全面建成社会主义现代化强国、实现中华民族伟大复兴汇聚磅礴伟力。

（一）做好新时代统战工作的根本指针

思想理论的发展向来是现实实践的有力支撑。党的十八大以来，以习近平同志为核心的党中央从全局和战略高度重视统战工作，提出了一系列新理念新思想新战略，形成了习近平总书记关于做好新时代党的统一战线工作的重要论述，"这是党的统一战线百年发展史的智慧结晶"，为做好新时代统战工作提供了根本遵循。

始终坚持"两个结合"的生成逻辑。统一战线是无产阶级联合其他力量为人类求解放的战略与策略问题，也是中国共产党作为无产阶级政党立足中国大地，推动中国实践的政治智慧。马克思主义统一战线的基本原理是我们党在统一战线领域不断推进马克思主义中国化时代化的指导思想。立足于无产阶级及其政党担负的历史使命，马克思主义提出无产阶级在解放运动中要"团结本阶级各个阶层和政治派别，并同其他阶级、阶层、政党、集团以及一切可以团结的力量，在一定的共同目标下结成政治联盟"的统一战线思想，阐明了统一战线建立的重要性与必要性。中国具体实际是我们党领导不同形态统一战线的主要依据。从革命、建设、改革各个历史时期的具体实际出发，立足于我国不同时期社会主要矛盾的转变过程，我们党领导的统一战线历经国民革命联合战线、工农民主统一战线、抗日民族统一战线、人民民主统一战线、爱国统一战线等形态，为推动中国特色社会主义现代化事业发展提供了重要的力量支撑。而中华优秀传统文化是马克思主义统一战线理论在中华大地落地生根的深厚文化土壤。中华优秀传统文化是中华文明的标识、记忆和载体，而"和合"文化正是这其中的精髓之一。我们党领导的统一战线，旨在实现整个人类的彻底解放、建立真正的共同体，本身就内含了以"和"达"合"的实践途径与价值追求。

准确把握新时代爱国统一战线的历史方位和重要使命。习近平总书记在中央统战工作会议用"三个更加重要"深入分析了新时代统战工作的历史方位和重要使命，指出发展壮大新时代爱国统一战线的重要意义。一是世界百年未有之大变局加速演进，统一战线在维护国家主权、安全、发展利益上的作用更加重要。当前国际形势风云变幻，全球性问题加剧，不确定性显著增多。统一战线涉及民族、宗教、港澳台和海外等诸多领域相关工作，面临的外部压力更是空前巨大，这就在客观上要求新时代党的统一战线为抵御渗透防范风险、维护国家安全、推动国家各领域发展提供广泛的力量支持，坚定维护国家核心利益。二是全面建设社会主义现代化国家、实现中华民族伟大复兴，统一战线在围绕中心、服务大局上的作用更加重要。统一战线工作不是抽象的单一存在，而是同不同历史时期党和国家的工作全局与中心工作紧密相连的现实实践。新时代"是全体中华儿女勠力同心、奋力实现中华民族伟大复兴中国梦的时代"，而这些目标愿景对新时代党的统一战线工作也提出了更高要求。三是我国社会结构发生深刻变化，统一战线在增强党的阶级基础、扩大党的群众基础上的作用更加重要。当前随着新型产业工人和农民的不断涌现，新的社会阶层人士队伍不断扩大，推动新时代党的统一战线发挥独特政治优势、切实增强党的阶级基础、扩大党的群众基础是我们党长期执政的内在要求与重要任务。

深刻理解统一战线的本质要求。统战工作的本质要求是大团结大联合，搞统一战线是为了壮大共同奋斗的力量。做好这项工作，就要准确把握好"四对关系"。一是要把握好固守圆心和扩大共识的关系。固守圆心就是要不断强化党在同心圆中居于圆心的地位和作用，扩大共识就要不断巩固共同思想政治基础，把握好二者关系就必须正确处理一致性和多样性的关系，坚持求同存异，从而更好激发社会活力，形成致力于共同事业的强大合力。二是要把握好潜绩和显绩的关系。"潜"与"显"是对立统一的一对矛盾，"潜"是"显"的基础，"显"是"潜"的结果。要把握好二者关系本质上就是要求各级党委和统战干部必须树立正确政绩观，不仅做好看得见、摸得着的"显绩"工作，而且要切实抓好打基础、利长远的"潜绩"工作，推动党的统战事业行稳致远。三是要把握好原则性和灵活性的关系。所谓原则性，就是统一战线必须有始终站稳的政治立场、严格恪守的底线红线和坚定维护的根本利益。灵活性就是在坚持原则的前提下根据客观形势的变化采取灵活机动的对策举措。要把握好二者关系就既要坚定不移守好原则底线，又要灵活机动解决各类矛盾，做到宽严不误。四是要把握好团结和斗争的关系。"统战"的"统"是中国共产党领导的、基于共同思想政治基础的"统"，"统战"的"战"是为中国共产党领导同盟者克服一切障碍、实现大团结大联合的"战"。不仅要善于团结，扎实做好统一战线各方面成员的团结引导工作，也要敢于斗争、善于斗争，不断提升斗争本领。

不断强调党对统战工作的全面领导。党的十八大以来，以习近平同志为核心的党中央不断强调要加强党对统战工作的集中统一领导，从治国理政的战略高度对统战工作作出全面部署，形成全党上下一齐动手、有关方面协同联动的工作局面。首先，坚持党的全面领导是统一战线重要性的集中体现。新形势下面对国际国内日益复杂多变的形势以及更加艰巨的改革发展稳定各项任务，新时代党的统战工作要求各级党委（党组）切实担负起推动统一战线事业发展的领导责任，不断加强党对统一战线的领导，深刻表明了党的事业离不开统一战线。其次，中国共产党领导是统战工作开展需要遵循的首要原则。中国共产党始终代表最广大人民根本利益，没有任何自己特殊的利益，因此只有坚持和加强党对统战工作的全面领导，才能确保统一战线的社会主义方向，进而引导统一战线健康发展和不断壮大。最后，要强调贯彻落实党对新时代统战工作的全面领导。深刻领悟"两个确立"的决定性意义，增强"四个意识"，确保统战工作中实行的政策、采取的措施都要有利于坚持和巩固党的领导地位和执政地位。把党的领导贯穿统战工作全过程，按照全党重视、大家共同来做的总要求，压实主体责任，完善体制机制，深化大统战工作格局。

（二）全面加强新时代党的统战工作

党的十八大以来，以习近平同志为核心的党中央高度重视统战工作，全面推动统战事业持续发展，从 2015 年召开的中央统战工作会议，到 2020 年中央印发《中国共产党统一战线工作条例》，再到 2022 年召开的中央统战工作会议，新时代爱国统一战线不断增进共识，真正把不同党派、不同民族、不同阶层、不同群体、不同信仰以及生活在不同社会制度下的全体中华儿女都团结起来。

新型政党制度优势有效发挥。党的十八大以来，新型政党制度在国家政治生活与社会实践领域起到重要作用，制度优势得到有效发挥，推动多党合作事业发展进入新阶段。实现利益代表更加广泛，中国新型政党制度区别于旧式政党制度的先进优势就是在于能在人口众多的社会主义大国中反映不同阶层、不同社会群体的利益诉求；思想政治基础更加夯实，立足于重要时间节点引导各民主党派开展的"不忘合作初心，继续携手前进"主题教育切实促进政治团结与有序参与；促进决策施策更加科学，通过民主党派的参政议政、民主监督与政治协商，切实推动决策的科学性与施策的有效性；保障国家治理更加有效，不断优化政治资源配置有效化解矛盾冲突，并支持各民主党派加强自身建设，共同推进国家治理体系和治理能力现代化。

中华民族共同体意识显著铸牢。铸牢中华民族共同体意识是新时代党的民族工作主线。党的十八大以来，以习近平同志为核心的党中央在我国民族工作实践中形成了习近平总书记关于加强和改进民族工作的重要论述，并以此为理论指引，推动民族团结进步事业取得了新的历史性成就。少数民族与民族地区发展呈现新面貌，民族地区经济实力不断增强，人民生活水平不断提高，整体面貌发生了翻天覆地的变化；民族交流、民族交往、民族交融汇聚新力量，平等团结互助和谐的社会主义民族关系得到进一步巩固；依法治理民族事务取得新成果，新时代党坚持和完善民族区域自治制度，从制度和政策层面保障了少数民族公民享有平等自由权利以及经济、社会、文化权利，推动新时代党的民族工作高质量发展。

我国宗教中国化进程稳步推进。宗教不仅是一种意识形态，而且是一种社会实体，宗教问题始终是我们党治国理政必须处理好的重大问题。党的十八大以来，以习近平同志为核心的党中央高度重视宗教工作，以"导"的态度处理宗教问题，始终坚持我国宗教中国化方向，不断推动宗教工作理论创新，创造性地提出新时代党的宗教工作理论和方针政策"九个必须"；切实提升宗教工作法治化水平，制度体系的逐步完善、宗教事务治理能力的显著提升；支持加强宗教界自身建设，推动宗教界切实开展"助力新时代、共筑中国梦"等一系列主题教育、坚决推动宗教界自我管理的规范化不断提升，从而积极引导宗教与社会主义社会相适应，取得积极成效。

党外知识分子和新的社会阶层人士统战工作切实加强。广大知识分子是社会的精英、国家的栋梁、人民的骄傲，也是国家的宝贵财富。党外知识分子工作"是统一战线的基础性、战略性工作"，更是关系到党和国家事业前进发展的工作。党的十八大以来，统一战线充分发挥自身优势加强改进党外知识分子工作，正确引导党外知识分子的价值取向与政治方向，将其紧密地团结在党的周围。新的社会阶层人士是推动国家事业发展的重要力量。从 2016 年专门成立负责新的社会阶层人士工作的职能部门，到 2017 年专门召开全国新的社会阶层人士统战工作会议，党中央高度重视新的社会阶层人士统战工作，明确提出要"做好新的社会阶层人士工作，发挥他们在中国特色社会主义事业中的重要作用"，推动形成新的社会阶层人士与我们党同心奋进的良好局面。

非公有制经济人士统战工作富有成效。促进非公有制经济健康发展和非公有制经济人士健康成长是重大经济问题，也是重大政治问题。党的十八大以来，统一战线针对非公有制经济领域统战工作进行了理论与实践的探索。不断加强非公有制经济人士思想政治建设，如依托革命老区等主题教育示范基地加强世情国情党情教育，以多种形式的专题教育活动教育引导民营企业家坚定理想信念；切实支持服务民营经济高质量发展，对政策法规的宣传解读、全面构建亲清政商关系、不断优化营商环境，以及一系列政策措施的提出和出台给非公有制经济提供了健康发展的有力保障；引导非公有制经济人士做合格的中国特色社会主义事业建设者，切实推动非公有制经济人士弘扬企业家精神，树立家国情怀，以产业报国、实业强国为己任，认真履行社会责任。

港澳台和海外统战工作深入开展。港澳台同胞与海外侨胞都是同大陆同胞血脉相连的中华儿女。党的十八大以来，统一战线切实推进港澳台统战工作与海外统战工作，发挥出争取人心的重要作用，最大限度地汇聚海内外中华儿女为国家事业发展、捍卫国家核心利益而不懈努力。港澳台统战工作不断深入，"一国两制"方针得到全面贯彻，"一国两制"制度体系不断完善，始终坚持一个中国原则、坚持"九二共识"，坚决反对"台独"分裂行径与外部势力干涉。海外统战工作开拓新局，广泛团结海外侨胞，促进海内外同胞关系和谐。高度重视海外华侨的权益保护和生命财产，并不断优化华侨回国的手续办理即身份认定工作；团结引导海外侨胞致力于国家事业。

（三）不断开创新时代统战工作新局面

《中共中央关于党的百年奋斗重大成就和历史经验的决议》郑重地把"坚持统一战线"作为党的百年奋斗宝贵历史经验之一。当前，我们要从新时代党的统战工作伟大理论成就与伟大实践成就中汲取宝贵经验，切实把稳政治方向，把握目标要求，把好实践方法，继续运用好统一战线这一重要法宝，奋力谱写统一战线事业新篇章。

一是要把稳统一战线工作的政治方向。统一战线是我们党凝聚人心、汇聚力量的政治优势和战略方针。统战工作是我们党的一项政治工作，只有把稳政治方向，才能切实推动统战工作沿着正确的方向阔步前进。

坚持党对统战工作的全面领导是统战工作的鲜明特征和根本经

验。统一战线的同心圆越画越大，圆心永远是中国共产党。党的十八大以来，以习近平同志为核心的党中央始终坚持党对统一战线工作的领导，不断加强党对统战工作政治原则、政治方向和重大方针政策的领导。在党中央的坚强领导下，统战工作科学化规范化制度化水平显著提升。实践充分证明，新时代党的统战工作取得一系列辉煌成就，根本在于始终坚持党对统战工作的全面领导，确保党在统一战线工作中总揽全局、协调各方，切实把稳统战工作的政治方向。

坚持围绕中心、服务大局是统战工作的内在要求和重要使命。中国特色社会主义进入新时代，党的统战工作必须充分发挥围绕中心、服务大局的重要作用，深刻理解发展壮大新时代统一战线的重要意义。新的历史方位和历史使命要求统一战线为全面建成社会主义现代化强国、实现中华民族伟大复兴服务，奋力谱写统一战线事业新篇章，这是中国共产党和中国人民、中华民族的根本利益所在。

坚持习近平总书记关于做好新时代党的统一战线工作的重要论述是统战工作的根本指针和方向指引。要做好新时代党的统战工作必须有科学的理论贯穿其中。中国共产党继承和发展了马克思主义统战理论，将其作为我们党在百余年奋斗历程中广泛团结各方力量，不断夺取我国革命、建设和改革事业胜利的思想武器。新时代党的统战工作就是要完整、准确、全面贯彻落实习近平总书记关于做好新时代党的统一战线工作的重要论述，筑牢理论根基，明确方向引领。

二是要把握统一战线工作的目标要求。统战工作解决的就是人心和力量问题，"就是把拥护我们的人搞得多多的，把反对我们的人搞得少少的"①。要回应好时代问题，更好发挥统一战线作用，

---

① 《统一战线文献选编》，华文出版社 2002 年版，第 45 页。

就要牢牢把握目标要求，为实现共同目标而努力奋斗。

大团结大联合是统战工作的本质要求。在百余年奋斗中，我们党始终坚持大团结大联合，团结一切可以团结的力量，调动一切可以调动的积极因素，不断巩固和发展最广泛的统一战线。当前，我们已经结成了中国共产党领导的、以工农联盟为基础的，包括全体社会主义劳动者、社会主义事业的建设者、拥护社会主义的爱国者、拥护祖国统一和致力于中华民族伟大复兴的爱国者的联盟。面向未来，新时代党的统战工作必须理解"四对关系"的实质内涵与实践要求，共同创造中华民族新的伟业。

凝聚人心、汇聚力量是统战工作的根本任务。人心向背、力量对比是决定党和人民事业成败的关键，是最大的政治。"大厦之成，非一木之材也；大海之阔，非一流之归也。"面对宏伟的事业和艰巨的任务，单靠我们党"千里走单骑"是不行的，必须广泛凝聚人心，真正把不同党派、不同民族、不同阶层、不同群体、不同信仰以及生活在不同社会制度下的全体中华儿女都团结起来，汇聚全体人民的智慧和力量，激发全社会创造活力和发展动力，促进海内外全体中华儿女齐心协力，共同奋斗。

与时俱进、守正创新是统战工作的时代需要。理论的演进与实践的创新总是在历史的发展进程中不断推进。中国共产党领导下的统战工作历程就是面对传统的扬弃同与时俱进的创新相结合的过程，回应时代提出的新问题，确立解决问题的新策略。正是由于我们党准确把握历史发展规律和时代特征，才赋予了统一战线鲜明的时代内涵，使得党的统战工作与传统一脉相承、与时代同频共振，不断推动新时代统一战线事业向前发展。

三是要把好统一战线工作的实践方法。统一战线无小事。要在新时代中国特色社会主义实践中矢志不渝地践行党的统一战线工作的主要经验，就要切实把好实践方法，从而不断开创新时代统战工作新局面。

要坚持正确处理一致性和多样性的关系。统一战线是一致性和多样性的统一体。一方面，多样性是统一战线的存在缘由和力量来源。我国多民族、多宗教、多参政党、"一国两制"且侨胞众多的基本国情决定了统一战线在内部结构、成员身份、利益诉求等方面具有多样性的特点。另一方面，一致性是统一战线的发展前提和首要目标。一致性强调的是统一战线在根本目标和价值导向上的一致，突出统战工作的整合力和凝聚力，从而在符合中华民族根本利益的轨道上实现大团结大联合。正确处理一致性与多样性的关系，关键是要坚持求同存异。既要不断巩固共同思想政治基础，也要充分发扬民主、尊重包容差异，"充分发扬'团结—批评—团结'的优良传统，在尊重多样性中寻求一致性，找到最大公约数，画出最大同心圆"。

要坚持尊重、维护和照顾同盟者利益。统一战线是建立在共同目标与共同利益基础上的联盟，同盟者与统一战线是相伴相生的。新时代要巩固和发展好统一战线，做好党的统战工作，就应当尊重、维护和照顾好同盟者的利益。习近平总书记指出："坚持党的领导要坚定不移，但在这个过程中也要尊重、维护、照顾同盟者的利益，帮助党外人士排忧解难。这是我们党的职责，也是实现党对统一战线领导的重要条件。"① 事实证明，只有充分尊重、维护和照顾同盟者利益，才能不断推动我国统一战线巩固和发展，更好地团结广大统一战线成员向着共同的目标前进。

要坚持大统战工作格局。党领导的统一战线是各种社会政治力

---

① 《习近平关于社会主义政治建设论述摘编》，中央文献出版社 2017 年版，第 130 页。

量的联合，涵盖社会的方方面面。点多面广线长，这既是统战工作的特点，也是统战工作的难点。因此，党中央着眼于统一战线事业的长远发展，提出构建党委统一领导、统战部牵头协调、有关方面各负其责的大统战工作格局，形成工作合力。统一战线的优势在于统一，力量来自协作，要做好新时代党的统战工作，就要进一步树立"一盘棋"意识，不断完善大统战工作格局，形成全党充分重视、大家共同来做的良好局面，共同推动新时代统战工作高质量发展。

团结就是力量，奋斗成就伟业。毛泽东同志强调，"有两种团结是绝对必要的：一种是党内的团结，一种是党同人民的团结"，并号召"全党团结起来，为实现党的任务而斗争"。党的十八大以来，习近平总书记反复强调："能团结奋斗的民族才有前途，能团结奋斗的政党才能立于不败之地。"① 党的二十大擘画了全面建设社会主义现代化国家、以中国式现代化全面推进中华民族伟大复兴的宏伟蓝图，吹响了奋进新征程的时代号角。越是伟大的事业，越是充满风险挑战，越需要勠力同心、奋勇搏击。新征程上，要凝聚起团结奋进的磅礴力量，就必须在中国共产党领导下，不断巩固和发展全国各民族大团结、全国人民大团结、全体中华儿女大团结，团结一切可以团结的力量、调动一切可以调动的积极因素，形成全党全社会心往一处想、劲往一处使的生动局面，以同心共圆中国梦的强大合力创造新的伟大奇迹。

---

① 《习近平谈治国理政》第四卷，外文出版社 2022 年版，第 554 页。

第八章　团结奋斗，发扬斗争精神

中国共产党诞生于中华民族积贫积弱、中国人民饥寒交迫的危亡之际，自成立之日起就把为中国人民谋幸福、为中华民族谋复兴作为自己的初心与使命，领导全国各族人民不断推进中国革命、建设和改革事业，在团结奋斗中锤炼出不畏强敌、不惧风险、敢于斗争、勇于胜利的风骨和品质，凝聚成我们党的伟大斗争精神。在马克思主义看来，斗争是矛盾运动规律的集中体现，内嵌于团结奋斗之中并成为推动社会向前发展的关键因素。如今，世界百年未有之大变局正加速演化，中华民族伟大复兴之战略全局正处于关键时期，在全面建设社会主义现代化国家的新征程上，我们要更加紧密团结在以习近平同志为核心的党中央周围，坚持发扬斗争精神、不断增强斗争本领，在敢于斗争、善于斗争中激发团结奋斗的磅礴力量，进一步提升我们党的凝聚力、战斗力和领导力，促进中华民族伟大复兴的巍巍巨轮成功驶向胜利彼岸。

一、斗争是团结奋斗的题中应有之义

习近平总书记指出："马克思主义产生和发展、社会主义国家诞生和发展的历程充满着斗争的艰辛。"① 从建立中国共产党到成立中华人民共和国，从实行改革开放伟大决策到推进新时代中国特色社会主义伟大事业，我们党团结带领人民取得的一切历史性成就都是在斗争中诞生、在斗争中发展、在斗争中壮大的。正是得益于这种斗争精神的发扬，我们党才能在坚持真理、修正错误的基础上团结成"一块坚硬的钢铁"，才能在直面困难、克服挑战的同时赢得奋斗道路上的辉煌胜利。新征程上，我们要牢记"三个务必"，坚定历史自信，增强历史主动，谱写新时代中国特色社会主义更加绚丽的华章。

（一）深刻把握斗争与团结奋斗的内在联系

在试图理解新时代中国共产党人的斗争精神之前，我们必须首先对"斗争"的含义有所了解。这个用词在汉语文献中出现得很早且意思多元，如《淮南子》中"为智者务于巧诈，为勇者务于斗争"，即指双方相互争斗、搏斗，又如《上巳日燕太学听弹琴诗

① 《习近平谈治国理政》第三卷，外文出版社2020年版，第225页。

序》中"四方无斗争金革之声"，即指战争、攻伐等。显而易见，作为汉语中的表达性概念，斗争的解释存在广义与狭义之分，既可泛指任意矛盾双方的冲突，又可偏指搏斗、战争、竞争等。而在中国共产党人的认知体系中，马克思主义哲学教导我们：斗争存在于矛盾之中，是由于矛盾的普遍存在而存在的。正如毛泽东同志在《矛盾论》中指出："矛盾的斗争贯穿于过程的始终，并使一过程向着他过程转化，矛盾的斗争无所不在，所以说矛盾的斗争性是无条件的、绝对的。"① 在此意义上，矛盾的同一性与斗争性构成辩证统一关系，共同推动事物持续向前发展，而人类社会的前进也依赖于矛盾斗争的社会实践活动。

对斗争的概念初步明确后，便可以进一步分析斗争与团结、斗争与奋斗之间的内在逻辑关系。习近平总书记多次强调："社会是在矛盾运动中前进的，有矛盾就会有斗争。"② 作为矛盾运动规律的集中体现，斗争内嵌于我们党团结奋斗的社会实践之中，并与之形成新的对立统一关系。

首先，我们要妥善处理好"斗争"与"团结"的辩证关系，这是检验马克思主义政党成熟与否的重要标志。在党的百余年奋斗史上，团结是一以贯之的要求，越是处于困难时期、转折时期、发展时期，越是强调全党的团结统一。

必须清楚的是，中国共产党的团结从来都不是表面上的"一团和气"或是"团团伙伙"，而是在坚持同各种错误作斗争的基础上，达到全党上下志同道合、齐心协力。以反腐败斗争为例，党的十八大以来，以习近平同志为核心的党中央深入推进全面从严治党，以"得罪千百人、不负十四亿"的使命担当祛疴治乱，"打

---

① 《毛泽东选集》第一卷，人民出版社1991年版，第333页。
② 《习近平谈治国理政》第三卷，外文出版社2020年版，第227页。

虎""拍蝇""猎狐"多管齐下，反腐败斗争取得压倒性胜利并全面巩固。面对这数以百计的中管干部、数以万计的违法乱纪分子，我们党丝毫没有"顾及颜面"抑或是"注意团结"，而是重拳出击、重典治乱，在斗争中巩固和增强团结。与之相比，解放战争时期国民党反动派为了集中反革命力量，而一味"团结"那些贪污腐败的官僚资产阶级，营造出一种表面上的"清正廉明""忠诚团结"，最终彻底陷于失败。这两者形成了鲜明对比，展现出中国共产党人追求的团结是有原则的团结，是坚持斗争的真团结。

同时，中国共产党不仅对内反复强调斗争基础上的团结，对外也始终坚持以斗争求团结。抗日战争时期，以毛泽东同志为主要代表的中国共产党人立足中国国情运用马克思主义的矛盾分析学说，深刻认识到中国资产阶级在不同历史阶段和条件下具有"两面性"特点，即一方面"受帝国主义的压迫""受封建主义的束缚"，在反帝国主义和反官僚军阀政府方面具有革命性、积极性，可以视作"革命的力量之一"；另一方面由于在经济上和政治上"同帝国主义和封建主义并未完全断绝经济上的联系"因而"没有彻底的反帝反封建的勇气"，具有软弱性、妥协性。① 简单来说，资产阶级的这种"两面性"突出表现为既有可能倒向人民、成为壮大革命的力量，也有可能倒向敌人、成为危害革命的力量。因此，毛泽东同志先后写出了《团结一切抗日力量，反对反共顽固派》《目前抗日战争中的策略问题》《团结到底》《论政策》等重要文章，系统全面地论述了我们党"以斗争求团结"的策略思想，主要有三点：一是无产阶级要在把握"斗争"与"团结"关系中保持独立自主、不"左"不右，该斗争时必须斗争、该团结时加强团结，坚持

---

① 《毛泽东选集》第二卷，人民出版社1991年版，第640页。

"两点论"和"重点论"相结合的方针；二是对待民族资产阶级及其他中间势力，要实行"又团结、又斗争"的方针，既联合其革命性，又斗争其软弱性；三是对待资产阶级顽固派则采取"又打又拉"的方针，联合其抗日性，斗争其反共性。抗日战争的最终胜利证明了我们党"以斗争求团结"思想的正确性，展示了中国共产党人高超的政治智慧，对于当下新时代中国特色社会主义伟大实践具有重要的指导意义和现实启示。

其次，我们还要深刻认识到"斗争"与"奋斗"的内在关系，这是无产阶级政党能否发展壮大的关键因素。作为在实践过程中所展现出来的一种特殊精神状态，斗争精神是社会发展的重要推动力，有利于促进物质文明特别是精神文明的不断进步。我们在理解这种斗争及其精神的时候，不仅要从它们的基本含义如对抗、战斗等出发，更要从其实践性、时代性等出发，将"斗争"理解为实现中华民族伟大复兴中国梦的方式方法和精神状态，抑或是一种精神、一种特质、一种担当。今天，我们正处于新时代中国特色社会主义的伟大征程中，处在实现"两个一百年"奋斗目标的关键时期，我们比历史上的任何一个时期，都更加接近于实现中华民族伟大复兴的目标。"船到中流浪更急、人到半山路更陡。"越是到了这样的关键时刻，我们所面临的风险考验就愈加复杂，也就越需要保持战略定力、发扬斗争精神，团结带领人民有效应对重大挑战、抵御重大风险、克服重大阻力、解决重大矛盾。回首来时路，我们党也正是依靠斗争激发志气、胆气、豪气，不断战胜各种困难挑战直至取得最后胜利，没有斗争的奋斗是空洞的、无力的！

（二）新时代中国共产党人的斗争精神

党的十八大以来，以习近平同志为核心的党中央立足新的战略形势、回应新的现实需求，从强化斗争意识、提升斗争本领、促进团结奋斗的战略思维出发，大力弘扬我们党的伟大斗争精神，反复强调新时代中国共产党人必须准备付出更为艰巨、更为艰苦的努力，必须进行具有许多新的历史特点的伟大斗争。正如习近平总书记在"不忘初心、牢记使命"主题教育总结大会上的讲话中指出："不忘初心、牢记使命，必须发扬斗争精神，勇于担当作为。我们党诞生于国家内忧外患、民族危难之时，一出生就铭刻着斗争的烙印，一路走来就是在斗争中求得生存、获得发展、赢得胜利。越是接近民族复兴越不会一帆风顺，越充满风险挑战乃至惊涛骇浪。不忘初心、牢记使命，必须安不忘危、存不忘亡、乐不忘忧，时刻保持警醒，不断振奋精神，勇于进行具有许多新的历史特点的伟大斗争。"①

在党的二十大报告中，习近平总书记全面总结了新时代十年来党和国家事业发生的历史性变革、取得的历史性成就，指出："新时代的伟大成就是党和人民一道拼出来、干出来、奋斗出来的！"②在这些伟大变革中，全面建成小康社会是一个具有非凡历史意义的标志性事件，代表着中国共产党人坚持发扬斗争精神所夺取的历史性胜利。在中华文明的概念里，"小康"代表着殷实富足与幸福安康，不仅是中华民族自古以来就向往的理想社会，也是中国共产党为之拼搏努力的奋斗目标。近代以来，中国在帝国主义、封建主义、官僚资本主义的重重压迫下，一度生灵涂炭、民不聊生。在此情况下，一代代中国共产党人高举社会主义和共产主义的伟大旗

① 《习近平谈治国理政》第三卷，外文出版社 2020 年版，第 542 页。
② 习近平：《高举中国特色社会主义伟大旗帜　为全面建设社会主义现代化国家而团结奋斗——在中国共产党第二十次全国代表大会上的报告》，人民出版社 2022 年版，第 15 页。

帜，从解决温饱问题到摆脱贫困状态，从总体达到小康水平到全面建设小康社会，坚定不移地朝着彻底消除人民贫困、逐步实现共同富裕的宏伟目标而不懈奋斗，在朝着国家富强、民族振兴、人民幸福的康庄大道上书写一页又一页崭新篇章。

众所周知，在一个人口多、底子薄、发展不平衡不充分的大国全面建成小康社会，是一项无比光荣同时也无比艰巨的历史重任，不仅需要物质层面的不断角力，更需要精神层面的持久对垒，必须弘扬新时代中国共产党人的伟大斗争精神。举例而言，"三区三州"是新时代脱贫攻坚战中的特有名词，主要是指位于我国西北、西南一带最险峻和最高寒的地方，横跨青藏高原、帕米尔高原、云贵高原、黄土高原，构成我国最大的深度贫困地区。这些地区由于自然禀赋较差、经济发展落后、致贫原因复杂，成为决战脱贫攻坚最难啃的硬骨头和必须攻破的硬堡垒。正如习近平总书记特别指出："脱贫攻坚本来就是一场硬仗，而深度贫困地区脱贫攻坚是这场硬仗中的硬仗。"[①] 在习近平总书记的亲自指挥、亲自部署下，从中央到地方、从基层组织到党员群众坚持发扬新时代伟大斗争精神，一方面深刻认识到深度贫困地区如期完成脱贫攻坚任务的艰巨性、重要性、紧迫性，另一方面坚决采取更加集中的支持、更加有效的举措、更加有力的工作，突出表现为越是脱贫成本高、攻坚难度大，越是超常规发力，一步步破解了住房安全、饮水安全、因病致贫、因残致贫等问题，一项项推进了教育扶贫、就业扶贫、基础设施建设、土地政策支持和兜底保障工作，最终顺利打赢了这场脱贫攻坚战的"难中之难""坚中之坚"。

放眼当下，现行标准下 9899 万农村贫困人口已经全部脱贫，

---

① 习近平：《在深度贫困地区脱贫攻坚座谈会上的讲话》，人民出版社 2017 年版，第 7 页。

832 个贫困县全部摘帽，12.8 万个贫困村全部出列，困扰中华民族几千年的绝对贫困问题得到历史性的解决。在以人民为中心的发展思想指引下，小康社会的建设成果进一步转化为人民的获得感、幸福感、安全感，大家拥有了更好的教育、更稳定的工作、更满意的收入、更可靠的社会保障、更高水平的医疗卫生服务、更舒适的居住条件、更优美的环境。第一个百年奋斗目标的实现，不仅标志着"民亦劳止，汔可小康"已从遥远的理想变成眼前的现实，更意味着全国各族人民在中国共产党的领导下大力弘扬伟大斗争精神，通过团结奋斗实现了中华民族的千年梦想，并且以昂扬的姿态、自信的步伐走在伟大复兴的正确道路上。

同时，新时代中国共产党人所进行的伟大斗争不仅局限在中国内部，更与世界百年未有之大变局紧密交织。2016 年 11 月，以"美国优先""使美国再次伟大"为竞选口号和执政理念的特朗普当选美国第 45 任总统，给全世界带来了"特朗普冲击"。在其带领下，新一届美国政府将霸权主义的攻击矛头对准了中华人民共和国，率先在经贸领域实施遏制中国战略。2017 年 8 月，特朗普授权美国贸易代表审查所谓的"中国贸易行为"；2018 年 4 月，美国贸易代表办公室公布了长达 58 页的对华征税建议清单，包含总额约达 500 亿美元的中国进口商品加收 25% 的关税，"中美贸易战"硝烟渐浓。面对一个如此强大而又不顾国际规则的对手，以习近平同志为核心的党中央沉着冷静，采取了有理有利有节的正义斗争。

2018 年 4 月，中国政府采取"以彼之道，还施彼身"的斗争方式，决定对 14 类 106 项、总额约达 500 亿美元的美国进口商品加征 25% 的关税。当然，中国共产党和中国政府的目的从不在于和霸权主义美国一较高下，而在于为中国人民谋幸福、为中华民族谋复兴。因此，对美反制只是我们的斗争策略之一，对美磋商同样是斗争的必要策略。在以习近平同志为核心的党中央坚强领导下，中国政府始终保持着高度警惕的斗争意识，采取"刚柔并济"的斗争手段，不断引导国际社会关注美国的贸易保护主义、单边主义和逆全球化色彩，将"贸易战"逐渐上升到"道义战"的高度，如此一来，不仅抵住了美国历来无往不利的"强势快速施压"方式，而且使得美国不得不反复进行计算和评估，渐渐拉平了双方的态势，有力维护了中国人民的根本利益。

"精感石没羽，岂云惮险艰。"党的十八大以来，从坚决同虚化、弱化、淡化党的领导的现象作斗争到敢于同有法不依、执法不严、司法不公、违法不究现象作斗争，从一体推进不敢腐、不能腐、不想腐的目标到不断提升人民群众的获得感、幸福感、安全感，从凝聚起打赢疫情防控人民战争、总体战、阻击战的磅礴力量到展示出维护国家主权和领土完整、反对"台独"的坚强决心和强大能力，这些历史性成就以无可辩驳的事实彰显了新时代中国共产党人的伟大斗争精神！

（三）牢记"三个务必"，赢得历史主动

2022 年 10 月，习近平总书记在党的二十大报告中指出："全党同志务必不忘初心、牢记使命，务必谦虚谨慎、艰苦奋斗，务必敢于斗争、善于斗争，坚定历史自信，增强历史主动，谱写新时代中国特色社会主义更加绚丽的华章。"① 习近平总书记的这一重要论述是面向全党提出的新要求，与毛泽东同志在党的七届二中全会上提出的"两个务必"既一脉相承又与时俱进，充分彰显了百年

---

① 习近平：《高举中国特色社会主义伟大旗帜 为全面建设社会主义现代化国家而团结奋斗——在中国共产党第二十次全国代表大会上的报告》，人民出版社 2022 年版，第 1—2 页。

大党坚定的战略自信和高度的历史自觉，充分体现了新时代中国共产党人高超的政治智慧和强烈的使命担当，有利于激励全党全国各族人民大力发扬党的伟大斗争精神，从思想上政治上行动上把敢于斗争、善于斗争融入团结奋斗全过程，在新时代新征程上展现新气象新作为。

回首过去，"两个务必"思想形成于党领导的人民革命在全国胜利已成定局的特殊历史时刻。1949 年 3 月，三大战役已经取得全面胜利，国民党赖以维持其反动统治的主要军事力量基本上被摧毁，在中国共产党领导下建立新中国的任务被提上日程。面对这个重大历史转折，毛泽东深刻认识到，必须使全党在胜利面前保持清醒头脑，在夺取全国政权后经受住执政考验，防止出现骄傲自满、贪图享乐、脱离群众的危险。因此，毛泽东在党的七届二中全会上向全党发出了"两个务必"的号召，即"务必使同志们继续地保持谦虚、谨慎、不骄、不躁的作风，务必使同志们继续地保持艰苦奋斗的作风"。70 多年来，从西柏坡发出的这一"历史强音"始终回荡在中国共产党人心间，并在中国特色社会主义新时代发展为"三个务必"思想，需要全面把握、深刻理解。务必不忘初心、牢记使命。2021 年 7 月 1 日，习近平总书记在庆祝中国共产党成立100 周年大会上的讲话中指出："中国共产党一经诞生，就把为中国人民谋幸福、为中华民族谋复兴确立为自己的初心使命。"① 百余年来，我们党领导中国人民在践行初心使命的道路上踔厉奋发、勇毅前行，从新民主主义革命时期推翻"三座大山"、争取民族独立和人民解放、为实现民族复兴创造根本社会条件，到社会主义革命和建设时期达成迈进社会主义的历史飞跃、为实现民族复兴奠定

---

① 习近平：《在庆祝中国共产党成立 100 周年大会上的讲话》，人民出版社 2021 年版，第 3 页。

根本政治前提和制度基础，再到改革开放和社会主义现代化建设新时期继续探索中国建设社会主义的正确道路、为实现民族复兴提供充满新的活力的体制保证和快速发展的物质条件，进而到中国特色社会主义新时代实现第一个百年奋斗目标、开启实现第二个百年奋斗目标新征程、为实现民族复兴提供更为完善的制度保证、更为坚实的物质基础、更为主动的精神力量。归结起来，为中国人民谋幸福、为中华民族谋复兴既是我们党矢志不渝的初心使命，也是贯穿我们党百余年奋斗历程的主题主线。无论时代如何发展、形势如何变化，党领导人民依靠团结奋斗创造历史伟业的必由之路是不变的，在这条必由之路上始终坚守的初心使命也是不变的，并且能够源源不断地转化为开拓进取的精气神和苦干实干的原动力，以永不懈怠的精神状态和一往无前的奋斗姿态推动党和人民事业赓续发展。

务必谦虚谨慎、艰苦奋斗。习近平总书记指出："我们党是靠自力更生、艰苦奋斗起家的"，这"是我们共产党人的品质，是我们立党立国的根基"①。早在解放战争取得全国胜利前夕召开的党的七届二中全会上，毛泽东同志就向全党正式提出，务必继续保持谦虚、谨慎、不骄、不躁的作风，务必继续保持艰苦奋斗的作风。这一重要政治论断是以毛泽东同志为主要代表的中国共产党人围绕党在全国执政面临的新挑战所作出的历史回答，激励着一代代中国共产党人自省自警，在"用糖衣裹着的炮弹的攻击"面前，能够始终如一保持头脑清醒和历史自觉。一路走来，党领导人民谦虚谨慎、艰苦奋斗，创造了举世瞩目的中国奇迹，实现中华民族伟大复兴进入了不可逆转的历史进程。同时我们还要清醒地认识到，全面

① 习近平：《论中国共产党历史》，中央文献出版社 2021 年版，第 100 页。

建成小康社会、实现第一个百年奋斗目标，这只是"万里长征走完了第一步"，决不能滋长骄傲情绪、贪图享乐生活、就此止步不前，而是要在实现第二个百年奋斗目标的新赶考之路上时刻保持解决大党独有难题的清醒和坚定，继续弘扬谦虚谨慎、艰苦奋斗的光荣传统，集中精力办好自己的事情，以新的团结奋斗创造新的历史伟业。

务必敢于斗争、善于斗争。2021年11月，党的第三个历史决议将"坚持敢于斗争"概括为我们党百年奋斗的十条历史经验之一，明确指出："敢于斗争、敢于胜利，是党和人民不可战胜的强大精神力量。"① 从掀起轰轰烈烈的国民大革命到发动反抗国民党反动统治的土地革命，从誓死抗击日本帝国主义的侵略到彻底实现民族独立、人民解放的任务，从坚持以经济建设为中心、推进改革开放到进入中国特色社会主义新时代、统筹推进"五位一体"总体布局，我们党依靠斗争走到今天，也必将依靠斗争走向未来。在全面建设社会主义现代化国家的新征程上，我们正在进行着人类发展史上前所未有的开创性事业，也将会面临许多前所未有的风险挑战，还有许多"雪山""草地"需要跨越，还有许多"娄山关""腊子口"需要征服，还有许多"黑天鹅""灰犀牛"事件需要应对。这就要求全体党员干部务必敢于斗争、善于斗争，坚定不移发扬斗争精神、增强斗争本领，拼尽全力战胜前进道路上的艰难险阻，依靠顽强斗争打开事业发展的新天地。

牢记"三个务必"，赢得历史主动。马克思主义认为，人类社会的发展具有不以人的意志为转移的客观必然性，但人在其中不是完全消极被动的，而是可以在尊重和把握历史发展规律的同时充分

① 《中共中央关于党的百年奋斗重大成就和历史经验的决议》，人民出版社2021年版，第69页。

发挥其主观能动性来认识和改造客观世界，这也是我们党历来强调发扬历史主动精神的理论源泉。如今，以习近平同志为核心的党中央全面总结党成立以来的历史经验特别是党的十八大以来的新鲜经验，结合世情国情党情正式发出"三个务必"的政治动员令，意在遵循共产党执政规律、社会主义建设规律和人类社会发展规律，通过发扬党的斗争精神、提高全党斗争本领来准确识变、科学应变、主动求变，以高度的历史自觉和坚定的历史自信赢得复兴路上的历史主动，进而牢牢把握团结奋斗的时代要求，在习近平新时代中国特色社会主义思想的科学引领下铸就新的时代辉煌。

二、在团结奋斗中大力彰显敢于斗争的精神品质

一百多年来，我们党团结带领人民在内忧外患中诞生、在历经磨难中成长、在攻坚克难中壮大，通过不断斗争推动党和人民事业取得历史性成就、发生历史性变革，并在此过程中展现出敢于斗争、敢于胜利，不怕牺牲、百折不挠的伟大斗争精神。如今，面对新的历史任务和战略目标，习近平总书记明确指出："我们面临的各种斗争不是短期的而是长期的，将伴随实现第二个百年奋斗目标全过程。"① 前进道路上，全体党员干部要不断从党的百余年奋斗史中坚定历史自信、传承斗争精神，在进行新的伟大斗争实践中毫不畏惧、决不退缩，始终保持革命者的大无畏气概和奋斗精神，依靠顽强斗争战胜一切可以预见和难以预见的风险挑战。

（一）从党的不懈奋斗史中传承伟大斗争精神

百年团结奋斗，百年砥砺前行，中国共产党从斗争中走来，也

---

① 习近平：《以史为鉴、开创未来，埋头苦干、勇毅前行》，《求是》2022年第1期。

将斗争视为取得更大成功的必然选择。2021 年 11 月，党的十九届六中全会审议通过的第三个历史决议深刻总结了百年奋斗重大成就和历史经验，指出："党和人民取得的一切成就，不是天上掉下来的，不是别人恩赐的，而是通过不断斗争取得的。"① 斗争精神是我们党一以贯之的鲜明品格，贯穿于党的各个历史时期和全部奋斗实践，使我们党一步步发展壮大并取得一次次伟大胜利。在新征程上传承党的伟大斗争精神，就要立足百余年党史的大历史观，从党团结带领人民推进民族复兴的历史实践中去找寻这种精神的一脉相传和历久弥新。

新民主主义革命时期，党团结带领人民在浴血奋战、百折不挠的革命斗争中开创弘扬伟大斗争精神，赢得了新民主主义革命的伟大胜利。第一，以马克思主义为开展斗争的根本指导思想。诞生于民族危亡之际的中国共产党，一成立就把马克思主义写在自己的旗帜上，在其指导下以敢于牺牲、甘于奉献的斗争精神全心全意为中国人民谋幸福、为中华民族谋复兴。李大钊是中国最早的马克思主义传播者，是党的主要创始人之一，在宣传马克思主义和从事中国革命事业的过程中真正做到了"勇往奋进以赴之""断头流血以从之""瘴精瘁力以成之"。1927 年 4 月，李大钊不幸遭到奉系军阀的逮捕和迫害，但是无论敌人使用怎样的残酷刑罚，他都始终严守党的秘密，立场坚定、英勇就义，展现出对共产党人初心使命的坚守和对党的事业的忠诚。正如他的人生总结所言："钊自束发受书，即矢志努力于民族解放之事业，实践其所信，励行其所知，为功为罪，所不暇计。"② 第二，以武装的革命反对武装的反革命。

---

① 《中共中央关于党的百年奋斗重大成就和历史经验的决议》，人民出版社 2021 年版，第 69 页。
② 中国李大钊研究会编注：《李大钊文集》第五卷，人民出版社 1999 年版，第 239 页。

1927年，国民党反动派相继发动了一系列屠杀共产党人的残酷事件，中国革命事业陷入低潮。面对反革命的猖狂气焰，党和人民"并没有被吓倒，被征服，被杀绝"，而是"从地下爬起来，揩干净身上的血迹，掩埋好同伴的尸首"，"高举起革命的大旗，举行了武装的抵抗"。① 八七会议后，党确定了土地革命和武装反抗国民党反动统治的方针，提出了整顿队伍、纠正错误而"找着新的道路"的任务。伴随一系列武装起义的爆发，党领导人民在"白色恐怖"中点燃"星星之火"，在伟大斗争精神的支撑下大胆开辟出一条新的"农村包围城市、武装夺取政权"的革命道路。第三，在抗日战争和解放战争中发扬坚定的斗争精神、采取正确的斗争策略，完成了民族独立与人民解放的历史任务。1937年7月，在日本帝国主义发动全面侵华战争的危急关头，中共中央深刻认识到团结全民族力量以开展斗争的重要性和必要性。在我们党的引导、组织与配合下，第二次国共合作得以顺利开启，抗日民族统一战线终告形成。于是，中国各党派、各民族、各阶级、各阶层、各团体以及海外华侨华人成功团结起来，凝聚起共同意志和行动，中国由此进入全民族抗战阶段。抗战胜利后，我们党从全国人民的根本利益出发，提出了"和平、民主、团结"的方针，决定反对内战、进行和谈，同国民党政府开展争取和平民主的斗争。然而，共产党的坚持斗争并未能打消国民党反动派的独裁野心，全面内战也在1946年6月爆发。为赢得解放战争的最终胜利，我们党制定了一系列正确的方针政策，形成了党领导下的三条斗争战线：一是人民解放军同国民党军队进行的军事斗争，二是国民党统治区内开展的爱国民主运动，三是争取大批国民党爱国将领率部起义投诚。这三

---

① 《毛泽东选集》第三卷，人民出版社1991年版，第1036页。

条战线相互配合，大大加快了解放战争的历史进程，促进了新民主主义革命的伟大胜利。

社会主义革命和建设时期，党团结带领人民在自力更生、发愤图强的建设年代里继承弘扬伟大斗争精神，实现了中华民族有史以来最为广泛而深刻的社会变革。第一，赢得巩固新政权的斗争胜利。中华人民共和国成立后，党和人民面临着许多亟待解决的问题与困难，如军事上一百多万国民党军队仍然在西南、华南及沿海负隅顽抗，经济上长期恶性通货膨胀造成物价飞涨、投机猖獗、一片混乱，以及国际上以美国为首的西方国家对新生的人民共和国实行政治孤立、经济封锁和军事包围，等等。面对一系列新的严峻考验，我们党深刻总结以往斗争经验，不断提升党的斗争水平，大力弘扬伟大斗争精神，迅速有效地解决了大量棘手问题，获得了全国各族人民的真诚拥护。特别是在抗美援朝战争中，党和人民没有被世界上经济实力第一、工业基础第一、军事力量第一的美国所吓倒，而是在敢于斗争的伟大精神鼓舞下号召"全国和全世界的人民团结起来，进行充分的准备，打败美帝国主义的任何挑衅"[1]。从首战两水洞到激战云山城，从会战清川江到鏖战长津湖，中国人民志愿军在极不对称、极为艰难的条件下赢得了抗美援朝战争的最终胜利。这也展现了中国共产党敢于向一切困难发起挑战、敢于战胜任何强大敌人的伟大斗争精神。第二，在社会主义道路上艰苦奋斗，彻底改变一穷二白的落后国家面貌。随着新生政权的巩固和过渡时期总路线的提出，中国的大规模工业化建设也由此开始。立足中国具体国情和国际发展形势，党中央作出了优先发展重工业的战略决策，着手编制并实施了第一个五年计划。应当明确的是，我们

---

[1]　中央文献研究室编：《毛泽东传》第三册，中央文献出版社2011年版，第1070页。

党的伟大斗争精神不只体现在硝烟弥漫的战场上，更体现在各行各业的发展中。在斗争精神的引领下，从北京到广州，从城市到农村，全国迅速形成了参加和支援国家工业化建设的热烈氛围，独立完整的国家工业体系由此奠基。与此同时，以原子能、航空航天、计算机等为代表第三次科技革命正在世界范围内广泛兴起，中国共产党人结合中国经济基础薄弱、科学技术落后的基本国情，通过合理安排经济建设与国防建设、稳妥调整常规武器开发与尖端武器研制，确立了以国防尖端技术为突破重点的科技发展战略。在党中央的坚强领导下，大批优秀科技工作者和参与其中的广大党员干部、工人、解放军指战员一起，自力更生、发奋图强，不怕牺牲、英勇斗争，在无比困难的环境下取得了以"两弹一星"为代表的巨大成就，极大地鼓舞了全党全军全国人民的斗志。正如邓小平所言："如果六十年代以来中国没有原子弹、氢弹，没有发射卫星，中国就不能叫有重要影响的大国，就没有这样的国际地位。这些东西反映一个民族的能力，也是一个民族、一个国家兴旺发达的标志。"①

改革开放和社会主义现代化建设新时期，党团结带领人民在解放思想、锐意进取的改革旗帜下丰富发展伟大斗争精神，开创出中国特色社会主义这条适合中国进行现代化建设的富强之路。第一，在英勇斗争中迈出改革开放的步伐。"文化大革命"结束后，"左"倾错误思想并未直接失去活力，而是依然在党和国家的大政方针中继续发挥作用。因此，能否在思想领域向错误倾向发起坚决、彻底地斗争，是改革开放能否顺利实施的关键一步。1978 年 5 月，《实践是检验真理的唯一标准》横空出世，在国内迅速引起了广泛深刻的大讨论。通过真理标准问题的讨论，危害多年的"左"倾错

① 《邓小平文选》第三卷，人民出版社 1993 年版，第 279 页。

误思潮得到了有效地遏制，广大党员干部也在反思历史的同时围绕"中国向何处去"的时代课题展开讨论，凝聚起对内改革和对外开放的思想共识。从恢复高考到转变思路，从地方谈话到中央工作会议闭幕式讲话，以邓小平同志为主要代表的中国共产党人不仅敢于向日益僵化的思想、体制发起斗争，而且善于在斗争中步步为营、随机应变，最终促成了改革开放的伟大决策和全党工作中心的历史性转移。第二，在团结斗争中推进社会主义现代化建设。改革开放的决策确定后，如何将其落实到我们党治国理政的实践中来，是一项亟待解决的重要问题。经济特区作为我国对外开放的一项伟大创举，在整个改革开放进程中发挥了不可替代的关键作用。时任广东省委第一书记的习仲勋在看到外来资金、技术、经营理念的优势后，果断向中央提出请求，希望能够允许广东实行特殊政策，集中力量办好深圳、珠海出口加工区。这项建议很快得到中共中央的批准，并且得到邓小平同志的直接关心，"还是办特区好，过去陕甘宁边区就叫特区嘛！没有钱，中央给些政策，由你们去闯，杀出一条血路"①。随着一代代"特区人"敢打敢拼、不懈奋斗，经济特区日益成为我国对外开放的"窗口"，扩大了中国与世界相联系的通道。1982年9月，邓小平同志提出"走自己的道路、建设有中国特色的社会主义"的科学命题，成为党团结带领人民开创和发展中国特色社会主义道路的逻辑起点。随着改革开放的深入，中国共产党人继续向陈旧的思想观念和体制机制发起斗争，运用高超的政治智慧开启了社会主义基本制度与市场经济结合的大门，推动中国人民的生活水平获得了极大的改善和提高，使得中国大踏步赶上了时代！

---

① 中共中央文献研究室编：《回忆邓小平》（中），中央文献出版社1998年版，第383页。

中国特色社会主义新时代，党团结带领人民在自信自强、守正创新的复兴道路上传承创新伟大斗争精神，推动党和国家事业取得历史性成就、发生历史性变革。第一，在理论层面构建起中国共产党人的伟大斗争精神。党的十八大以来，以习近平同志为核心的党中央在不同场合多次强调要"发扬斗争精神，增强斗争本领""敢于斗争、善于斗争""敢于斗争、敢于胜利"，并在深刻总结党的百余年斗争历史经验和伟大成就的基础上将其融入改革发展稳定、内政外交国防、治党治国治军的社会实践之中。特别是在党的二十大报告中，习近平总书记22次提及"斗争"，并将伟大斗争精神归纳到新时代全党必须严格恪守的"三个务必"和必须牢牢把握的"五个坚持"之中，充分展现出马克思主义政党对斗争精神的高度重视和一贯坚守。第二，在实践层面大力弘扬党的伟大斗争精神。2020年1月，习近平总书记在讲话中指出："我们讲的斗争，不是为了斗争而斗争，也不是为了一己私利而斗争，而是为了实现人民对美好生活的向往、实现中华民族伟大复兴知重负重、苦干实干、攻坚克难。"① 从面对经济社会发展中的各种复杂问题敢于啃硬骨头，到面对事关政治原则、政治方向和政治立场的错误言行敢于发声亮剑，再到面对各种领域内有损党和国家光辉形象、有损国家和人民根本利益的不正行为敢于战而胜之，新时代的中国共产党人在以习近平同志为核心的党中央坚强领导下，敢字为先、干字当头，勇于担当、善于斗争，在有效应对重大挑战、抵御重大风险、克服重大阻力、解决重大矛盾的过程中冲锋在前、建功立业。

（二）在进行新的伟大斗争实践中弘扬斗争精神

党的十八大以来，全国各族人民在以习近平同志为核心的党中

① 《习近平谈治国理政》第三卷，外文出版社2020年版，第542页。

央坚强领导下，妥善应对风高浪急的国际环境和艰巨繁重的国内改革发展稳定任务，经历了涉滩之险、爬坡之艰、闯关之难，并在伟大斗争精神的鼓舞下稳定经济社会、促进国家发展，战胜贫困顽疾、全面建成小康，抗击各类灾害、化解各种危机，攻克了许多长期没有解决的难题，办成了许多事关长远的大事要事，推动党和国家事业取得历史性成就、发生历史性变革，实现中华民族伟大复兴进入了不可逆转的历史进程。如今，习近平总书记在党的二十大报告中指出："从现在起，中国共产党的中心任务就是团结带领全国各族人民全面建成社会主义现代化强国、实现第二个百年奋斗目标，以中国式现代化全面推进中华民族伟大复兴。"① 中国式现代化，是中国共产党领导的社会主义现代化，是一项极其伟大而艰巨的事业，必须进行具有许多新的历史特点的伟大斗争。

马克思主义认为，实践决定认识，认识对实践具有反作用，正确的认识、科学的理论能够有效指导社会实践的开展。因此，我们首先要充分认识这场伟大斗争的长期性、复杂性、艰巨性。第一，中国式现代化是中国共产党领导的社会主义现代化，是要带领 14 亿中国人民整体迈进现代化社会、实现全体人民共同富裕、推动物质文明和精神文明相协调、确保人与自然和谐共生、走和平发展道路的现代化，这就决定了它不是较短时期就能完成的，而是犹如红军长征一般，需要长期坚持不懈的斗争才能够实现的。第二，伟大斗争具有复杂性。就国际形势而言，世界百年未有之大变局加速演进，特别是以美国为首的西方发达国家为维护自己在全球产业链、供应链、价值链的高端地位而对以中国为代表的新兴发展中国家展

---

① 习近平：《高举中国特色社会主义伟大旗帜　为全面建设社会主义现代化国家而团结奋斗——在中国共产党第二十次全国代表大会上的报告》，人民出版社 2022 年版，第 21 页。

开阻击、遏制行动，进一步加剧了世界局势的不稳定性、不确定性；就国内发展而言，我国经济进入增长速度换挡期、结构调整阵痛期、前期刺激政策消化期的"三期叠加"状态，社会长期积累的深层次、结构性矛盾凸显，这也导致这场伟大斗争的复杂性不断提升。第三，这场伟大斗争还存在着前所未有的艰巨性。近代以来，我们党团结带领中国人民干革命、搞建设、抓改革、求复兴，在敢于斗争、善于斗争的伟大斗争精神引领下创造了"四个伟大成就"，成功推进和拓展了中国式现代化。同时，随着脱贫攻坚的胜利结束和小康社会的全面建成，我国政治、经济、文化、社会、生态等各领域齐头并进、繁荣发展，中华民族比历史上任何时期都更接近实现伟大复兴的梦想，这是无可置疑的事实。然而，我们必须清醒地认识到，中华民族的伟大复兴绝不是轻轻松松、敲锣打鼓就能实现的，越是接近民族复兴越不会一帆风顺，越充满风险挑战乃至惊涛骇浪，需要处理新的社会矛盾、应对新的风险挑战、解决新的时代难题、创造新的发展质量、实现新的繁荣稳定，这也要求全体党员干部进一步发扬斗争精神、提升斗争本领，团结一切可以团结的力量、调动一切可以调动的积极因素，一往无前地向新的挑战发起斗争。

面对如此长期、复杂、艰巨的伟大斗争，全党全军全国各族人民要从党的百余年奋斗史中汲取源源不断的智慧和力量，大力弘扬党的伟大斗争精神，凝聚起实现中华民族伟大复兴的磅礴伟力。

一是依靠发扬伟大斗争精神来提振信心勇气。历史和实践已然证明，只有具有伟大斗争精神的政党才能领导人民赢得伟大斗争、开创伟大事业。回顾党的百余年奋斗历程，从建立中国共产党到成立中华人民共和国，从实行改革开放到推进新时代中国特色社会主义事业，一代又一代中国共产党人不畏艰难险阻、直面风险挑战，顽强拼搏、不懈奋斗，凭借伟大斗争精神建立并拓展党的事业、争取并赢得最终胜利，形成了敢于斗争、善于斗争的光荣传统，构成我们党在新时代新征程上奋勇前进的强大精神动力。以惊天动地的万里长征为例，如果红军将士缺乏压倒一切敌人而不被任何敌人所压倒、征服一切困难而不被任何困难所征服的伟大斗争精神，那么这一中国革命斗争史上的重大历史事件、世界军事史上的伟大壮举是不可能出现的，甚至是难以想象的。正如李大钊同志曾指出："历史的道路，不全是坦平的，有时走到艰难险阻的境界，这是全靠雄健的精神才能够冲过去的。"①

二是依靠发扬伟大斗争精神来抵御风险挑战。2019 年 1 月，习近平总书记在教育引导党员干部时指出："防范化解重大风险，需要有充沛顽强的斗争精神"，要"以'踏平坎坷成大道，斗罢艰险又出发'的顽强意志，应对好每一场重大风险挑战，切实把改革发展稳定各项工作做实做好"②。新时代的中国共产党人处在一个大变局与大发展共存的时代，既面临着难得的历史机遇，也面临着一系列重大风险考验，或是来自国内，或是来自国际，或是来自经济社会领域，或是来自自然界。在这些大量无法预测但又随时可能会发生的风险挑战面前，只有大力弘扬伟大斗争精神才能使得全党始终做到居安思危，时刻保持忧患意识，敏锐洞察各种危机，进而掌握化解风险挑战的历史主动。

三是依靠发扬伟大斗争精神来确保国家安全。国家安全是民族复兴的根基，社会稳定是国家强盛的前提。放眼当下，国际上保护主义、单边主义抬头，全球治理体系和多边机制受到严重冲击，国内意识形态安全、能源资源安全、重要产业链供应链安全等重点领

---

① 中国李大钊研究会编注：《李大钊文集》第四卷，人民出版社 1999 年版，第 355 页。
② 《习近平谈治国理政》第三卷，外文出版社 2020 年版，第 223 页。

域遭受重大考验，我们党必须通过不断发扬斗争精神，牢固树立和践行总体国家安全观，在维护国家安全的过程中坚决斗争并取得胜利。

四是依靠发扬伟大斗争精神来打开事业发展新天地。党的二十大召开后，我们正意气风发迈向全面建设社会主义现代化国家、全面推进中华民族伟大复兴的新征程。在这个关键时期，我们面临的风险考验只会越来越复杂，甚至会遇到难以想象的惊涛骇浪，因此不仅需要物质文明的积累，更需要精神文明的升华，要用党在百余年奋斗中形成的伟大斗争精神滋养自己、激励自己，同时也决不能丢掉"革命加拼命"的精神，决不能丢掉谦虚谨慎、戒骄戒躁、艰苦奋斗、勤俭节约的光荣传统，决不能丢掉不畏强敌、不惧风险、敢于斗争、敢于胜利的信心勇气。唯有如此，我们才能在斗争中"杀出一条血路来"，才能不断增强社会主义现代化建设的动力与活力，才能成功建成富强民主文明和谐美丽的社会主义现代化强国。

（三）以伟大斗争精神把党的自我革命进行到底

在党的百余年奋斗历程中，伟大斗争精神不仅作用于我们党领导人民推进中国革命、建设、改革的斗争实践，而且作用于我们党持之以恒推进自我革命的斗争实践。正如习近平总书记在深刻总结党的百年建设历史经验的基础上指出："一百年来，党外靠发展人民民主、接受人民监督，内靠全面从严治党、推进自我革命，勇于坚持真理、修正错误，勇于刀刃向内、刮骨疗毒，保证了党长盛不衰、不断发展壮大。"① 如今，我们党要团结带领中国人民以中国式现代化全面推进中华民族伟大复兴，就必须不断强化斗争精神、磨

---

① 《习近平谈治国理政》第四卷，外文出版社 2022 年版，第 549—550 页。

炼斗争本领，进而赢得新的伟大斗争的历史性胜利。而要做到这些，"关键在党"，关键在于"持之以恒推进全面从严治党，深入推进新时代党的建设新的伟大工程，以党的自我革命引领社会革命"。①

党的十八大以来，我们党传承弘扬伟大斗争精神，经过不懈努力找到了自我革命这一跳出治乱兴衰历史周期率的第二个答案，锻造了始终走在时代前列的中国共产党。在理论创新上，以习近平同志为核心的党中央立足新的内外形势、回应新的现实需求，提出一系列具有原创性意义的管党治党新理念新思想新战略，形成习近平总书记关于党的自我革命的重要思想，指引百年大党开辟了自我革命的新境界。2012 年 11 月，刚刚在十八届一中全会上当选为中共中央总书记的习近平，在与中外记者见面时就庄严宣告："我们的责任，就是同全党同志一道，坚持党要管党、从严治党，切实解决自身存在的突出问题"。② 由此开始，从提出勇于自我革命是我们党"最鲜明的品格"和"最大的优势"，到明确新时代党的建设要"以加强党的长期执政能力建设、先进性和纯洁性建设为主线"；从提出"以伟大自我革命引领伟大社会革命"的重要论断，到强调党的建设新的伟大工程在"四个伟大"中的决定性作用……这一系列理论成果深化了我们党对共产党执政规律和党的自身建设规律的科学认识，为党在新时代居安思危、时刻警惕，不断发扬自我革命精神和伟大斗争精神，进而跳出治乱兴衰的历史周期率提供了科学的行动指南。

与此同时，在实践探索中，以习近平同志为核心的党中央凭借重典治乱的决心和坚持不懈地斗争，在深入推进新时代全面从严治

---

① 习近平：《高举中国特色社会主义伟大旗帜　为全面建设社会主义现代化国家而团结奋斗——在中国共产党第二十次全国代表大会上的报告》，人民出版社 2022 年版，第 64 页。

② 《习近平谈治国理政》，外文出版社 2014 年版，第 4 页。

党的过程中开辟了百年大党自我革命新境界，党的自我革命取得了历史性成就、积累了历史性经验。党的十八大以来，面对部分党员干部信仰信念不坚定、有些地区部门选人用人不正当以及"七个有之"等严重影响党的形象和威信、严重损害党群干群关系的管党治党问题，以习近平同志为核心的党中央坚持打铁必须自身硬，从制定和落实中央八项规定开局破题，将全面从严治党纳入"四个全面"战略布局，提出和落实新时代党的建设总要求，以加强党的长期执政能力建设、先进性和纯洁性建设为主线，深入推进党的政治建设、思想建设、组织建设、作风建设、纪律建设、制度建设，使得党在革命性锻造中更加坚强，自我净化、自我完善、自我革新、自我提高能力显著增强。正如习近平总书记指出："十年磨一剑"，"管党治党宽松软状况得到根本扭转，探索出依靠党的自我革命跳出历史周期率的成功路径"[1]。

其中，反腐败斗争是最彻底的自我革命，也是我们党大力弘扬斗争精神的重要领域。党的十八大以来，习近平总书记高度重视党风廉政建设和反腐败斗争，不断强调："人民群众最痛恨腐败现象，腐败是我们党面临的最大威胁。"[2] "我们党把党风廉政建设和反腐败斗争提到关系党和国家生死存亡的高度来认识，是深刻总结了古今中外的历史教训的。"[3] 在以习近平同志为核心的党中央的坚强领导和全党全国各族人民的共同努力下，新时代的反腐败斗争取得压倒性胜利并全面巩固，消除了党、国家、军队内部存在的严重隐患。根据中央纪委副书记、国家监委副主任肖培在庆祝建党百

① 《习近平谈治国理政》第四卷，外文出版社 2022 年版，第 549 页。
② 习近平：《决胜全面建成小康社会　夺取新时代中国特色社会主义伟大胜利——在中国共产党第十九次全国代表大会上的报告》，人民出版社 2017 年版，第 66—67 页。
③ 中共中央纪律检查委员会、中共中央文献研究室编：《习近平关于党风廉政建设和反腐败斗争论述摘编》，中国方正出版社、中央文献出版社 2015 年版，第 5 页。

年系列新闻发布会上的介绍，从 2012 年 12 月到 2021 年 5 月，纪检监察机关共立案审查调查省部级以上领导干部 392 人、厅局级干部 2.2 万人、县处级干部 17 万余人、乡科级干部 61.6 万人；查处落实中央八项规定精神不力问题、"四风"问题 62.65 万起。上至周永康、薄熙来、郭伯雄、徐才厚、孙政才、令计划等"大老虎"，下到人民群众身边的"蝇贪鼠害"，谁也别想"远走高飞"，谁也别想"敷衍了事"。在这场关系重大的斗争中，以习近平同志为主要代表的中国共产党人大力弘扬党的伟大斗争精神，展现出勇毅卓绝、斗争到底的坚强意志，刹住了一些长期没有刹住的歪风，纠治了一些多年未除的顽瘴痼疾。

立足新起点，展望新征程，全面从严治党永远在路上，党的自我革命永远在路上，要以党的伟大斗争精神为引领，持之以恒推进全面从严治党、推进党的自我革命。2022 年 10 月，习近平总书记在党的二十大报告中指出："经过十八大以来全面从严治党，我们解决了党内许多突出问题，但党面临的执政考验、改革开放考验、市场经济考验、外部环境考验将长期存在，精神懈怠危险、能力不足危险、脱离群众危险、消极腐败危险将长期存在。"① 因此，全体党员干部决不能有松劲歇脚、疲劳厌战的情绪，而是要时刻保持解决大党独有难题的清醒和坚定，时刻保持敢于斗争、善于斗争的坚韧和执着，以习近平新时代中国特色社会主义思想为根本遵循，深刻领会"两个确立"的决定性意义，牢固树立"四个意识"，不断增强"四个自信"，坚决做到"两个维护"，进一步巩固强化全面从严治党的政治定力，把严的基调、严的措施、严的氛围长期坚

---

① 习近平：《高举中国特色社会主义伟大旗帜　为全面建设社会主义现代化国家而团结奋斗——在中国共产党第二十次全国代表大会上的报告》，人民出版社 2022 年版，第 63—64 页。

持下去，把新时代党的伟大自我革命进行到底。

三、在团结奋斗中不断增强善于斗争的本领能力

斗争是一门艺术，向来注重策略和方法，既需要有逢山开道、遇水架桥的"硬功夫"，做到难不住、压不垮，又需要有借力发力、四两拨千斤的"巧功夫"，做到善谋事、能成事。正如习近平总书记在谈到斗争时指出："要发扬斗争精神，敢于斗争、善于斗争，根据形势变化及时调整斗争策略，团结一切可以团结的力量，调动一切积极因素，不断夺取具有许多新的历史特点的伟大斗争新胜利。"① 新时代新征程上，我国发展面临新的战略机遇、新的战略任务、新的战略环境，需要应对的风险和挑战、需要解决的矛盾和问题比以往更加错综复杂，因此全体党员干部要坚定斗争意志，增强斗争本领，以正确的战略策略应变局、育新机、开新局，依靠顽强斗争打开事业发展新天地、创造团结奋斗新伟业。

（一）牢牢把握斗争的正确方向和根本立场

方向问题是斗争的首要问题，立场问题是斗争的根本问题，牢牢把握斗争的正确方向和根本立场是我们党增强斗争意识、提升斗争本领的前提条件。正如习近平总书记明确指出："共产党人的斗争是有方向、有立场、有原则的，大方向就是坚持中国共产党领导和我国社会主义制度不动摇"，"我们的头脑要特别清醒、立场要特别坚定，牢牢把握正确斗争方向，做到在各种重大斗争考验面前

---

① 习近平：《在全国抗击新冠肺炎疫情表彰大会上的讲话》，人民出版社 2020 年版，第 26 页。

'不畏浮云遮望眼'，'乱云飞渡仍从容'。"① 唯有如此，我们党才能在斗争中始终保持清醒的头脑，才能同危害党的领导和社会主义制度、危害我国核心利益和重大原则、危害中国人民根本利益的各种风险挑战进行坚决斗争，并取得斗争胜利。

牢牢把握斗争的正确方向，必须始终坚持加强党的全面领导和党中央集中统一领导，坚决反对任何不利于党的领导的错误倾向。从诞生之日起，中国共产党就以马克思主义培养科学的理论思维，坚持一切从实际出发、实事求是，脚踏中国大地探索适合中国特殊国情的革命、建设和改革道路，并在社会实践中锻造出强大的政治领导力、思想引领力、群众组织力、社会号召力，构成中国特色社会主义伟大事业的坚强领导核心。回顾中国近代史可知，中国人民和中华民族之所以能够一举扭转过去屈辱不堪的历史命运、顺利取得今天举世瞩目的伟大成就，最根本的原因就在于中国共产党领导。党的第三个历史决议也在全面总结百年奋斗历史经验的基础上指出："治理好我们这个世界上最大的政党和人口最多的国家，必须坚持党的全面领导特别是党中央集中统一领导，坚持民主集中制，确保党始终总揽全局、协调各方。"② 回看历史，以陈独秀为代表的右倾机会主义错误便是在和国民党反动派的妥协中放弃了无产阶级对革命的领导权，尤其是对革命武装的领导权，致使党和人民事业在四一二反革命政变、七一五反革命政变等中遭遇到前所未有的严重损失。由此观之，在任何时候、任何情况下，坚持党的全面领导和党中央集中统一领导都是我们开展斗争的必要条件。

---

① 《习近平谈治国理政》第三卷，外文出版社 2020 年版，第 226 页。
② 《中共中央关于党的百年奋斗重大成就和历史经验的决议》，人民出版社 2021 年版，第 65 页。

牢牢把握斗争的正确方向，必须始终坚持我国社会主义制度不动摇，坚决反对任何危害我国社会主义制度的风险挑战。在进行中国特色社会主义现代化建设的进程中，科学社会主义基本原则直接关乎党和国家的政治方向、政治立场，是我们生存和发展的立身之本。正如习近平总书记指出："中国特色社会主义是社会主义而不是其他什么主义，科学社会主义基本原则不能丢，丢了就不是社会主义"，"历史和现实都告诉我们，只有社会主义才能救中国，只有中国特色社会主义才能发展中国"①。这一重要论述旗帜鲜明地指出了我国的社会主义根本性质。实际上，自党的十一届三中全会以来，虽然我国走上了一条有异于苏联传统的社会主义发展道路，但每一代中国共产党人都不断强调我国走的是社会主义道路，要始终坚持改革开放的社会主义方向，致力于推进社会主义的现代化建设。在此基础上，我们要深刻认识到社会主义制度是实现中华民族伟大复兴的根本制度基础，要坚持在对内改革与对外开放的过程中实现社会主义制度的自我完善和发展，既不走封闭僵化的老路，也不走改旗易帜的邪路，坚定不移走中国特色社会主义道路。可以坚信的是，随着中国特色社会主义不断发展，我们的制度必将越来越成熟，我国社会主义制度的优越性必将进一步显现，中华民族伟大复兴的中国梦也必将实现。

牢牢把握斗争的根本立场，必须始终坚持以人民为中心，坚决反对任何脱离人民群众的错误倾向。习近平总书记指出："我们党来自于人民，党的根基和血脉在人民。为人民而生，因人民而兴，始终同人民在一起，为人民利益而奋斗，是我们党立党兴党强党的根本出发点和落脚点。"② 对于任何一个政党而言，在回答政治方

---

① 习近平：《关于坚持和发展中国特色社会主义的几个问题》，《求是》2019年第7期。
② 习近平：《在党史学习教育动员大会上的讲话》，人民出版社2021年版，第15页。

向、政治立场等问题时，必然要考虑理想信念、历史使命等因素。作为一个意识形态鲜明的马克思主义政党，中国共产党在斗争中绝不仅仅满足于根据实际情况确立目标、设计方案，而是坚持事实性与价值性相融合，坚持以人民为中心的根本立场，在任何时候都不会忘记为了谁、依靠谁、我是谁，真正同人民结合起来。从土地革命战争时期由人民群众组成真正的铜墙铁壁，到抗日战争时期发动人民群众，使日本侵略者陷入了人民战争的汪洋大海；从人民群众用小车推出来、用小船划出来的新民主主义革命胜利，到人民群众拼出来、干出来、奋斗出来的中国特色社会主义新时代。历史和现实充分证明，江山就是人民，人民就是江山，人心向背关系党的生死存亡。只有获得亿万人民群众的真诚拥护和支持，我们党在斗争中才能克服一切困难，才能无往而不胜。

（二）善于运用并合理选择斗争的方式方法

中国共产党的伟大斗争精神不仅代表着敢于斗争，还代表着善于斗争，这就要求我们在深入分析斗争形势的基础上善于运用并合理选择斗争的方式方法，进而把握斗争关键、赢得斗争胜利。正如习近平总书记指出："我们共产党人的斗争，从来都是奔着矛盾问题、风险挑战去的"，"要注重策略方法，讲求斗争艺术"，"要团结一切可以团结的力量，调动一切积极因素，在斗争中争取团结，在斗争中谋求合作，在斗争中争取共赢"。① 一百多年来，我们党团结带领人民发扬坚决的斗争精神、运用强大的斗争本领，不断解决中国革命、建设和改革进程中的实际问题，取得了一系列历史性成就、积累了一系列历史性经验，对我们今天继续依靠顽强斗争克

---

① 《习近平谈治国理政》第三卷，外文出版社 2020 年版，第 226—227 页。

服各种困难、应对各种局面具有借鉴的价值和深远的启示。

首先，识变是应变的前提，要始终坚持实事求是的思想路线，抓住斗争的主要矛盾和矛盾的主要方面。根据马克思主义唯物辩证法的观点，世界不是既成事物的集合体，而是过程的集合体，一切事物都处在生成和灭亡的不断变化之中。因此，我们党领导人民进行的伟大斗争也处在一个动态的过程中，随时可能会遇到内部条件或外部环境的重大变化。这就要求党坚持一切从实际出发，实事求是，及时准确地识别新情况，解决新问题。土地革命战争时期，毛泽东同志之所以能在秋收起义后果断开辟井冈山根据地，走上农村包围城市、武装夺取政权的正确道路，关键便在于他立足中国革命实际，切实推进马克思主义中国化时代化。再比如说，20世纪30年代，随着中日民族矛盾上升为中国社会的主要矛盾，中国共产党迅速识变、应变，从最初"反蒋抗日"发展为"逼蒋抗日"，进而转变为"联蒋抗日"，这才有了第二次国共合作的实现以及中国人民抗日战争的伟大胜利。

同时，辩证唯物主义还揭示了事物内部的矛盾性，认为复杂事物的发展存在多个矛盾，既有主要矛盾与次要矛盾之分，又有矛盾的主要方面与次要方面之分，而事物的性质和发展趋势总是由主要矛盾的主要方面所决定。因此，我们党在开展斗争的过程中历来坚持两点论和重点论相统一，善于抓住主要矛盾和矛盾的主要方面，从而科学把握斗争局势、合理选择斗争方式、最终赢得斗争胜利。例如，在九一八事变后，以毛泽东同志为主要代表的中国共产党人明确指出中日民族矛盾逐渐超越国内阶级矛盾上升为主要矛盾，从而率先高举武装抗日旗帜，广泛开展抗日救亡运动，对推动国共再次合作、团结抗日起了重大历史作用。正如习近平总书记总结道："抓住重点带动面上工作，是唯物辩证法的要求，也是我们党在革命、建设、改革进程中一贯倡导和坚持的方法。"①

其次，坚持战略判断和战术决断相统一是斗争的重要原则，要制定科学的斗争战略、采取灵活的斗争策略。一方面，斗争战略具有全局性、根本性、长远性等特点，是我们党围绕特定历史阶段的战略机遇、目标任务、困难挑战而制定的指导方针。另一方面，斗争策略具有局部性、灵活性、具体性等特点，是我们党在既定战略下根据面临的客观形势所形成的行动方案和斗争方法。习近平总书记在解读共产党人的斗争艺术时指出："合理选择斗争方式、把握斗争火候，在原则问题上寸步不让，在策略问题上灵活机动。"②这就要求全党在开展新的伟大斗争过程中准确把握宏观与微观、整体与局部、暂时与长远之间的逻辑关系，不仅要站在新时代中国特色社会主义事业的战略全局上看待和处理相关问题，也要在斗争中根据实际需要及时调整斗争策略、更换斗争方案，最终形成战略判断和战术决断相辅相成、相得益彰的良好局面。

再次，团结一致、上下一心是赢得斗争胜利的必然要求，要团结一切可以团结的力量，调动一切积极因素。一是要进一步增强全党的团结和集中统一。习近平总书记指出："思想上的统一、政治上的团结、行动上的一致是党的事业不断发展壮大的根本所在。"③当前，党的第三个历史决议形成了"两个确立"的重大政治成果，这是体现全党意志、反映人民心声的重大政治判断，对新时代党和国家事业发展具有决定性意义。党员干部只有深刻理解"两个确立"、坚定做到"两个维护"，才能在工作中坚决维护党中央权威和集中统一领导，无条件执行党中央作出的决策，确保全党上下一

① 《习近平谈治国理政》第二卷，外文出版社 2017 年版，第 61 页。
② 《习近平谈治国理政》第三卷，外文出版社 2020 年版，第 227 页。
③ 《习近平谈治国理政》第二卷，外文出版社 2017 年版，第 157 页。

心、步调一致。二是要最大限度凝聚起共同奋斗的力量。回顾历史可知，党领导人民开展的伟大斗争从来没有一蹴而就的，而是需要不断整合内外资源、积极团结各方力量。因此，要在斗争中正确区分两类不同性质的矛盾，对于人民内部矛盾要坚持从团结的角度出发，发扬我们党"团结—批评—团结"的优良传统，采取讨论、批评、说理的方法加以解决，在新的基础上形成牢不可破的真团结，以中华民族的大团结大联合实现伟大复兴的中国梦。

最后，斗争本领不是与生俱来的，党员干部要自觉在斗争中磨意志、长才干、促团结，成为可堪大用、能担重任的栋梁之才。正所谓温室里长不出参天大树，懈怠者干不成宏图伟业。党员干部走向成熟的过程遵循一定的客观规律，决不会是一帆风顺的，而是需要经过一些绕不开的台阶和少不了的磨炼，因此必须始终坚持知行合一的方法论，在严格的思想淬炼、政治历练、实践锻炼、专业训练磨砺斗争意志、提升斗争本领，不寄望走成长成才的捷径，不寻求做表态式、包装式行为，凭借担当作为的硬脊梁、铁肩膀、真本事有效应对重大挑战、抵御重大风险、克服重大阻力、解决重大矛盾。如今，我们正处在实现中华民族伟大复兴的历史关键期，面对前所未有的复杂形势和艰巨任务，全党同志要在解决中国实际问题的斗争中不断提高自身的政治能力、调查研究能力、科学决策能力、改革攻坚能力、应急处突能力、群众工作能力、抓落实能力，同时正确把握斗争的方向原则和策略方法，努力在危机中育先机、于变局中开新局，为全面建设社会主义现代化国家贡献力量。

一百多年来，从建立中国共产党到成立中华人民共和国，从实行改革开放伟大决策到推进新时代中国特色社会主义伟大事业，我们党团结带领人民取得的一切历史性成就都是在敢于斗争中发展、在善于斗争中壮大的。如今，放眼全面建成社会主义现代化强国、全面推进中华民族伟大复兴的新征程，习近平总书记在党的二十大报告中深刻指出：必须"坚持发扬斗争精神"，"全力战胜前进道路上各种困难和挑战，依靠顽强斗争打开事业发展新天地。"① 这就意味着全党全国各族人民必须清醒地认识到，我们正在进行着人类发展史上前所未有的开创性事业，也将会面临许多前所未有的风险和挑战，因此要学会不断从党的百余年奋斗史中认识历史规律、传承精神气质，在进行具有许多新的历史特点的伟大斗争实践中通过发扬斗争精神、提高斗争本领来准确识变、科学应变、主动求变，以高度的历史自觉和坚定的历史自信赢得复兴路上的历史主动、铸就新征程上的辉煌篇章。

---

① 习近平：《高举中国特色社会主义伟大旗帜　为全面建设社会主义现代化国家而团结奋斗——在中国共产党第二十次全国代表大会上的报告》，人民出版社 2022 年版，第 27 页。

后　记

　　力量源于团结，事业成于奋斗。党的二十大报告强调，"团结奋斗是中国人民创造历史伟业的必由之路"。团结奋斗是中国共产党和中国人民最显著的精神标识，深刻揭示了新时代中国共产党与人民团结奋斗的历史真谛，高度概括了新时代中国共产党和中国人民的精神风貌。党的二十大向全党全国各族人民吹响了踏上新时代新征程团结奋斗的时代号角，凝聚起全党全国为全面建设社会主义现代化国家而团结奋斗的思想自觉和行动自觉。深刻理解新时代团结奋斗的思想力量，明确新征程团结奋斗的实践要求，是学习贯彻党的二十大精神、学习领会习近平新时代中国特色社会主义思想的应有之义。

本书以八个章节全面阐释了"团结奋斗是中国人民创造历史伟业的必由之路"的深刻内涵，史论结合、夹叙夹议，引领读者深入理解团结奋斗是中国共产党和中国人民最显著的精神标识，是中国特色社会主义进入新时代的时代要求，同时也是全面推进中华民族伟大复兴的精神支撑。团结奋斗的根本在于用习近平新时代中国特色社会主义思想统一意志、统一行动，要将团结奋斗落实到党的领导作用发挥的全过程、各方面。我们相信，全党全国人民拧成一股绳，任何的艰难险阻都不能阻挡我们伟大复兴的脚步。征途漫漫、惟有奋斗，希望能够通过拙著，激励广大读者在社会主义现代化的新征程上更多凝聚一份力量、更多鼓舞一份行动、更多形成一股团结。

全书由何虎生统一设计、定稿。参加书稿资料收集、部分书稿写作、修改、校对工作的还有雷引杰、周子衿、方亮、薛思齐、王丹怡、曹玮青、李闫淳宇、汪文慧、张林、周千榆、郭澳等同志。本书得以顺利完成集聚了集体的辛勤工作与智慧，在此一并表示感谢。

最后，限于学识，本书肯定有挂一漏万、详略失序、甚至错谬之处，希望得到大家的指正和批评。

何虎生
2024 年 7 月

责任编辑：洪　琼

图书在版编目（CIP）数据

团结奋斗：中国人民创造历史伟业的必由之路 ／ 何虎生主编. -- 北京 ： 人民出版社，2024. 8. --（"五个必由之路"研究丛书 ／ 洪向华主编）. -- ISBN 978 - 7 - 01 - 026658 - 9

Ⅰ. D25

中国国家版本馆 CIP 数据核字第 2024RU8523 号

团结奋斗
TUANJIE FENDOU

——中国人民创造历史伟业的必由之路

何虎生　主编

人民出版社 出版发行
（100706　北京市东城区隆福寺街 99 号）

北京汇林印务有限公司印刷　新华书店经销

2024 年 8 月第 1 版　2024 年 8 月北京第 1 次印刷
开本：710 毫米×1000 毫米 1/16　印张：17.75
字数：280 千字

ISBN 978 - 7 - 01 - 026658 - 9　定价：79.00 元

邮购地址 100706　北京市东城区隆福寺街 99 号
人民东方图书销售中心　电话（010）65250042　65289539